Das Buch

Diese amüsanten, manchmal gruseligen Geschichten führen den Leser in eine Epoche, in der es bei der Kriminalpolizei noch verhältnismäßig beschaulich und ruhig zuging. Da läuft der Herr Oberpolizeirat mit Melone und gewachstem Schnurrbart, sich auf sein Gespür und den Zufall verlassend, fahndend durch die alten Gassen Prags. Da liegen jahrelang vermeintliche Attrappen von Dynamitpatronen in seiner Schreibtischschublade, die sich schließlich als durchaus echt erweisen. Da sorgt eine Frau für Aufregung in der Polizeidirektion, als sie einen Mord zur Anzeige bringt, der bereits vor einem halben Jahr geschehen sein soll und bei dem das Opfer in einen Waschtrog eingegipst wurde. Da läßt ein vergeßlicher Spion seine Aktentasche mit geheimen militärischen Dokumenten auf dem Flugplatz stehen, und ein ganzes Heer uniformierter Schutzleute rückt zu seiner Ergreifung aus. – Manche der 17 Geschichten mögen kurios anmuten – und doch haben sie sich einmal in und um Prag zugetragen. Vielleicht nicht ganz genauso, denn Jiří Marek hat mancherlei dazu beigesteuert – die ironische Pointe zum Beispiel oder die verblüffende Lösung. Entdeckt hat er diese alten Kriminalfälle beim Studium vergilbter Zeitungen und bei genauerem Hinsehen stellt man fest, daß diese Begebenheiten so absonderlich gar nicht sind. Sie zeigen, wenn auch im Zerrspiegel, ein Stück wirklichen Lebens aus der k. u. k. Monarchie, die auch in ihren Polizeikanzleien ihren eigenen und höchst persönlichen Stil hatte.

Der Autor

Jiří Marek, geboren 1914 in Prag, gab 1948 den mehrere Jahre ausgeübten Lehrerberuf auf und wurde Redakteur beim ›Rudé pravo‹ und bei anderen Tageszeitungen. Von 1954–1959 war er Generaldirektor beim Tschechoslowakischen Staatsfilm und ist heute Dozent für tschechische Literatur an der Fakultät für Journalistik der Karlsuniversität in Prag.

Jiří Marek:

Panoptikum alter Kriminalfälle

Deutscher
Taschenbuch
Verlag

dtv

Im Text ungekürzte Ausgabe
September 1976
Deutscher Taschenbuch Verlag GmbH & Co. KG,
München

mit Genehmigung des Universitas Verlags, Berlin
und des Verlags Volk und Welt, Berlin
für die Nutzung der deutschen Übersetzungsrechte
von Karl-Heinz Jähn und Gustav Just
Titel der Originalausgabe: ›Panoptikum starých
kriminálních příběhů‹
Umschlaggestaltung: Celestino Piatti
Gesamtherstellung: C.H. Beck'sche Buchdruckerei,
Nördlingen
Printed in Germany · ISBN 3-423-01197-1

Inhalt

Der Zufall

Der Zufall teilt den Menschen nicht das Gute und das Böse zu,
sondern gewährt ihnen nur die
Anfangsgelegenheit zum Guten und zum Bösen.

Epikuros

Was sich nicht den allgemeinen Gesetzen unterordnen läßt,
ist das Zufällige.

Friedrich Engels

Der Zufall ist letzten Endes ein Gott.

Anatole France

Über die Prager Kriminalpolizei herrschte einst der Oberpolizeirat Knotek, der mit dem Titel eines Ministerialrats in Pension ging. Er diente unter dem Kaiser, und er diente während der Republik, immer streng und schneidig. Er trug eine Melone und einen gewachsten Schnurrbart. Damals trugen die Detektive Melonen und Schnurrbärte, das sah erhaben aus und flößte Respekt ein. Selbstverständlich kannte sie jedermann, und sie wiederum kannten ebenfalls jedermann. So gab es nichts zu verbergen.

In jenen idyllischen Zeiten vertraute man noch nicht allzusehr auf die Technik, und die Kriminalfälle wurden mehr im »Terrain« als im Laboratorium gelöst. So konnte sich der Herr Oberpolizeirat bis an das Ende seiner Tage nicht von einem gewissen Mißtrauen beispielsweise der Daktyloskopie gegenüber frei machen. Er verließ sich, nicht ohne Erfolg übrigens, auf andere Dinge, vor allem darauf, was er Gespür und Zufall nannte.

Von ihm war bekannt, daß er sich einmal ganz zufällig aufmachte, den erstbesten Wachmann mitnahm und sich, auch nur ganz zufällig, nach Žižkov begab, sagen wir ins Hotel Tichý. Und dort stieg an diesem Abend wie auf Bestellung ein großes Gelage: Der auf Dachböden spezialisierte Dieb mit Spitznamen »Halbsack« feierte mit seinen Kumpanen. In Anbetracht des Umstands, daß ihn die Polizei bereits einige Monate lang vergebens suchte, war es ein ganz verdammter Zufall, daß sich zu seiner Feier der Herr Oberpolizeirat persönlich einstellte. Aber Halbsack war ein Trottel: Statt sich schnappen zu lassen und es sich sein Leben lang als Ehre anzurechnen, daß sich ein so hoher Herr seinetwegen bemüht hatte, flüchtete er durchs Fenster und rannte nach Hause, wo er sich unterm Bett verkroch. Und seiner Frau befahl er, zu sagen, er sei nicht da. Zur Sicherheit ließ er sie einen Galan aus der Nachbarschaft holen und sich mit ihm in selbiges Bett legen, als wäre er ihr Liebhaber.

Der Herr Rat erschien nach einer Weile bei den Halbsacks. Als er ins Zimmer stürzte und das Federbett wegriß, fand er statt des gesuchten Halbsack einen ganz fremden Kerl. Das hätte jeden anderen aus der Fassung gebracht, mitnichten aber den Herrn Oberpolizeirat. Er deckte die Dame und das fremde Mannsbild wieder zu, lüftete, Entschuldigung heischend, den Hut und rief darauf mit schrecklicher Donnerstimme: »Halbsack, rauskommen, aber fix, sonst brenn ich Ihm ein doppeltes Pflaster auf. Er weiß doch, daß ich mit den Herren vom Gericht auf gutem Fuß stehe!«

Und Halbsack kroch wirklich, ganz grün vor Angst, unter dem doppelt belegten Bett hervor, und der von draußen herbeigerufene Wachmann legte ihm Handschellen an. Als der Herr Rat wieder am Ehebett vorbeiging, lüftete er höflich den Hut und zuckte mit keiner Wimper. Der unglückliche Halbsack, sechs Monate darauf heimgekehrt, verdrosch als erstes die Frau, weil sie mit dem Galan völlig umsonst im Bett gelegen hatte, und nachher verdrosch er sie, wann immer er an die Geschichte dachte. Wenn der Herr Oberrat von diesem Fall erzählte, pflegte er hinzuzufügen: »Ja, jedes Vergehen will seine Strafe.«

Gelegentlich hielt er sehr interessante Ansprachen an seine Untergebenen, die vor ihm in tadellos ausgerichteter Reihe angetreten waren: »Ein Detektiv, das merkt's euch, der kann alle möglichen Hilfsmittel haben, aber das Beste, was er hat, ist seine Nase!«

Vom Ende der Reihe, von dort, wo der Detektiv Herr Bouše stand, erschallte ein mächtiges Niesen. Der Herr Rat zog die Stirne kraus, aber der Herr Bouše hatte nicht mit Absicht geniest, er hatte einfach einen schrecklichen Schnupfen, und den hatte er vom Frühjahr bis zum Herbst und dann wieder im Winter, es war eine Krankheit und keine Absicht, und der Schnupfen gehörte zum Herrn Bouše genauso wie das Tröpfchen unter seiner Nase zu derselben. Alle Taschendiebe kannten ihn, denn diesbezüglich war der Detektiv Bouše ein großer Kenner. Im übrigen galt er als Tolpatsch, und der Herr Oberrat geruhte gelegentlich, einen Witz auf seine Kosten zu machen. Herr Bouše verübelte ihm das nicht, schließlich muß man doch froh sein, wenn die Vorgesetzten von einem Notiz nehmen.

»Die Nase, meine Herren«, fuhr der Herr Oberrat in seiner belehrenden Darlegung fort, »das ist das ganze Geheimnis der Kriminalistik! Und der Zufall! Der Zufall ist eine mächtige Sache, mit dem Zufall darf man nicht scherzen, ohne Zufall würden Sie nichts erreichen... Ohne Zufall würden Sie nicht einmal heiraten können!«

Die tadellos ausgerichtete Reihe der Detektive rauschte auf in höflicher Erheiterung.

Der Herr Rat hob die Brauen, und es war wieder still. Er hatte leicht scherzen, wo er doch ein eingefleischter Junggeselle war!

»Über den Zufall wurden viele Bücher geschrieben, ich werde Sie nicht zwingen, sie zu lesen, aber geschrieben sind sie. Über den Zufall schreiben sogar die Philosophen ... Es gibt selbstverständlich verschiedene Zufälle. Wenn jemand auf die Židovské pece geht, dann ist es überhaupt kein Zufall, wenn er dort den Langen Ferda trifft. Und wenn einer nach Mitternacht zur ›Alten Dame‹ geht und dort die Blonde Toni findet, dann ist das auch kein Zufall, denn die ist dort wie zu Hause. Aber ein Zufall ist es, wenn jemandem ein Blumentopf auf den Kopf fällt. Das ist, versteht sich, ein gewöhnlicher Zufall. Ein besonderer Zufall wäre es, wenn jemand, sagen wir, auf der früheren Ferdinandstraße, der heutigen Národní třída, dem Geldschrankknacker Smitka begegnete und ihn nur so beiläufig fragte, wo er war, und jener würde sagen, nirgends, und ausgerechnet in diesem Augenblick würde ihm unterm Mantel ein Stück von seinem Einbrecherwerkzeug herausfallen... Und ein ganz besonderer und eigentlich unmöglicher Zufall wäre es, wenn beispielsweise der Herr Bouše einen Fall löste, an dem sich bereits unsere gesamte Polizeidirektion die Zähne ausgebissen hat.«

Herr Bouše nieste wiederum.

»Da sehen Sie, daß ich recht habe!« Der Herr Oberrat unterdrückte ein Lächeln und befahl: »Wegtreten!«

»Ich kann nichts für den Schnupfen«, erklärte danach der Detektiv Bouše den anderen. »Ich war schon beim Doktor, und der sagte mir, daß es mir guttun würde, mich an der See aufzuwärmen. Aber kann sich denn unsereiner so etwas erlauben?«

Herr Bouše schnaubte sich die Nase und begab sich an seinen Arbeitsplatz. Er hatte gerade verhältnismäßig viel freie Zeit, sechs der größten Taschendiebe saßen ein, das war für ihn immer eine Erleichterung, und er hatte genug Muße, sich umzusehen, ob nicht einer vom Lande einen Abstecher nach Prag gemacht hatte, um in der Stadt seine Kunst zu erproben. So ein verirrtes

Schäflein richtet im Revier immer allerlei Unheil an, bevor man hinter seine Schliche kommt.

Man muß wissen, daß sich Herr Bouše unter seinen Taschendieben großer Wertschätzung erfreute. Sie kannten ihn, und er kannte sie, und wenn er durch den Bahnhof schritt, kratzten sie die Kurve, denn er pflegte sie ohne jeden Grund festzunehmen.

Es wird erzählt, der Taschendieb Karlíček hätte einmal mitsamt seiner Familie in die Sommerfrische fahren wollen, und weil er auf dem Bahnhof zufällig dem Herrn Detektiv Bouše unter die Augen gekommen sei, mußte er mit auf die Polizeidirektion, und die Familie fuhr ohne den Vati in die Ferien. Herr Bouše war offenbar der Meinung, ein Taschendieb habe nichts im Urlaub zu suchen. Er wollte seine Leute immer unter Aufsicht haben.

Ansonsten war Herr Bouše ein freundlicher Mensch und hatte sein Stammlokal, das er regelmäßig aufsuchte. Das war die »Gifthütte« in der Nähe des Apolinář. Nicht wegen des komischen Namens, auch nicht, weil das in letzter Zeit eine beliebte Morgenkneipe der Prager Nachtschwärmer geworden war, sondern weil man in der »Gifthütte« schon früh am Morgen eine ausgezeichnete Suppe bekam.

Herr Bouše kehrte dort manchmal auch abends ein. Der Wirt stellte ohne ein Wort einen Grog vor ihn hin; Herr Bouše trank auch im Sommer Grog, alles wegen dieses Schnupfens, aber niemals brauchte er den Grog zu bezahlen, weil mit Sicherheit immer einer da war, der Herrn Bouše einlud, ohne sich allerdings an seinen Tisch zu setzen. Die Taschendiebe hielten es für ihre Pflicht, sich um das Wohlbefinden des Mannes zu kümmern, der sich um sie kümmerte. Denn was würde aus der Welt werden, wenn Diebstahl unbestraft bliebe? So eine Welt wünscht sich nicht einmal ein Dieb, denn stehlen kann man nur dort, wo Ordnung herrscht.

Zuweilen kam es vor, daß keiner von ihnen in der »Gifthütte« saß, dennoch nahm der Wirt kein Geld von Herrn Bouše, sondern schrieb die Zeche an. Wenn dann jemand von der Zunft erschien, sagte er: »Hör zu, ich schreib dir einen Grog mit an, den der Herr Bouše gestern hatte.«

Der Betreffende nickte: Das verstehe sich doch von selbst.

»Ein großer Fall, an dem sich die ganze Polizeidirektion die Zähne ausgebissen hat«, brummte Herr Bouše vor sich hin, als er in der Früh durch die kalten, öden Straßen trottete. »So ein Oberrat hat leicht reden, aber wenn einer nun mal dauernd Schnupfen hat... Wegen dieses Schnupfens diene ich ja schließlich bei den Geheimen, oder wie es richtig heißt: bei der nichtuniformierten Polizei, weil zu einer Uniform meine feuchte Nase wahrlich nicht passen würde.«

Herr Bouše erreichte seine Kneipe und bestellte sich, über sein Schicksal bekümmert, eine Suppe.

Das Lokal war halbleer, dennoch ging es recht lebhaft zu. Eine Gruppe nobler Herren und Damen machte einen drauf, und der Wirt beklagte sich: »Wenn sie Zaster haben, bilden sie sich heutzutage ein, sie könnten sich aufführen wie die Verrückten. Schauen Sie sich nur mal an, Herr Kommissar, was die mir auf dem Abort angerichtet haben. Gestern hab ich dort einen neuen Spiegel hingehängt, und heute schon haben sie ihn kaputtgeschlagen, haben jeder Dame eine Scherbe gegeben, das soll Glück bringen. Verdienen einen Haufen Geld, die Leute, und wissen nicht, was für Unsinn sie damit anstellen sollen. Ich sag Ihnen, Herr Kommissar, ich hab's nicht einmal gern, wenn jemand ein Gläschen zerschlägt...«

Währenddessen hatte der Milchmann Povondra die Wirtschaft betreten. Er schnaufte in der Wärme und dem Rauch, als hätte er erst jetzt die richtige Luft gefunden, und sagte: »Da fängt nun schon der Winter an... Wenn's erst von den Stoppelfeldern zieht, ist alles einen alten Furz wert.« Und höflich stimmte er den Klagen des Wirts zu: »Alles, was recht ist – heutzutage wissen die Geldsäcke nicht, was sie anstellen sollen. So einer bildet sich ein, wenn er ein Auto hat, dann gehört ihm schon die Welt... Wie eben vor einer Weile. Ich lade da in den Weinbergen Kannen auf, gucke, ob auch alles in Ordnung ist, und da fährt ein junger Kerl im Auto vorbei, so ein richtiges Gigerl, und er hat ein Weib bei sich, und die schämen sich nicht und schmeißen einen Schuh nach mir. Das hat mich vielleicht in Wut gebracht! Wenn ich einen Stein zur Hand gehabt hätte, ich hätte ihnen schon gezeigt, wie ich noch treffen kann, aber in diesem verdammten Prag findet man ja in den Straßen keinen Stein, da hat man es auf dem Lande eben doch besser...«

Herr Povondra fühlte sich offenbar mehr dadurch beleidigt, daß er keinen Stein auf die beiden hatte werfen können, als dadurch, daß sie einen Schuh nach ihm geworfen hatten.

»Und war der Schuh wenigstens neu?« wollte Herr Bouše wissen.

»Und das Füßchen, das war doch bestimmt wie gedrechselt, was?« fragte der Wirt.

»Auf das Füßchen von so 'nem Flittchen pfeif ich. Und der

Schuh... Na ja, neu war er wohl, aber was soll ich mit 'nem einzelnen Schuh, nicht wahr? Wenn das Luder wenigstens alle beide nach mir geschmissen hätte!«

Dann bestellte sich Herr Povondra auch eine Suppe und schlürfte sie mit Behagen.

»Aber das schenk ich ihm nicht, diese Stutzer fahren oft durch Prag, und ich werd ihn schon noch einmal treffen! Dann werd ich's ihm zeigen, auf anständige Leute mit den Schuhen von so 'nem Nuttchen zu schmeißen!«

Dann trennten sie sich, Herr Povondra fuhr mit seinem Pferdchen nach Chodov, der Detektiv Bouše ging nach Hause, und der Gastwirt jagte die letzten schlummernden Gäste hinaus und schloß zu.

Der anbrechende Tag verlieh den Prager Straßen ein freundlicheres Gesicht, die Müllfahrer waren unterwegs, ihre Glocke hallte durch die Straßen, und die Dienstmädchen kamen mit den Aschekästen aus den Häusern und tauschten den neuesten Tratsch aus, gähnend nach der Nacht, die wieder so kurz gewesen war.

Herr Bouše legte sich daheim ins Bett neben seine Gattin, die sich eben anschickte aufzustehen und dabei brummte, er könne auch einmal früher eintrudeln, aber weil sie das schon seit fünfundzwanzig Jahren sagte, schenkte er dem keine Aufmerksamkeit. Er schlief sofort ein, tief und süß, weil er nach dem Nachtdienst den ganzen Tag freihatte.

Und weil er freihatte, erfuhr er nichts – ja, so etwas nennt sich Zufall! – von dem großen Fall, der sich in Prag an diesem Morgen ereignet hatte. Der Herr Oberrat machte ein finsteres Gesicht, und sein gewachster Schnurrbart sträubte sich, weil kein Ende zu finden war, an dem man den Faden aufrollen konnte. Die Polizeidirektion brach sich tatsächlich die Zähne aus, aber Herr Bouše konnte den Fall auch unter Mithilfe des größten Zufalls nicht lösen, weil er von nichts wußte. Der Zufall ist zuweilen ein Schelm.

Was da geschehen war, war so rätselhaft, als hätte es jemand aus einem Film herausgeschnitten. Auch der Nebel in den Straßen, die verschwommenen Lichter der Gaslaternen und das Auto, das durch die schlafende Stadt rast – das reinste London, nur fehlte hier offensichtlich der Scotland Yard. Und es fehlten auch alle Spuren. Der Herr Oberpolizeirat jagte die gesamte Mannschaft auf die Straße, vergebens, die Detektive brachten keine positiven Nachrichten.

In den Morgenstunden dieses Tages, da die Nacht sich zur Dämmerung wandelte und in den Prager Parks die Herbstnebel lagen, aufsteigend aus dem Tal der Moldau (aber auch des Botičbachs, ja selbst der Rokytka), zu dieser düsteren Zeit also war ein sportliches, von einem jungen Mann gesteuertes Auto durch die Straßen gefahren.

Es hielt in der Legerstraße vor dem berühmten Borůvka-Sanatorium, einem soliden Unternehmen, das auf seinen Ruf bedacht war, einem Unternehmen der diskretesten ärztlichen Dienste, sehr beliebt bei reichen Leuten, denn hier konnte man lange und teuer unter der grenzenlosen Fürsorge des Personals und der Ärzte krank darniederliegen, hier suchten sowohl sehr kranke als auch allzu gesunde Menschen, die das aus irgendwelchen Gründen nötig hatten, Zuflucht. Oft traten hier Damen ein, die vor Gesundheit geradezu strotzten, und verließen das Haus nach einer Woche ziemlich blaß...

Das Auto hielt mit kreischenden Bremsen direkt vor dem Eingang. Der Pförtner sah es aus seiner Loge, er schlief nicht – wer wird denn schlafen in so einem vornehmen Privatsanatorium, wenn man Dienst hat! Außerdem wurden gerade nachts die Fälle eingeliefert, die am meisten einbrachten. Flugs stürzte er hinaus. Der junge Herr bemühte sich bereits, die Frau herauszuheben, die auf dem Rücksitz lag. Er schaffte es nicht. Der Pförtner schubste ihn dienstbeflissen weg.

»Gestatten Sie bitte, ich werde selbst... Dazu muß man den richtigen Griff haben!« sagte er gutmütig, hob die elegante Dame auf und trug sie hinein, während der junge Mann hinter ihm herwankte.

Er trug sie in einen kleinen Raum, wo er sie auf ein schmales, mit dunklem Wachstuch bezogenes Sofa legte.

»Tiefe Ohnmacht, nicht wahr? Das wird das Herz sein«, sagte er kennerhaft zu dem jungen Herrn, der unglücklich an der Tür stehengeblieben war. Dann lief der Pförtner auf den Flur. »Gedulden Sie sich einen Moment, der Herr Doktor ist im ersten Stock, wir sind gleich da!«

Als er tatsächlich nach kaum einer Minute zurückkehrte, war der junge Mann jedoch weder in dem Raum noch auf dem Flur, es war nur zu hören, wie das Auto draußen mit aufheulendem Motor anfuhr. Der Pförtner rannte vor die Tür, sah jedoch im Nebel nur noch, daß der Wagen in die Mikovecgasse einbog. Nach einer Weile war alles wieder still und leer.

Völlig verwirrt kehrte der Pförtner in den Behandlungsraum

zurück. Der Arzt beugte sich eben über die Unbekannte, er suchte ihren Puls und hob dann verwundert den Kopf. »Hören Sie, die Frau ist doch tot!«

Der Pförtner schloß die Augen. Das hat mir gerade noch gefehlt! Bestimmt hat sie der Mann schon tot angebracht, und ich bin ihm auf den Leim gegangen... Das wird eine schöne Affäre geben, eine Affäre in unserem Sanatorium, da wird mich der Chef aber loben, um Himmels willen, daß das ausgerechnet während meines Dienstes passieren mußte... Mit zitternder Hand wählte er die Nummer der Polizei.

Die Polizei konnte lediglich feststellen, daß es sich um eine unbekannte Tote handelte. Alter etwa zwanzig Jahre, mittelgroße Figur, kastanienbraunes Haar, gepflegte Fingernägel, teure Wäsche und Kleidung, besondere Kennzeichen keine.

»Was für ein Auto war das? Dunkel oder hell?«

»Jesus Maria, meine Herren, das weiß ich nicht. Eher dunkel.«

»Eine Limousine?«

»Das weiß ich nicht. Es hatte ein Segeltuchdach.«

»Automarke? Hispano Suiza? Renault? Walter?«

»Darin kenn ich mich doch nicht aus«, jammerte der unglückliche Pförtner.

»Beschreiben Sie uns den Mann!« befahl der Polizeikommissar.

Hier war der Pförtner schon eher zu Hause, für Menschen hatte er ein gutes Gedächtnis, aber für Autos nicht. Deshalb beschrieb er den Mann sehr eingehend und hob besonders hervor, daß er einen schmalen Schnurrbart getragen habe.

»Nach meiner Beschreibung müßte es doch für Sie ein leichtes sein, ihn zu fangen«, fügte er einfältig hinzu.

»Falls er sich nicht gerade jetzt rasiert«, seufzte der Beamte auf, der den Fall untersuchte. Er konnte sich lebhaft vorstellen, wie der Herr Oberrat toben würde. So lebhaft, wie sich der Pförtner vorgestellt hatte, daß sein Chef toben würde, wenn sich Schlag neun Uhr die Tore des Sanatoriums öffneten. Die Untergebenen sind immer schlimm dran.

Das einzig Auffällige, was aber eigentlich auch nichts nützte, war die Feststellung, daß die Tote nur einen Schuh anhatte. Weil der fehlende Schuh nicht vor dem Sanatorium gefunden wurde, konnte man annehmen, daß sie ohne denselben hergebracht worden war.

»Eine recht schwache Spur«, sagte der Detektiv, als er Meldung erstattete, und der Herr Oberpolizeirat Knotek nickte knapp. Dann erteilte er – zum Erstaunen aller – die Weisung, diesen Schuh zu suchen.

Diese Weisung kam auch in den Tagesbericht, und in der Detektei (so nannte man den Raum, in dem sich die Beamten nach der Rückkehr vom Streifendienst aufhielten) trug man sie in ein besonderes Buch ein. Damit war allen auferlegt, sich nach einem einzelnen Schuh umzusehen.

Der Alte wird schon kindisch, dachte der Detektiv, der die Untersuchung führte. Möchte bloß wissen, was uns das helfen soll, wenn wir das Paar beisammen haben. Ich gäbe beide Schuhe dafür her, wenn ich herausbekäme, wie das Frauenzimmer heißt.

Noch am selben Tag stellte der Gerichtsarzt die Todesursache fest: übermäßiger Genuß von Kokain.

Der Herr Oberrat stieß einen leisen Pfiff aus. Das Mädchen gehörte zur sogenannten besseren Gesellschaft, damit verengte sich der Kreis der Verdächtigen. Die Kokainisten waren in einer besonderen Kartei erfaßt. Aber zufällig – verdammt sei der Zufall! – standen die bekannten Firmen wie auf Bestellung außerhalb jeden Verdachts. Im Gegenteil, man konnte annehmen, daß die tote Frau ein Neuling war – ebenso die Leute ihrer Umgebung, weil sie zugelassen hatten, daß sie zuviel von dem Zeug zu sich nahm. Den ganzen Tag über marschierten alle, die in den Listen standen, zur Abteilung Vier – wie bei einer Prozession. Doch das Resultat war gleich Null.

Der Herr Rat machte ein sehr finsteres Gesicht, die Detektive suchten in ganz Prag eifrig nach dem Schuh, Herr Bouše schlief, und der Milchhändler Povondra sichelte hinter Chodov Klee für seine Kaninchen.

Am Tag darauf ging der Herr Bouše nicht geradenwegs in die Direktion, sondern graste zuvor den Wenzelsplatz und die größeren Geschäfte ab. In einem erwischte er den Taschendieb Jandejsek und nahm ihn gleich fest. Der Taschendieb Jandejsek sträubte sich anfangs und meinte, ein anständiger Mensch könne doch auch in ein Geschäft gehen, um etwas zu kaufen, welchselbige Behauptung der Herr Bouše unter unaufhörlichem Schniefen mit dem Hinweis widerlegte, daß ein zwölfmal vorbestrafter Dieb längst kein anständiger Mensch mehr sei. Unterwegs wurde Jandejsek weich, und als er zu bitten begann, tat Herr Bouše, als könne er dank seinem Schnupfen oder seinem weichen Herzen vielleicht ein Auge zudrücken, aber da müsse Jandejsek etwas über die Neuen ausplaudern, die nach Prag gekommen seien. So wurden sie sich einig. Jandejsek nannte einen gewissen Brázda aus Budějovice, der unter der Anleitung des alten Maclík sein Glück in Prag versuchen wolle, was soviel hieß, daß er in Menschenansammlungen arbeiten würde. In Prag fanden im Augenblick keine großen Veranstaltungen statt, so würde er sich wohl im Edenpark niederlassen.

Jandejsek machte einen Luftsprung und war froh, wieder auf freiem Fuße zu sein. Der Herr Bouše ging danach in die Direktion, um eine Meldung über diesen Brázda abzufassen und dem Kommissariat in Vršovice, zu dem der Vergnügungspark »Eden« gehörte, ein dementsprechendes Aviso zu geben. Selbstverständlich las er sich den Tagesbericht durch, aber er fand darin nichts Interessantes. Als er bereits wieder gehen wollte, fragte ihn unten der Diensthabende: »Na, wie ist's, Herr Bouše, suchen Sie den Schuh nicht mit? Der Alte hat schon die ganze Mannschaft ins Gelände gejagt.«

»Was für einen Schuh? Meine Leute stehlen keine Schuhe«, entgegnete der Herr Bouše mit einem Lächeln, aber gleich darauf nieste er entsetzlich, wohl vor Aufregung. Und während er sich die Nase putzte, rief er: »Ein Frauenschuh, nicht wahr? Jesus Maria, ich hab doch den Tagesbericht gelesen, und da stand nichts... Da muß ich wohl durch Zufall ein Blatt überschlagen haben!«

Herr Bouše stürzte zurück in die Detektei und las sorgfältig das Blatt, das er in der Tat zufällig übersprungen hatte.

Ihm wurde schwarz vor den Augen. Da ist er ja! Der Fall, an dem sich, wie der Herr Oberrat zu scherzen beliebten, die ganze Direktion die Zähne ausbricht! Der Schuh!

Na ja, aber kann er denn bis morgen warten und erst in der Früh den Herrn Povondra in der »Gifthütte« suchen? Und wenn er sich zufällig gerade mal nicht dort einfindet?

Herr Bouše fühlte, daß er Schüttelfrost bekam. Sein Niesen beschleunigte sich genauso wie sein Puls.

Daß in jenen idyllischen Zeiten ein Detektiv ein Auto bekam, um schnell irgendwohin zu gelangen, war undenkbar. Ein Auto hatte nur der Herr Polizeipräsident, und wenn es vielleicht einmal der Herr Oberpolizeirat brauchte – das wäre schon ein anderer Fall, aber ein Detektiv? Und obendrein der Herr Bouše?

So schlug er also den kürzesten Weg ein: Er fuhr mit dem Zug nach Krč und hastete dann zu Fuß über die Felder, wo die Hirten das Kartoffelkraut verbrannten, in Richtung Chodov. Er schwitzte tüchtig. Als er an Ort und Stelle war, hätte er sein Hemd auswringen können, aber erstaunlicherweise ließ sein

Schnupfen nach. Am Ende hat der Doktor doch recht, daß es ihm helfen würde, wenn er sich an der See aufwärmte. Ein gewöhnlicher Mensch muß sich eben durch einen Fußmarsch nach Chodov aufwärmen.

Herr Povondra war zu Hause. Er zuckte zusammen, als er den Herrn Bouše erblickte, er kannte ja dessen Profession.

»Wir werden doch nicht vielleicht einen Taschendieb hier haben!« stieß er erschrocken hervor.

»Nein, Herr Povondra, aber ich bräuchte dringend diesen Schuh... Na den, mit dem jemand nach Ihnen geschmissen hat!«

»Ich hab doch schon in der Kneipe gesagt, daß ich keine einzelnen Schuhe sammle. Ich hab ihn liegengelassen, es wird ihn schon jemand aufgehoben haben.«

»Aber wer? Wer, Herr Povondra, das ist das Malheur. Wissen Sie, was ich für diesen Schuh bekommen würde?« jammerte Herr Bouše.

Herr Povondra zuckte mit den Schultern. »Na ja, hab ich denn was ahnen können... Und wozu suchen Sie ausgerechnet diesen Schuh?«

»Das ist eine lange Geschichte, das kann ich Ihnen einstweilen nicht sagen«, entgegnete Herr Bouše traurig.

»Wenn Sie den Kerl suchen täten, der am Lenkrad saß, da hätte ich größere Freude... Aber den werd ich schon allein finden.«

»Und wie wollen Sie ihn finden? Den Schuh haben Sie nicht, wie er aussah, wissen Sie nicht... Wissen Sie wenigstens, wie das Auto ausgesehen hat?«

»Das weiß ich nicht, aber wiedererkennen würde ich es. Und wenn nach nichts anderem, dann nach der Nummer.«

»Herr Povondra«, flüsterte Herr Bouše und gebärdete sich glückselig wie ein Heiliger, der soeben den offenen Himmel erblickt hat. »Herr Povondra, Sie kennen die Nummer? Die Nummer dieses Autos? Sagen Sie sie mir, ja? Aber schön langsam, damit Sie sich nicht verhaspeln.«

Das kann ich auch ganz schnell, besonders wenn ich diesem Haderlumpen damit Unannehmlichkeiten bereite. Sie stand hinten auf der Tafel: N 3584. Oder 3587, so ganz genau weiß ich das nicht...«

»Das macht nichts, das macht gar nichts, vergelt's Ihnen der Herrgott, lieber Herr Povondra«, flüsterte Herr Bouše verzückt, dann nieste er und sagte: »Wissen Sie, was das für ein Zufall ist? Ein Zufall, von dem schon die Philosophen geschrieben haben und von dem auch unser Herr Oberpolizeirat Knotek gerne spricht. Der Zufall, Herr Povondra, mit dem ist nicht zu spaßen...« Und der Herr Bouše begab sich nach Prag zurück, wieder per pedes.

Den Wagen zu finden war kein Problem, es war ein Personenwagen dunkler Farbe, ein Sportwagen mit Klappverdeck, Marke Walter, und er gehörte dem Sohn des Fabrikanten Vozáb. Als die Polizei in der Wohnung erschien, brach der junge Herr zusammen. Er packte sofort aus und sagte alles, was er wußte.

Sie hatten in der Villa von Bekannten eine kleine Gesellschaft veranstaltet, etwa acht, genau neun Personen waren dort gewesen, unter ihnen Fräulein Tina... Als die Unterhaltung schön im Gange war, gab einer der Teilnehmer, genauer gesagt ein gewisser Herr Soukup, den Anwesenden Kokain, und das Fräulein Tina nahm so viel davon zu sich, daß ihr furchtbar schlecht wurde. Die Gesellschaft erschrak, so etwas konnte ein schlimmes Ende nehmen. Im Nu waren alle mehr als nüchtern. Sie entschlossen sich zu losen. Das Los fiel auf den jungen Vozáb. Die anderen schwuren feierlich, zu schweigen, er aber mußte sie ins Auto laden und so schnell wie möglich ins Borůvka-Sanatorium fahren.

Doch schon als er sie zum Wagen trug, gefiel sie ihm nicht, sie war bleich wie der Tod und ganz kalt, aber sie atmete noch. Er legte sie auf den Rücksitz, der Wagen war nicht allzu breit, ihre Füße ragten ein bißchen über den Rand, aber er achtete nicht darauf, auch keiner von denen, die sich im Morgennebel rasch aus der Villa verdrückten.

Während der Fahrt drehte er sich immer wieder nach hinten um und sprach dauernd mit ihr: »Tina, wachen Sie auf, Tina, gleich ist alles wieder in Ordnung...«

Als er durch die Weinberge fuhr und in die Budečskástraße einbog, seufzte das Fräulein auf dem Rücksitz sonderbar auf und streckte sich, als durchzucke sie ein Krampf. Ja, es ist möglich, daß sie dabei einen Schuh von den Füßen stieß, er kann sich nicht erinnern, ob sie beide Schuhe anhatte oder nicht, als er sie in den Wagen legte... Nach wenigen Minuten waren sie vor dem Sanatorium, aber dort erkannte er, daß das Mädchen tot war.

Der junge Mann erschauerte und schrieb dann eigenhändig die Namen all derer auf, die nachts in der Villa gewesen waren. Daraus entstand eine Affäre, von der an allerhöchsten Stellen gesprochen wurde.

Alles, was Beine hatte auf der Direktion, mußte helfen und die Leute zum Verhör holen, nur der Herr Bouše hatte frei, denn er war der Held des Tages. Seine erste Sorge war, baldigst den Herrn Povondra aufzusuchen und ihm zu erklären, daß niemand mit einem Schuh nach ihm geschmissen hatte, sondern daß alles nur ein böser Zufall war, für den man aber letzten Endes Gott danken müsse.

Aber bevor er noch die Zeit fand, seine Schritte zur »Gifthütte« zu lenken, ließ ihn der Herr Oberpolizeirat rufen.

Lange musterte er den Detektiv Bouše und das ewige Tröpfchen an dessen Nase, zwirbelte sich den Bart und schwieg. Dann sagte er mit einem Seufzer: »Hören Sie, ich steh kurz vor der Pensionierung, aber ich bin froh, daß ich am Ende meiner Dienstzeit noch einen Zufall erlebt habe, wie ich ihn mir überhaupt nicht vorstellen konnte. Und ich hab schon mancherlei erlebt! Bouše, Sie sind das Beispiel für einen so glücklichen Zufall, daß darüber nicht einmal die Philosophen geschrieben haben. Seien Sie stolz darauf, Mensch! Ja, und ich schreib Ihnen das in die Personalakten, und im Sommer fahren Sie an die See, das regle ich!«

Als der glückliche Herr Bouše rücklings aus dem Arbeitszimmer des Chefs retirierte und dabei ehrerbietig schnaufte, fügte der Herr Oberrat hinzu: »Aber zum Donnerwetter, daß Sie mir dort mit Ihrem Schnupfen nicht auch Ihr kriminalistisches Gespür verlieren! Das würde mir gar nicht gefallen!«

Das konnte ein sehr schönes Spiel werden. Der Bauer Liška aus Nummer achtunddreißig meldete einen Bettel an, und der Oberwachtmeister Nováček gab Kontra. Er zwinkerte dabei seinem Mitspieler zu, dem stillen Herrn Pfarrer Kotrba, und der nickte mit der Miene eines Märtyrers. Er liebte nämlich keine Spiele, die ins Geld gingen. Aber der Bauer Liška gierte an diesem Abend danach, wenigstens einmal den Oberwachtmeister zu zerschmettern, und gab mit höhnischem Blick auf dessen Kontra ein Re. Der Herr Pfarrer verdrehte die Augen zum Himmel, als könnte er von dort Hilfe erwarten, obwohl seine einzige Hoffnung der Oberwachtmeister war, der im ganzen Kreis als Meister im Mariage-Spiel bekannt war.

Dieses unerwartete Re war aber auch für Nováček ein bißchen stark, und weil er Karten hatte, wie sie im Buche standen, wandte er sich an den Pfarrer, als riefe er ihn zum Zeugen an: »Hochwürden, bestätigen Sie dem Herrn Liška, daß ich vier Paar Tauben in der Hand habe, und wenn er Re sagt, dann sage ich darauf Bock, und sollte es mich ein Vermögen kosten!«

Der Herr Pfarrer hätte sich gern bekreuzigt, wenn er freilich nicht diese Teufelsbildchen in der Hand gehalten hätte.

Der Bauer Liška leckte sich die heißen, trockenen Lippen und spielte aus. Ja, das konnte ein teures Spiel werden, von dem man noch lange weit und breit in der Umgebung sprechen würde. Aber kaum klatschten die ersten Karten auf den Tisch, stieß jemand die Tür der Schenke auf und schrie: »Leute, es brennt!«

Und schon hörte man die falschen Töne einer Trompete, und die Männer sprangen auf von ihrem Bier und ihren Karten, stießen die Stühle um und stürmten hinaus. Der Herr Pfarrer flüsterte die Worte eines Gebets, und Liška fluchte, weil sie ihm den herrlichen Bettel vermasselt und ihm damit die Hoffnung genommen hatten, jemals diesen verdammten Gendarmen zu besiegen. Aber er schmiß die Karten auf den Tisch und sprang auf, um den anderen hinterherzulaufen. Doch der Oberwachtmeister hob das Blatt auf, warf einen Blick hinein und packte den Bauern am Ärmel: »Herr Liška, der Bettel ist verloren!«

»Das weiß man noch nicht!«

Der Gendarm schwieg, aber sein Finger zeigte streng und drohend auf den Eichel-Ober, der sich schamhaft zwischen den Karten versteckte.

Liška schaute verblüfft auf die Karten und dann auf den Oberwachtmeister, während draußen das Feuerwehrhorn wimmerte. »Jesus Maria, das ist doch nicht möglich... Das hab ich völlig übersehen!« Und er stürzte hinaus.

Der Oberwachtmeister wiegte den Kopf. »Da sehen Sie es, Herr Pfarrer! Die Spielschuld bezahlen, das will er nicht, da rennt er lieber löschen!«

Dann setzte aber auch er sich den Helm auf und ging hinaus.

Es war sehr gut, daß Liška diesen Mariage nicht zu Ende gespielt hatte. Es brannte nämlich in Nummer achtunddreißig – bei ihm!

Und es brannte schön. Die Funkengarbe stieg auf zum schwarzen Himmel, und man hörte das trockene Prasseln von brennendem Stroh. Das Feuer hatte die Scheuer gepackt... Und der Herr Oberwachtmeister wurde sich bewußt, daß das bereits der zweite Brand in diesem Monat war.

Liška stürzte in seinen Hof wie ein Besessener. Seine Frau hatte offenbar mehr Geistesgegenwart, sie war nur im Unterrock herausgelaufen und hatte es geschafft, den Stall aufzumachen, auch die Tochter war schon draußen, sie hatte sich einen alten Mantel übers Hemd geworfen und trieb gerade die Kühe in den Garten.

Der Oberwachtmeister beobachtete das heillose Durcheinander und begriff, daß die Scheune nicht mehr zu retten war: Das Feuer wird wohl noch auf die Stallungen überspringen, vor allem wenn sie dürres Heu unter dem Dach haben, und das haben sie; die Feuerwehrleute sollten das Dach des Wohnhauses bespritzen, das läßt sich noch retten, weil zum Glück kein Wind weht und zwischen Stall und Wohnhaus genügend freier Raum ist. Er war bemüht, sich die tausend Einzelheiten einzuprägen, die ihm am nächsten Tag bei der Abfassung des Protokolls zupaß kommen würden. Dann erblickte er seinen Postenführer, der in aufgeknöpfter Bluse der Haustochter Růžena Lišková half, Möbelstücke aus dem Wohnhaus zu tragen.

»Verdammt, was machen Sie denn da, Klouzek?«

»Ich melde, Herr Oberwachtmeister, daß ich helfe.«

»Und was hat ein Gendarm zu tun, wenn es brennt?« fragte der Vorgesetzte streng und zog den Postenführer ein Stück beiseite, weil man eben die Feuerspritze in den Hof schob und der erste Wasserstrahl aus dem dünnen Mundstück des Schlauches spritzte.

»Wenn es brennt, dann hat der Gendarm zu gucken, nichts als zu gucken, weil nur wichtig ist, was er sieht, und nicht, was brennt. Aber Sie helfen den Leuten. Und jetzt marsch auf die Station und voller Dienstanzug, wie es sich gehört, Gewehr, Säbel, Tasche, Helm, und daß ich Sie hier wieder sehe, bevor ich auch nur kicks sagen kann! Ab!«

Dann beobachtete der Herr Oberwachtmeister die Růžena, die, zerzaust und verschmutzt, weiter das Mobiliar aus dem Haus schleppte, und er dachte, daß sie sehr gut aussah und daß er sich über seinen Postenführer gar nicht zu wundern brauchte.

Bald fingen die Ställe Feuer, und da halfen auch die Ströme Wassers nichts, ebensowenig die vielen hilfsbereiten Hände. Die Einrichtung des Wohnhauses wurde in den Garten geschafft, aber auf das Haus selbst griff der Brand nicht über, wie der Oberwachtmeister richtig vermutet hatte.

Der Postenführer Klouzek kehrte vorschriftsmäßig adjustiert zurück, und sein Kommandant nickte bloß zum Zeichen, daß das so sein mußte.

»Stellen Sie sich in den Garten zu dem Kram, damit es morgen keine Redereien gibt, es sei was verlorengegangen. Die Růžena kann Ihnen dabei Gesellschaft leisten.«

Růžena war in der Tat dort, und weil sie sich erst jetzt bewußt wurde, daß sie unter dem alten Mantel nur ihr Hemd anhatte, begann sie sich zu schämen. Ihre Mutter kniete vor einem Haufen Federbetten und heulte.

Gegen Morgen gelang es, das Feuer so weit zu löschen, daß nur noch die Balken qualmten und die Reste des Strohs und des Heus. Erst da zeigte es sich, daß in dem nächtlichen Durcheinander keiner an die Hühner gedacht hatte. Sie waren im Hühnerstall eingesperrt geblieben und verbrannt. Die Lišková raufte sich die Haare: Wie hatte sie gerade die Hühner vergessen können! Und in ihrer grenzenlosen Verzweiflung stürzte sie sich auf ihren Mann. »Das hast du von deiner Kneipe und den Karten! Wärst du zu Hause geblieben, dann hätte das nicht passieren müssen!«

Liška schwieg, aber der Herr Oberwachtmeister fragte rasch: »Wie meinen Sie das, Frau Lišková? Wenn der Mann zu Hause geblieben wäre, dann hätte es nicht gebrannt?«

»Ich glaube, er hat schlechte Kumpane, die ihn zum Kartenspiel verleiten«, entgegnete die Bäuerin streng.

Der Herr Gendarm nahm sich lieber den Bauern Liška zur Seite. »Geben Sie nichts drauf, aus ihr spricht die Verzweiflung... Die Versicherung haben Sie in Ordnung? Wirklich?

Nicht daß es damit ist wie mit dem Bettel! Na also, dann bauen Sie sich eine neue Scheune und neue Stallungen, nötig wär's sowieso gewesen...« Auf einmal lächelte der Herr Oberwachtmeister sonderbar, als wäre ihm etwas eingefallen, und fügte hinzu: »Wer hätte gedacht, daß es bei Ihnen brennt, als Sie Ihr Re anmeldeten, was? So eine Karte zu übersehen wie den Eichel-Ober, das ist ja kaum zu glauben!«

Der Bauer schaute den Gendarmen an, als begriffe er nicht, weshalb der so etwas sagte, wo ihm doch der Hof abgebrannt war.

Aber der Wachtmeister fuhr fort: »Als Sie gestern abend aus dem Haus gingen, haben Sie da nichts bemerkt? Ich meine, ob Sie vielleicht Rauch gerochen haben... Oder ob sich ein Verdächtiger am Haus herumgetrieben hat? Dieses Feuer, Herr Liška, ist gelegt worden, das werden Sie wohl begreifen.«

»Das begreif ich nicht«, sagte der Bauer. »Nichts begreif ich. Ich bin von all dem schon ganz blöd.«

Auf der Brandstätte standen die erschöpften Feuerwehrleute. Einigen wurde erst jetzt von zu Hause der blitzende Helm gebracht.

»Nach dem, was Ihre Frau sagt, ist das Feuer in der Scheune ausgebrochen... Die Fenster Ihrer Schlafstube liegen der Scheune gegenüber, und deshalb hat der Feuerschein sie geweckt. Wer aber hat die Tochter geweckt, deren Kammer auf der anderen Seite liegt, hier zur Straße hinaus?«

»Was weiß ich? Was wollen Sie von mir?«

»Nichts. Der Schein hat Ihre Frau geweckt, hat aber nicht, wie ich erfahren habe, die Nachbarin Frau Lohnoutková geweckt, und deren Fenster schauen auch direkt auf Ihre Scheune.«

»Warum soll sie aufgewacht sein, wo es doch nicht bei ihr brannte?«

Der Herr Oberwachtmeister zuckte nur mit den Schultern und besah sich weiter die Brandstätte. Der Bauer schaute ihm nach mit finsterem Gesicht. Er begriff nicht, was der Gendarm mit all dem Gerede meinte. Das Ganze ist ein furchtbares Unglück... Aber der Hof ist versichert, und er wird jetzt das Dach neu decken lassen. Mit Eternit... Und was diesen Bettel betrifft, verdammt noch mal, das war ja eigentlich ein Glück, daß es gebrannt hat!

Auf der Gendarmeriestation ging am Morgen der Herr Oberwachtmeister hin und her, nur in einer gestrickten Weste, rauchte und dachte laut nach. Der Postenführer Klouzek und der Wachtmeister Picek, der nachts keinen Dienst gehabt und deshalb den Brand in aller Seelenruhe verschlafen hatte, lauschten seinen Darlegungen.

»Eines wissen wir ganz bestimmt: Der Brand ist gelegt worden... In der Scheune war kein elektrischer Anschluß, niemand hat sich dort zu schaffen gemacht, aber es hat dort gebrannt. Das ist klar!«

Der Postenführer nickte eifrig, ja, das sei klar. Der Wachtmeister Picek war zurückhaltender. Er konnte sich das erlauben. »Erinnern Sie sich, Herr Oberwachtmeister, an das Feuer vor einem Monat bei den Příhodas? Auch die Scheune. Schließlich ist das jetzt im Frühjahr nichts Tragisches.«

»Tragisch ist das«, entgegnete der Oberwachtmeister und warf die Kippe in den Eimer am Ofen. »Und sogar sehr! Wir werden die Fahndung vom Kreis anfordern müssen. Und ihr wißt, was das bedeutet... Das bedeutet, daß einer, wenn er Dienst hat, diesen Dienst auch versehen muß und sich nicht von der Station wegrühren darf! Und auch nicht den Mädchen nachsteigen darf!«

Der Postenführer schaute erschrocken seinen Vorgesetzten an.

»Ich werde keinen Gebrauch davon machen, aber Fakt ist, daß Sie, Postenführer Klouzek, nachts auf einen Sprung zur Růžena gegangen sind... Schweigen Sie, ich nehme keine albernen Ausreden entgegen. Nur hat die Tatsache, daß Sie bei der Růžena waren, ihre Bedeutung. Deshalb nämlich hat die Růžena nicht geschlafen... Aber warum hat die alte Lišková nicht geschlafen? Weil sie wußte, daß es bei ihnen brennen wird!«

Auf der Station breitete sich Stille aus, die nur der Postenführer mit verzweifelter Stimme unterbrach: »Um Gottes willen, aber das war doch ganz anders! Ich war nicht mit Růžena zusammen. Ich war draußen, das stimmt, bei den Liškas hab ich jedoch nur mal vorbeigeschaut, ob sie nicht vielleicht zufällig am Fenster ist. Aber es war dunkel bei ihnen. Und auch auf den Hof fiel kein Licht. Sie schliefen beide...«

Der Postenführer schüttete das aus sich heraus wie im Fieber. Die Vorstellung, daß Růžena in eine Brandstiftung verwickelt sein könnte, war für ihn unfaßbar und unerträglich.

»Daß der Liška in die Kneipe gegangen sein und vorher bei sich in der Scheune Feuer gelegt haben sollte, das kann ich einfach nicht glauben«, sagte der Wachtmeister Picek.

»Sie können es nicht glauben, weil Sie nicht wissen, was ich weiß«, entgegnete geheimnisvoll der Herr Oberwachtmeister und dämpfte die Stimme. »Ich werde Ihnen also jetzt etwas sagen, was ich nicht einmal der Fahndung sagen kann. Die wird sich übrigens für andere Dinge interessieren. Sie werden über die Brandstätte kriechen und nach fettigen Petroleumflecken suchen oder nach den Resten der Kerze, von der der Brand stammen könnte... Aber ich habe meinen Verdacht auf etwas ganz anderem aufgebaut. Auf dem Mariage-Spiel... Sehen Sie, wenn jemand einen Bettel anmeldet, dann nehm ich das Spiel auf, besonders wenn ich solche Karten habe, wie ich sie hatte. Und ich gebe ihm Kontra, damit er weiß, daß ich sie habe. Aber wenn derjenige, der den Bettel spielt, mir darauf ein Re gibt, dann muß ich denken, daß er das reinste Wunderblatt hat. Aber halten Sie sich fest: Er hatte einen Ober drin. Einen Eichel-Ober unter lauter grünen und roten Luschen. Na ja, das reinste Drama! Also entweder ist der Mann ein Stümper im Mariage-Spiel, und das ist der Liška nicht, oder er war auf einmal furchtbar unaufmerksam und übersah den Ober. So behauptete er wenigstens. Und ich frage, warum ist der Liška so unaufmerksam beim Kartenspiel? Warum übersieht er einen Ober? Weil er an etwas anderes denkt. Und woran denkt er? Er denkt daran, daß es eigentlich an der Zeit wäre, daß jemand ›Feuer!‹ ruft! Er hat überhaupt den ganzen Abend miserabel gespielt, das aber war der Gipfel!«

Der Herr Oberwachtmeister rieb sich die Stirn. Diese Theorie mit allen Feinheiten darzulegen hatte ihn völlig erschöpft. Anscheinend ging es seinen Untergebenen nicht anders, beide setzten sich.

»Mit Ihnen Mariage spielen, das geht einem auch an die Nerven«, sagte Picek bedächtig. »Ansonsten aber wäre das ein ganz überraschender und in der Kriminalistik einmaliger Beweis.«

»Beweis!« Der Herr Oberwachtmeister stieß einen Seufzer aus. »Wenn das ein Beweis wäre, hätte ich den Liška schon mit Handschellen abgeführt. Es ist jedoch nur ein Verdacht... Aber dieser Verdacht führt mich zu der Überzeugung, daß der Liška davon gewußt hat.« Der Oberwachtmeister warf dem Postenführer einen mitleidigen Blick zu. »Ich weiß, das ist nichts für Ihre Ohren. Der künftige Schwiegervater...«

»Was heißt Schwiegervater!« Der Postenführer winkte ab. »Er will nichts davon hören und sperrt die Růžena daheim ein.«

Von draußen vernahm man das Knarren der Wagen, das Dorf lebte auf seine Weise, ging wie jeden Tag seiner Arbeit nach.

»Ich hätte eine andere Theorie«, sagte Wachtmeister Picek, den Blick starr auf Klouzek geheftet. »Der Brand wurde aus Rache gelegt. Der Brandstifter ist ein verschmähter Postenführer der Gendarmerie. Er rechnet damit, daß die Liškas nach dem Brand so verarmen, daß sie ihn selbst mit seinen popligen sechshundert monatlich als Schwiegersohn willkommen heißen.«

Klouzek lief rot an, und nur die Rücksicht auf den Dienstrang verwehrte ihm, dem Wachtmeister ungeschminkt zu sagen, was er von ihm dachte. Der Oberwachtmeister faßte diese unernsten Worte als Angriff auf seine recht komplizierte Theorie auf und zog ein säuerliches Gesicht. So lachte am Ende nur der Wachtmeister Picek, aber auch der lachte nicht lange. Draußen hielt mit kreischenden Bremsen das Auto vom Kreis.

Während der Oberwachtmeister den Gästen entgegenlief, sagte der Postenführer: »Es gibt noch eine dritte Möglichkeit. Das Gehöft hat ein gewisser Gendarmeriewachtmeister angesteckt, der dienstfrei hatte und angeblich zu Hause war, in Wirklichkeit sich aber ganz woanders herumtrieb...«

»Und die vierte: Der Oberwachtmeister hat den Brand gelegt, weil er befürchten mußte, gegen Liška einen Bettel zu verlieren«, fügte Picek hinzu und grinste.

Dann aber erstarrten beide in Habachtstellung, denn den Raum betrat der Leutnant von der Kreisfahndungsgruppe.

Sie gingen lange über die Brandstätte und stocherten in allem herum. Klouzek war froh, daß sie ihn nicht mitgenommen hatten, denn ihm war das Ganze zutiefst zuwider. Er wußte, was sie suchten: einen Beweis, daß Liška selbst den Brand gelegt hatte und nur zum Kartenspiel gegangen war, um sich ein Alibi zu verschaffen. Aber er glaubte nicht daran. Wegen Růžena? Nein, nicht deshalb. Eher nur so, auf Grund seines gesunden Menschenverstandes. Es genügte, sich die Scheune anzuschauen: In der Rückwand, die an den Garten grenzte und zu den Feldern zeigte, waren längliche Fensterchen, ohne Scheiben; Liška sagte, er hätte keine eingesetzt, weil dort seit eh und je die Schwalben aus und ein flögen. Und auch wegen der Lüftung. Wenn jemand einen Brand legen wollte, genügte es, über die Felder und den Garten an die Rückwand der Scheune heranzuschleichen und die Hand mit einem brennenden Papierwisch durch eine der Fensteröffnungen zu stecken. Das Feuer würde auf dem verstreuten Stroh rasch Nahrung finden...

Als der Abend kam, gelang es Klouzek, von der Station zu verschwinden und zu Růžena zu gehen. Er wollte ihr sagen, daß er überhaupt nichts mit dem zu schaffen habe, was sein Chef dachte.

»Du schweig nur! Ihr geht da den ganzen Tag herum und fragt uns dauernd aus, als hätten wir die Scheune angezündet! Und die Leute sind so schlecht, sie treiben noch ihre Späße mit uns... Das da hat uns jemand über den Zaun geworfen!«

Wütend reichte sie ihm ein Stück Papier mit sonderbaren Verschen:

Ach wie schön ist doch die Welt,
meinem Herzen sie gefällt,
und ich singe mir ein Lied
wenn das rote Feuer glieht.

»Was ist das? Wer hat das über den Zaun geworfen?«

»Was weiß ich! Es hat schon am Morgen hier gelegen. Ich hab's an mich genommen, damit's die Eltern nicht erst sehen.«

»Aber Růženka, ich kann doch ... ich kann doch nichts dafür.«

»Das fehlte ja auch noch!« rief sie mit jener bewundernswerten weiblichen Logik, die selbst den fügsamsten Liebhaber an den Rand der Verzweiflung bringen kann.

In diesem Augenblick wurde im Wohnhaus ein Fenster geöffnet, und die strenge Mutterstimme erscholl: »Růžena! Marsch ins Haus!«

Růžena warf dem jungen Postenführer noch einen vorwurfsvollen Blick zu und verschwand.

Durch ihre Ungerechtigkeit verletzt, ging er traurig heim in sein Junggesellenstübchen. Es war öd und kahl, unwirtlich wie der Frühling in diesem Jahr – von der Liebe ganz zu schweigen.

Zu Hause holte er den Zettel mit den Versen aus der Tasche und las sie noch einmal durch. Was für ein Blödsinn! Wer hat ein Interesse daran, sich über die Abbrändler lustig zu machen? Und wie ungelenk geschrieben, und das letzte Wort: glieht statt glüht! Als er sich aber die Verse einigemal durchgelesen hatte, schien ihm, daß darin gar kein Spott lag. Eher Freude... »meinem Herzen sie gefällt...«

Das Papier mit den Verschen war offensichtlich von einer Tüte abgerissen worden, und weil es in jedem Kramladen solche Tüten gab, konnte man daraus nichts erkennen. Doch Vorsicht, das Papier war durchstochen. Nichts da von wegen über den Zaun geworfen, im Gegenteil, jemand hatte es an den Zaun geheftet.

Und was soll uns das? Angenommen, ich entdeckte sogar die Stelle, wo das Papier angeheftet war, und kann beweisen, daß es der Wind heruntergeweht hat – wie wäre aber damit die Theorie unseres Chefs zu widerlegen? Ist doch alles Unsinn...

Aber je mehr er darüber nachdachte – und er dachte darüber nach, selbst als er schon unter dem dünnen, kalten Federbett lag –, um so mehr schien es ihm, daß dieses Papier mit dem Brand etwas zu tun hatte. Wenn es nun von dem stammte, der das Feuer gelegt hat? Aus lauter Freude, daß es brennt? Davon hatten sie auf den Lehrgängen gehört – ach du Heiland, wie heißt das doch gleich, wenn ein Mensch danach giert, Feuer zu sehen, und nur zum Brandstifter wird, um sich an dem Feuer zu erfreuen?

Es war Nacht, und Klouzek kroch aus dem Bett. Er hielt sich nicht damit auf, die knarrende Tür zu öffnen, sondern sprang durchs Fenster. Er lief zur Station, wo der Wachtmeister Picek Dienst hatte.

»Was geisterst du in der Nacht herum? Was willst du?« fragte der verschlafen.

Klouzek reichte dem Wachtmeister das Papier mit den Versen. Der las sich das durch, dann hielt er es unter die Lampe und las es noch einmal. »Wo hast du das gefunden?«

»Ich nicht. Růžena... Bei ihnen hinterm Zaun.«

Der Wachtmeister drehte das Papier hin und her und hörte sich an, zu welchen Schlußfolgerungen sein Kollege gelangt war, als er sich schlaflos in seinem Bett hin- und hergewälzt hatte. Dann erklärte er bedächtig: »Hör mal, wenn ich Klouzek hieße, dann würde ich ja nicht gerade hoffen, eines Tages Herr Sherlock Holmes genannt zu werden... Aber das da ist eine bessere Spur als der Bettel unseres Alten. Verse... Herrgott, wer kann denn hier auf dem Dorf Verse schreiben?«

»Der Lehrer hat im vergangenen Jahr zum Staatsfeiertag ein Gedicht geschrieben. In der Kneipe haben sie ihn ausgelacht, aber er hat erklärt, er hätte es geschrieben, damit sein Aufstieg gesichert sei.«

»Das ist allerdings ein triftiger Grund«, meinte der Wachtmeister und nickte. »Aber warum hat der unbekannte Täter Verse geschrieben? Und warum hat er ›glieht‹ geschrieben? Da gibt es gar nichts anderes, wir müssen es dem Alten zeigen. Und wenn wir es nur tun, um ihm die Freude am Mariage-Spiel zu verderben...«

Aber erstaunlicherweise sah der Oberwachtmeister in dem Fund eher eine Bestätigung seines Verdachts. »Jungs, ich kann mich über euch nur wundern! Ein paar Verse auf eine Zuckertüte schreiben, das kann doch jeder. Und am ehesten der, der ein Interesse daran hat, die ganze Fahndung zu verwirren. Zum Beispiel Liška... Ich sage euch, hier ist die schwache Stelle, hier müssen wir am Ball bleiben.«

Klouzek seufzte nur leise und sagte: »Da ist aber ein recht eigenartiger Rechtschreibfehler drin.«

»Hab ich gar nicht bemerkt...«, brummte der Oberwachtmeister. »Vielleicht hat er sich in der Aufregung verschrieben. Und daß Ihnen gerade Růžena den Zettel gebracht hat, ist mir besonders verdächtig.«

»Aber das Papier war am Zaun angeheftet«, verteidigte Klouzek seinen Einfall und vor allem Růžena.

»Warum haben wir es dann nicht gesehen?«

»Weil es auf die Erde gefallen ist und wir es leider nicht gefunden haben. Das ist unser Fehler«, sagte der Wachtmeister.

»Daraus brauchen wir uns nicht viel zu machen.« Der Oberwachtmeister winkte ab und dachte: Dieser Wachtmeister will doch immer recht haben, möchte wohl ein Sternchen mehr und bildet sich ein, das wäre jetzt die beste Gelegenheit. Aber das wird dir nicht gelingen, Freundchen!

»Wenn Sie erlauben, Herr Oberwachtmeister, möchte ich mir gern das Gedichtchen ein bißchen näher anschauen«, erbot sich der Postenführer.

»Anschauen können Sie es sich, soviel Sie wollen, aber nach dem Dienst. Vor allem andern sind Sie erst einmal verpflichtet, Ihre Dienstobliegenheiten zu erfüllen«, sagte trocken und streng der Stationskommandant, und der Postenführer schlug ehrerbietig die Hacken zusammen.

»Ja, bei uns auf der Station ein Sherlock Holmes zu werden, das ist nicht leicht«, flüsterte ihm Picek zu, als sich beide hinter dem Schrank das Koppel abschnallten.

In der Tat, leicht war das nicht, aber Klouzek nahm sich der Sache mit großem Eifer an. Am ersten freien Nachmittag fuhr er in die Stadt und ging dahin, wohin Männer selten gehen: zu Frau Kodadová, einer berühmten Kartenlegerin, Hellseherin und Schriftkundigen. Er legte ihr das Gedicht vor die Nase und daneben fünf Kronen, sonst hätte die Dame nicht geweissagt. Dafür sprach sie Klouzek mit »Herr Wachtmeister« an. Sie beschaute sich lange das Blatt Papier und sagte dann: »Und jetzt schreiben Sie ein paar Zeilen, Herr Wachtmeister! Hier auf das Papier...«

»Ich?« Klouzek wunderte sich. »Warum ich?«

»Ihre Schrift brauche ich, um zu erkennen, ob Sie mit dieser Person wahlverwandt sind. Die Hauptsache ist eine verwandte Seele... Schreiben Sie, was Sie wollen, vielleicht nur Ihren Namen.«

»Aber gute Frau, ich suche keine verwandte Seele, ich muß wissen, was für ein Mensch das geschrieben hat!«

Die Hellseherin hob empört die Augen. »Wie kann ich das wissen, wenn Sie es nicht wissen? Ich könnte Ihnen sagen, ob Sie mit dieser Person wahlverwandt sind, ob Sie ihr nahe sind, ob Sie füreinander bestimmt sind und dergleichen... Mehr, lieber Herr, weiß ich nicht. Aber ganz privat sage ich Ihnen: Der das geschrieben hat, ist aller Wahrscheinlichkeit nach ein Narr.«

Damit ging sie und gab ihrem Papagei im Käfig ein Stück Apfel. Die Audienz war beendet.

Klouzek stand vor dem Haus und überlegte, was er tun solle. Ein Narr... Soviel er wußte, gab es in der Gemeinde wirklich einen Narren, nämlich den Dorftrottel Ferda Bumbaj. Aber der konnte nicht schreiben, diese Spur führte also nirgends hin.

In seiner Verzweiflung suchte er die psychiatrische Klinik des Kreiskrankenhauses auf. Es kostete ihn viel Mühe, den muskelbepackten Pfleger zu überzeugen, daß er nicht zur Untersuchung komme, und dann mußte er auch noch den Herrn Doktor von seinem gesunden Geisteszustand überzeugen, was noch schwerer war. Als er mit dem Gedicht herausrückte, schüttelte der Doktor den Kopf. »Sie werden doch verstehen, daß ich eine Diagnose nicht nach einem Stück Papier vornehmen kann... Führen Sie mir den Patienten vor!«

»Vorausgesetzt, ich kenne ihn!« seufzte der Postenführer. »Ich war schon bei einer Hellseherin, aber auch die brachte die Sache nicht vom Fleck.«

»Da sehen Sie's! Das einzige, was ich tun könnte – ich könnte das Papier mit zu unserem Konsilium nehmen... Aber da müssen Sie warten. Lesen Sie inzwischen etwas. Oder turnen Sie. Turnen ist sehr gesund für die Nerven.«

Der Arzt machte dem verblüfften Gendarmen einige Kniebeugen vor und eilte von dannen.

Klouzek wartete und schlummerte von Zeit zu Zeit ein. Weggehen konnte er nicht, die Tür hatte nämlich keine Klinke. Der Doktor kehrte erst nach langer Zeit zurück, aber dafür strahlte er übers ganze Gesicht.

»Das ist ein sehr interessanter Fall. Was glauben Sie, wie diametral die Urteile der Fachleute auseinandergingen! Der eine sagte, das hätte ein Mensch mit niedriger Intelligenz geschrieben, er stützte sich vor allem auf den Rechtschreibfehler. Der andere polemisierte ungewöhnlich interessant mit ihm und behauptete, das hätte ein Mensch mit höherer Intelligenz geschrieben, wie sie sich zuweilen bei Epileptikern zeigt. Aber wer hat es nun wirklich geschrieben... Entweder ein junger Mensch, dann ist der Fehler entschuldbar, oder ein älterer Mensch, dann weist der Fehler auf eine unterdurchschnittliche Intelligenz hin. Wenn wir uns dieser Meinung anschließen und annehmen, daß das ein erwachsener Mensch geschrieben hat, dann gelangen wir zu dem Schluß, daß es der Typ eines Idioten von niedrigem seelischem Niveau mit pyromanischen Neigungen ist... Aber es gibt noch eine weitere Möglichkeit, daß nämlich die ganze Sache die Frucht einer Rezession ist, das heißt eine besondere Art von Spaßmacherei. Selbstverständlich begreifen die Verfechter dieser Meinung, daß ihr eine bestimmte Schwäche anhaftet: Dieser Typ hat keine pyromanischen Neigungen. Sie können jedoch recht erfolgreich nachweisen, daß dieser orthographische Fehler absichtlich gemacht wurde. Beide Typen sind in einem gewissen Grade psychisch anormal. Sowohl der erste Typ, der des Pyromanen, der gezwungen ist, seine Tat mit einem Vers zu feiern, als auch der zweite Typ, der des Rezessiven, der in der gegebenen Situation auf seine Art auf die Verwirrung um den Brand reagiert, die ihm, sicher zu Unrecht, lächerlich vorkommt...«

Der Postenführer saß da und sperrte Mund und Augen auf. Er hatte fast den Eindruck, selbst dieses Gedicht geschrieben zu haben... Als der Doktor verstummte, nickte er nur und sagte: »Jawohl, gewiß...«

»Ist Ihnen alles klar?« fragte ihn der Arzt noch in der Tür.

»Nein, aber das macht nichts«, antwortete er höflich und war froh, als er draußen an der frischen Luft war.

Abends auf der Station kochte ihm der Wachtmeister einen Tee.

»Kamerad, wie es ausschaut, werden wir das Papier wohl der Fahndung geben müssen. Nicht daß sie eher als wir etwas finden, mehr der Ordnung halber. Vielleicht ziehen sie andere Fachleute zu Rate, und die kommen noch auf eine dritte oder vierte Möglichkeit... Aber den Kerl, der das Feuer gelegt hat, den werden wohl wir fangen müssen.«

Sie schlürften langsam den heißen Tee, weil der Frühling noch immer kein freundlicheres Antlitz zeigen wollte, und sannen darüber nach, wie traurig doch das Los eines Menschen ist, der zum

Gendarmen erkoren wurde. Ihren Betrachtungen konnten sie sich jedoch nicht allzulange widmen. Draußen erschallte ein Schrei, und als der Wachtmeister das Fenster aufriß, um zu erfahren, was los sei, sah er vor dem dunklen Himmel den roten Schein eines Brandes aufsteigen.

Diesmal war es in Nummer dreiundvierzig.

Es gelang, das Feuer zu löschen, bevor es aufs Scheunendach übergriff. So brannte nur ein Schuppen mit vorjährigem Holz und ein Stück vom Stall ab.

Am Zaun fanden die Gendarmen ein Papier angeheftet, und darauf die zwei Verszeilen:

Jedermann mit Freuden sieht
wenn das rote Feuer glieht.

Auf der Station herrschte eine Stimmung wie bei einem Begräbnis. Niedergeschlagen erklärte der Oberwachtmeister: »Ruft den Kreis an. Diesmal kann es Liška nicht gewesen sein, ich hab mit ihm gerade eine Partie Mariage verspielt. Ich bin schon ganz blöd von der Geschichte.«

Das Dorf lebte wie in einem Fieber. Die Leute blieben in ihren Häusern, die Nächte hindurch patrouillierten die Gendarmen durch die Straßen, fest entschlossen, auf jeden Schatten zu schießen, der es wagen sollte, ein Streichholz anzureißen. Dennoch folgten ihnen die Leute mit finsterem Blick und brummten: »Wozu haben wir eigentlich die Gendarmerie? Was taugen die, wenn sie nicht einmal einen Brandstifter finden?«

Der Postenführer blickte bei seinen Rundgängen oft auf das dunkle Fenster, hinter dem Růžena schlief. Es blieb und blieb abweisend geschlossen. Sie ist nicht sehr dankbar für das, was ich für sie und ihren Vater getan habe, sagte er sich traurig. Aber so ist nun mal die Weibesseele.

Die Fahndungsgruppe vom Kreis stürzte sich, wie Wachtmeister Picek angenommen hatte, auf die zwei Papiere. Sie schickten bald ein Gutachten darüber, das der Herr Oberwachtmeister persönlich in feierlichem, nachdrücklichem Ton vorlas. Doch je länger er las, um so enttäuschter wurde seine Stimme.

»Es wurde festgestellt, daß beide Gedichte auf das gleiche Papier vom Typ R 4, Dicke 0,5 mm geschrieben wurden, das man gewöhnlich zur Anfertigung von Tüten verwendet. Weiter wurde festgestellt, daß beide Sachen derselbe Mensch geschrieben hat, ohne sich übrigens im geringsten zu bemühen, seine

Handschrift zu verstellen. Nach dem Gutachten der psychiatrischen Abteilung handelt es sich um eine geistig zurückgebliebene Person mit psychopathologischen Neigungen oder im Gegenteil um eine Person mit beträchtlicher Intelligenz, die versucht, das wirkliche Wesen der Tat – Versicherungsbetrug – zu verschleiern.«

Der Wachtmeister streckte die Beine aus und verkündete, das seien in der Tat unerwartete Entdeckungen. Der Oberwachtmeister hingegen sagte, das alles sei einen alten Furz wert.

Der Postenführer hatte zwar laut Dienstvorschrift zu schweigen, aber er wagte den Einwand, daß er sich in seinen Überlegungen an den orthographischen Fehler halten würde, der sich auf beiden Papieren wiederhole.

»Der gleiche Trottel macht eben immer wieder den gleichen Fehler«, meinte mit einem Seufzer der Ohnmacht der Herr Oberwachtmeister. »Das ist nichts Besonderes.«

»Aber es ist etwas Besonderes, glieht statt glüht zu schreiben«, beharrte der Postenführer. »Wie wär's, wenn wir uns mal die Schulen ringsum anschauten?«

Der Kommandant wollte abwinken, aber auf einmal schien ihm, daß der Postenführer doch eine ganz gute Karte ins Spiel gebracht hatte. Er nickte.

Und so wachten sie nachts und fuhren tags die Schulen ab. Der Lehrer in ihrer Gemeinde erklärte, es sei undenkbar, daß ein derartiger Fehler bei den hiesigen Schülern vorkommen könne; seine Methode im Rechtschreibeunterricht sei von dem Herrn Kreisinspektor höchstpersönlich gewürdigt worden.

Der Lehrer im Nachbardorf sagte ihnen, der Fehler sei aller Wahrscheinlichkeit nach absichtlich gemacht worden. In seiner Praxis sei so etwas an seiner Schule nicht vorgekommen. Als sie alle umliegenden Schulen abgeklappert hatten, standen sie dort, wo sie zu Beginn der Untersuchung gestanden hatten.

Und weil endlich die Sonne wärmer schien, saßen der Wachtmeister und der Postenführer, nachdem sie die Fahrräder an einen Baum gelehnt hatten, im Straßengraben und sonnten sich.

»Das ist überhaupt das Beste, was wir tun können«, erklärte der Wachtmeister, »unser Rheuma durch Wärme zu vertreiben.«

In der Frühjahrssonne spazierte ein alter Herr die Straße entlang. Als er in ihrer Höhe war, lüftete er den altmodischen Hut. »Die Herren ruhen aus, ruhen aus...«

»Grüß Gott, Herr Schulleiter!« sagte der Wachtmeister und erhob sich. »Spazieren, spazieren?«

»Das ist mein Vergnügen... Täglich zwei Kilometer. In meiner Jugend hab ich ihrer zehn geschafft.«

»Herr Schulleiter, Sie sind doch schon lange in Pension, was?«

»Na, das wird wohl jetzt fünfzehn Jahre.«

»Und haben Sie Schüler gehabt, die sich in der Rechtschreibung nicht auskannten?«

Der alte Herr lächelte. »Schüler kennen sich niemals in der Rechtschreibung aus. Dazu ist ja der Lehrer da, es ihnen beizubringen!«

»Manchmal lernt's einer bis an sein Lebensende nicht«, sagte der Wachtmeister seufzend.

»Haben Sie schon einmal erlebt, daß einer schreibt: glieht statt glüht?« stieß der Postenführer hervor.

Der alte Lehrer wiegte den Kopf. »Alles ist möglich. Die Leute sind ganz unterschiedlich. Da hatte ich mal einen Schüler, einen gewissen Hulík aus dem Nachbardorf, der schrieb immer bliehen, grien und so. Er machte das anfangs, um mich zu ärgern, aber dann gewöhnte er sich daran, so daß ich ihn des öfteren in die Eselsbank setzen mußte. Früher machte man das nämlich so.«

»Und haben Sie ihm das abgewöhnt?«

»Das weiß ich nicht... Er war insgesamt unbegabt und ging mit der dritten Klasse ab. Ja, es gibt solche traurigen Fälle. Aber ansonsten – ansonsten ist es eine Lust, Lehrer zu sein!«

Der alte Mann nickte und schritt wieder aus. Beide Gendarmen sahen ihm nach wie einer Zaubererscheinung.

Als sie eine Stunde darauf in Gegenwart des Oberwachtmeisters besagtem Hulík die beiden Papiere vorlegten, leugnete dieser keine Sekunde. In seinen Augen war sogar so etwas wie Stolz, weil die Herren Gendarmen von seiner Dichtkunst Kenntnis genommen hatten. Er erbot sich, noch mehr solche Sachen zu schreiben.

»Aber da müßten Sie zuvor etwas anzünden, was?« fragte der Herr Oberwachtmeister.

»Na klar, mit einem Feuer hätte das eine ganz andere Kraft«, antwortete der Dichter-Brandstifter und lächelte dümmlich.

Natürlich ist jeder von uns einmal dran, doch als der Herr Regierungsrat Knotek pensioniert wurde, war selbst mir so, als ginge eine ruhmreiche Epoche der Prager Polizei zu Ende. Lobesreden wurden gehalten, vom Ministerium kam ein Schreiben, wir feierten noch in einer Weinstube mit ihm Abschied – doch bei diesem ganzen Trara war keinem von uns zum Lachen zumute. Eigentlich hielt sich ausgerechnet der alte Herr am tapfersten. Wahrscheinlich weil er jetzt alles hinter sich hatte. Anderntags richtete ich mich in seinem ehemaligen Amtszimmer ein. Ich hatte kaum Zeit gefunden, mich hinzusetzen, als auch schon jemand klopfte. Der erste Fall, dachte ich, hoffentlich ist es was Ordentliches! Zu meinem Erstaunen stand der Herr Rat in der Tür und lächelte schuldbewußt. »Ich will Sie nicht stören, Kollege, ich komme nur meine Sachen holen.«

»Immer herein, herein!« rief ich schallend. »Sicherlich haben Sie sich die erste Nacht im Ruhestand richtig ausgeschlafen!«

Dabei sah ich jedoch, daß mein ehemaliger Chef gerade in dieser ersten Nacht, in der er keinen Dienst mehr tat und wo es ihn nicht mehr zu interessieren brauchte, was des Nachts in Prag geschah, irgendwie grau geworden war.

Schweigend blickte er sich in dem Büro um, das ihm nicht mehr gehörte, und war still und niedergeschlagen.

Er, der Schrecken der ganzen Unterwelt! Er, vor dem sich der Hausbodendieb Půlpytel unterm Bett versteckt und so seine Ehe ruiniert hatte! Er, dem sich der Einbrecher Šmídmajer ergeben hatte, der zwei Tage lang auf dem Boden eines Mietshauses in Nusle Widerstand leistete! Bis der Herr Rat erschien, würdevoll und gemächlich die Treppe hinaufstieg und streng und entschieden sagte: »Herr Šmídmajer, Sie halten mir hier meine Leute auf, und ich brauche sie anderswo! Schluß jetzt, mitkommen!« Da öffnete der Einbrecher Šmídmajer die eiserne Tür und sagte: »Ach, Sie sind es, Herr Rat, ja dann …«

Darauf setzten sich beide in den Wagen, keine Handschellen und keine Eskorte, sie saßen da, rauchten eine Zigarre und fuhren ganz wie ein hoher Besuch in die Bartholomäusgasse.

Und jetzt steht hier der Pensionär Knotek, der seine Sachen abholen möchte. Seinen alten Rock, der stets am Haken hing und den er immer anzog, um seine dunkle Redingote zu schonen. In der Tischschublade hat er noch sein Kaffeetöpfchen und einen Löffel, in der Tüte noch einen Rest Zucker. Und auf dem Tisch steht ein Aschenbecher mit eingraviertem Namen, wie ihn der Geldschrankknacker Havlíček im Gefängnis Bory für den Preis einer Zigarette herstellt. Neben dem Tintenfaß lagen scharf gespitzte Farbstifte. Der Herr Rat nahm sie in die Hand, als überlegte er, was er damit unterstreichen wolle, schob sie dann aber in die Tasche. Und ich wußte: Er nimmt sie zum Andenken mit. Zu Hause, in seinem verräucherten Junggesellenzimmer, wird er sie auf den Tisch legen und anschauen. Und den alten Rock wird er auf den Haken hängen, und dann wird er es zu Hause genauso haben wie in der Direktion.

Lange drehte er das Kaffeetöpfchen in der Hand und sagte: »Wissen Sie, Kollege, daß man mir den Kaffee ganz und gar verboten hat? So weit hab ich's gebracht! Übrigens, was macht die Geldschrankaffäre? Wieder die rechte Seite quadratisch aufgeschweißt, ja? Wieder der Balda oder der Tonda Štráf, wie er auch genannt wird?«

»Kein anderer. In zwei, drei Tagen werden wir ihn haben.«

Er wackelte mit dem Kopf, war in Gedanken aber bei etwas anderem.

»Keinen einzigen Tropfen Kaffee! Das halte ich nicht lange aus.«

»Herr Oberpolizeirat ...«, versuchte ich ihn zu trösten.

»Das halte ich nicht aus, ich trink meinen Kaffee doch wieder!«

Er stellte den Topf zu den anderen Sachen, machte den Schrank auf, sah nach, ob er wirklich leer war, ließ das Rollo des Aktenschranks herab und berührte die Erde in den Blumentöpfen, um zu prüfen, ob sie auch genügend Wasser bekommen hatten.

»Herr Oberpolizeirat, unten im Schrank, in der Schublade, da sind noch ein paar Sachen von Ihnen.«

Er schüttelte ungläubig den Kopf, und ich zog die Schublade heraus. Es ging schwer, anscheinend war sie lange nicht geöffnet worden.

Zwei Päckchen lagen darin, mit einem alten Bindfaden zugeschnürt, völlig verstaubt. Ich machte eins auf. Herr des Himmels, lauter Dynamitladungen in Wachspapier mit der Aufschrift: A. Nobel Fabrique!

»Was ist denn das für ein Zeug?« sagte ich erschrocken.

Der alte Herr griff gelassen in das Paket und schien dabei ein wenig zu lächeln. Sein gewichster Schnurrbart zuckte leicht.

»Sieh einer an, die Dinger sind also noch da! Ich dachte, sie seien verlorengegangen, als wir hier das letztemal renoviert haben ...«

(Auf einer Polizeidirektion wird allerdings höchst selten renoviert.)

»Werfen Sie's weg«, setzte er hinzu und gab mir die beiden Päckchen.

Ich nahm sie nicht gerade begeistert in Empfang, denn es ist kein angenehmes Gefühl, Dynamit in der Hand zu halten.

»Ja ... Nur, wo wirft man so was hin?« fragte ich unsicher.

»Vielleicht in den Ofen, schließlich sind's ja nur Attrappen«, meinte der Herr Rat lachend.

Der Ofen wurde noch nicht geheizt, so legte ich die Päckchen in den Kohlenkasten.

Der Herr Rat betrachtete sie, als sähe er etwas besonders Angenehmes. »Die waren nämlich ein Geschenk, müssen Sie wissen!«

»Ein etwas sonderbares Geschenk, wenn Sie mir die Bemerkung erlauben!«

»Ein bißchen schon. Doch immerhin ein Geschenk. Und dazu von einer Dame. Von einer sehr hübschen Dame! Sie wissen ja, was der Taschendieb Mihule immer sagte: Was eppes Rares!«

Er blickte sich um, als wolle er sich davon überzeugen, daß wir unter uns waren, und sagte dann: »Kochen Sie sich keinen Kaffee?«

»Ich hab heute ... ich hab meine Sachen noch nicht hier.«

»Dann holen Sie sie her und brühen sich einen auf. Ich werde nur den Duft schnuppern.«

Ich war gewohnt, die Anweisungen des Herrn Rat zu befolgen, und holte deshalb gehorsam den Kocher aus dem Nebenzimmer.

Der Herr Rat sah mich an und nickte: »Kaffee, das ist die Grundlage des Lebens. Was die Weiber betrifft, da bin ich mir nicht mehr so sicher. Aber wer im Polizeidienst steht, hat wohl verdrehte Ansichten vom andern Geschlecht. Die Frau, von der ich rede, das war ein tolles Weib, die reinste Augenweide. Ich hab sie durch Zufall kennengelernt. Eines schönen Tags wurde ich runter nach Pardubice geschickt, wo ich feststellen sollte, wie die Untersuchung einer Finanzaffäre verlief. Eine Fabrik für Sprengstoffe und Munition, Sie wissen ja, dort hat selbst Defraudation gleich einen anderen Klang. Es müsse einer aus Prag, wenn nicht gar aus Wien hinfahren, da die Statthalterei höchstselbst an dem Fall interessiert sei. Sie glauben ja nicht, was für eine besondere Sorte Mensch diese Rüstungsfabrikanten sind.

Vielleicht halten sie deshalb so fanatisch zusammen, weil sie mit gefährlichen Dingen umgehen, und wenn wir mal eine Fachexpertise haben wollten, dann wanden sich alle wie ein Wurm. Der Herr Polizeipräsident entschied, daß ich hinfahren solle.

Heute hätte ich es selbstverständlich abgelehnt, in einen fremden Bezirk zu fahren und die Nase in Dinge zu stecken, die mich nichts angehen, doch damals war ich noch jung und obendrein ein flotter Kerl – das spielt hier in diesem Fall eine Rolle –, und so machte ich mich bereitwillig auf den Weg.

Ich warf mich für meine Reise in Schale, kaufte mir teurere Zigarren und setzte mich in die erste Klasse, damit man mich für einen feinen Herrn hielt. Oder damit man mir nicht ansah, daß ich von der Polizei war? Das weiß ich selbst nicht mehr.

(Ihr Wasser kocht, Sie können den Kaffee reintun ... Na, das ist ein Duft, wie?)

Hier in Prag rümpft man die Nase über die Provinz. Aber dort gibt's helle Köpfe! Ich stieg kaum aus dem Zug, da zog ein wildfremder Mensch ehrerbietig den Hut und sagte: ›Habe die Ehre, Herr Polizeirat!‹

Und schon war mein Inkognito flöten! Mir stand der Mund offen ... Gar nicht so sehr wegen des Kerls als wegen des phantastischen Weibsbilds, das gerade vorbeiging; der Hut auf ihrem Kopf ein einziger Blumenstrauß, ganz nach der damaligen Mode, ein gedrechseltes Figürchen und knöchelhohe Knöpfschuhe. Sie raffte recht freimütig den Rock, und ich konnte nicht umhin, mich nach ihr umzudrehen.

Da sagt doch dieser ortsansässige Mensch: ›Das ist das Frauchen vom Herrn Direktor!‹

Nun war ich aber nicht hergekommen, um jungen Frauen nachzusehen, deshalb machte ich ein strenges Gesicht und schwieg. Dann ging ich geradewegs auf die Gendarmeriestation.

Der Fall war verzwickt, doch die Gendarmerie hatte die Untersuchung ganz ordnungsgemäß geführt, ein paar Leute saßen schon in Haft, auf einen von ihnen, einen ganz jungen Menschen, fiel der größte Verdacht, na, und den übrigen stand das Wasser genauso bis zum Hals. Die Granaten explodierten nicht, das stimmt, aber von einer Verschwörung, wie sie die Statthalterei gern gesehen hätte, war keine Rede, hier ging es um Geld, und Sie wissen ja, im Rüstungsgeschäft, da rollen die Kronen nur so!

Uns war klar, daß dieser Fall verhältnismäßig leicht abzuschließen war, die Fäden reichten bis nach Wien, sollten sie sich dort ein Urteil davon bilden, bestimmt hatte da sowieso ein

Onkel die Finger im Spiel, und der würde alles rechtzeitig in einem Schubfach verschwinden lassen. Ich hab solche Sachen nicht besonders gern, bei denen man Rücksicht auf die feinen Herrn vom Ministerium nehmen muß. Die Herren von der Gendarmerie-Kreiskommandantur waren sehr nette Leute, sie gingen mit mir ins Weinlokal und luden mich für den Herbst zur Jagd ein, der Kommandant war ein Nimrod, und Hasen sollte es auf den flachen Feldern bei Pardubice massenhaft geben.

Ich schickte mich schon an, wieder heimzufahren, da kam doch ein kleiner Kerl mit einem langen Schreiben vom Herrn Direktor der Waffenfabrik zu mir ins Hotel. Darin wurde ich höflichst eingeladen, am Nachmittag zum Tee zu kommen.

Ich drehte den Brief hin und her, Lust hatte ich nicht besonders dazu, denn was kann der Direktor einer Fabrik, in der eine Untersuchung läuft, von mir wollen? Doch dann entsann ich mich, daß jenes unbekannte Rasseweib von neulich seine Frau war, und ich gestehe, daß ich Lust verspürte, sie noch einmal zu sehen. Also kaufte ich einen Blumenstrauß und ging zum Tee in die Villa.

Ich wurde im Paradesalon mit der großen Uhr und unter einer hochragenden Palme, die der gnädigen Frau wohl sehr am Herzen lag, mit großem Pomp empfangen. Sie gab sich allzu herzlich und lächelte mich an, daß es mich von Zeit zu Zeit wohlig überlief. Sie war in lauter Volants und Fichus gehüllt, und Augen hatte sie, in die man immerfort blicken mußte.

Der Herr Gemahl meinte einleitend, daß er heilfroh wäre, wenn man die Untersuchung endlich abschlösse, diese Nervosität sei mir sicherlich verständlich – und außerdem, eine Kleinstadt, das reinste Klatschnest ... Was mich betreffe, so versicherte ich ihm, hielte ich die Untersuchung für beendet, und nach Meinung der Polizei habe die Sache nichts mit Hochverrat zu tun, sondern sei nichts als gewöhnliche Veruntreuung und eine etwas schamlose Bereicherung auf Staatskosten.

›Sie wissen doch, bei Armeelieferungen ist das nun mal so‹, seufzte der Herr Direktor weise und füllte mein Glas. Inzwischen hatte die gnädige Frau neben mir auf dem kleinen Kanapee Platz genommen und begann auf mich einzureden: Was für einen interessanten Beruf ich doch habe, ungeheuer aufregend finde sie das ...

Sie konnte nicht besonders gut Tschechisch; wie es hieß, stammte sie aus Österreich, von wo der gute Wein her sei. Nun schön, sie war feurig wie der Wein, und den guten Wein wiederum hatte der Herr Gemahl im Keller, so daß es ein angenehmer Nachmittag wurde.

Auf dem Tisch befand sich eine seltsame Rauchgarnitur samt Aschenbecher: ganz aus Patronenhülsen, die Zigaretten lagen in leeren Dynamitpäckchen, die Zigarren daneben auch, und inmitten der ganzen Herrlichkeit stand ein großes Schrapnell, das war das Feuerzeug.

Möglicherweise war das alles ziemlich geschmacklos, doch mir gefiel es, und außerdem jagte es mir einen richtigen Schreck ein. Stellen Sie sich mal vor, Sie schnippen die Asche zwischen Dynamitpatronen! Glühende Asche zwischen Dynamitpatronen!

Die junge Dame bemerkte das und lachte klingend, sie lachte überhaupt gern, es hörte sich an, als gurre eine Turteltaube. Wenn mir die Garnitur gefalle, dann werde sie mir die gleiche als Geschenk zusenden. Oder mitbringen, denn sie fahre immer nach Prag einkaufen.

Was sollte ich darauf antworten, zumal der Gatte neben uns saß und nicht mit der Wimper zuckte? Ich zuckte ebenfalls mit keiner Wimper und machte eine Verbeugung: Natürlich, es wäre mir eine Freude.

Als wir über die Affäre in der Fabrik sprachen, meinte die gnädige Frau, die Leute seien unschuldig. Ich äußerte mich nicht dazu, denn wo werde ich Amtsgeheimnisse ausplaudern!

Der Ehemann ging Wein holen, er brachte dann auch wirklich köstliche Flaschen aus dem Keller, und die junge Dame neigte sich zu mir und sagte, sie sei froh, mich kennengelernt zu haben. Sie sagte das in einem Ton, als sei ihr ganzes bisheriges Leben völlig sinnlos gewesen. Ich stotterte etwas, sicherlich nichts Gescheites, und sie fragte mich, ob ich wüßte, daß ein Bekannter von ihr in die Affäre verwickelt sei. Ein gewisser Herr Robert Wolf, ›ein sehr charmanter junger Mann. . .‹

Ich erinnerte mich seiner, er war ein fescher Bursche. Es überraschte mich ganz und gar nicht, daß die Gnädige gerade von ihm sprach.

›Er ist aus bester Familie . . . Können Sie nicht etwas für ihn tun? Ich wäre Ihnen . . . wie heißt das auf tschechisch . . . sehr verbunden.‹

›Wir werden sehen‹, erwiderte ich und war heilfroh, als der Herr Gemahl zur Tür hereinkam, denn für ihren Robert ließ sich nicht viel tun, der hatte höchstwahrscheinlich den meisten Dreck am Stecken.

So plauderten wir über dies und das, und plötzlich sagte sie, ich solle sie Jenny nennen, denn so heiße sie. Ich wurde rot bis über beide Ohren und blieb bei ›gnädige Frau‹. Dabei sah ich ihren Gatten an, dem das alles wohl nicht neu war, und dachte bei mir: Entweder ist dein Mann ein Schafskopf, oder du, meine Beste, hast die Kerle gleich dutzendweise nötig!

Sie saß die ganze Zeit neben mir und führte dauernd Reden, die jedes Streichholz entflammt hätten. Plötzlich sagte sie zu mir, ich sei ein richtiger Mann ... Hören Sie, hat Ihnen schon mal ein Frauenzimmer gesagt, daß Sie ein richtiger Mann seien? Ein ganz prächtiges Gefühl!

Im Nebenzimmer klingelte das Telefon, der Herr Gemahl ging hinüber, und sie rückte noch ein bißchen näher an mich heran und lag mir erneut mit ihrem Robert Wolf in den Ohren. Ich weiß nicht, was ich getan hätte, wenn der Direktor nicht wieder eingetreten wäre. Wie ich bemerkte, war er auf einmal ganz blaß geworden.

›Hätten Sie wohl die Freundlichkeit, Herr Polizeirat ...‹ Er nickte mir zu und schloß hinter uns die Tür.

›Eine unangenehme Geschichte ... Entsetzlich!‹

Als ich den Hörer aufnahm, erfuhr ich, daß der Untersuchungsgefangene Robert Wolf im Gefängnis Selbstmord verübt habe.

Teufel auch, war das ein Schlag! Einmal für die ganze Untersuchung, denn das bedeutete, wieder ganz von vorn anzufangen, zum anderen aber für mich ... Was sollte ich der jungen Dame nur sagen?

Als ich ins Zimmer zurückging, sah ich, daß mir das der Herr Gemahl bereits abgenommen hatte. Wahrscheinlich wußte er über diesen Herrn Wolf Bescheid. Und so kam ich gerade zurecht, als sich eine Szene abspielte: Die gnädige Frau biß in ihr Taschentuch und schrie ihren Mann und mich tränenüberströmt an, wir sollten verschwinden, wir seien herzlos ...

Wir gingen also, der Herr Direktor begleitete mich durch den Garten zum Tor und seufzte. Ich stellte ihm keine Fragen, und er gab mir keine Antwort, am Tor reichten wir uns die Hand und machten beide ein Gesicht, als sprächen wir einander unser Beileid aus.

Ich fuhr unverzüglich zum Gefängnis, und mir war völlig klar, daß der junge Herr hatte ahnen müssen, wie tief er in der Tinte saß, und deshalb den Entschluß gefaßt hatte, sich der Affäre gewissermaßen ehrenhaft zu entledigen.

Wer weiß, vielleicht hatte er auch an sie gedacht ... Sie war tatsächlich jede Torheit wert.

Ich hielt mich also noch zwei Tage am Ort auf und war dann froh, als ich wieder im Zug nach Prag saß. Doch bevor er sich in Bewegung setzte, sah ich, wie das Männchen, das mir unlängst das Schreiben des Herrn Direktors überbracht hatte, auf dem Bahnsteig hin und her lief. Als es mich erblickte, reichte es mir die beiden Päckchen hier durchs Fenster und sagte, die gnädige Frau lasse sich empfehlen . . .

Ich war zuerst gerührt, hatte sie doch trotz ihrer Trauer das Versprechen nicht vergessen! Als ich aber eines der Päckchen aufmachte, war ich wieder enttäuscht. Was ich sah, war kein Aschenbecher aus Dynamithülsen, sondern diese Attrappen hier. Sie hatte wohl keine Zeit mehr gehabt, ein Zweitstück anfertigen zu lassen.

Oder, fiel mir ein, als der Zug bereits fuhr, vielleicht steckt darin ein verborgenes Symbol? Womöglich hat sie mir mit diesem sonderbaren Geschenk sagen wollen, daß sie wohl explosiv sei wie Dynamit, ich mich aber wie eine – Attrappe verhalten habe. Widersprechen Sie nicht, Frauen sind zu allem fähig. Sie kennen sich da vielleicht nicht so aus, denn Sie sind jung und verheiratet, doch mir dürfen Sie schon glauben!

Sie können sich ja vorstellen, wieviel Arbeit sich in Prag angehäuft hatte, nachdem ich so lange weg war! So legte ich die Päckchen in das Schubfach da unten im Schrank und vergaß sie völlig. Vor allem weil ich die Gnädige nie mehr zu Gesicht bekommen habe. Wer weiß, vielleicht hatte ihr Mann ihr die Prag-Reisen ausgetrieben. Vielleicht hatte sie mich auch vergessen . . . Und ich hab mir aus den Attrappen nie einen Aschbecher machen lassen, mit dem ich meine Gäste hätte erschrecken können, da ich keine Zeit dazu hatte.

Sehen Sie, und gerade heute, nach so vielen Jahren, taucht der Krempel plötzlich wieder auf! Sonderbar, Sie sehen ja! Am Ende muß man immer Ordnung schaffen. Im Schrank wie im Leben. Mag sein, daß es auf dieser Welt allein darauf ankommt.«

Der Herr Rat verstummte und erhob sich. »Da haben wir uns aber schön verplauscht! Ich habe Sie aufgehalten. Und was schlimmer ist, ich habe Ihren Kaffee ausgetrunken!«

Er lächelte pfiffig. Tatsächlich, ich hätte besser aufpassen müssen, denn die Ärzte hatten ihm das Kaffeetrinken streng verboten. Aber dann winkte ich ab: »Im Büro schadet das nichts, nur zu Hause dürfen Sie sich keinen Kaffee kochen!«

Nachdem er gegangen und ich wieder allein war, nahm ich die

Attrappen mit der Aufschrift A. Nobel Fabrique in die Hand und rief die Wache.

»Schaffen Sie die Dinger weg!« sagte ich streng, wie es sich für einen Chef gehört.

»Ach du liebes Gottchen«, sagte der alte Wachtmeister aufrichtig. »Darf man so was überhaupt anfassen?«

»Aber natürlich, das hat längst keine Wirkung mehr.«

Dabei dachte ich eher an die Geschichte als an das Dynamit.

Aber unten war man der Auffassung, daß es schade sei, so etwas wegzuwerfen, und weil oben unterm Dach so eine Art Kriminalmuseum eingerichtet wurde, brachte man die Attrappen dorthin. Schließlich sollten sie als Anschauungsmittel dienen. Ihre romantische Geschichte kannte nur ich ...

Nein, ich habe mich nicht versprochen: nur ich. Der Herr Oberpolizeirat Knotek hat seine Pension nicht mehr lange genossen. Wahrscheinlich weil er es ohne den Kaffee nicht aushalten konnte ... Und so gingen wir bald zu seiner Beerdigung, nur ein paar von uns waren da, wir hatten gerade ein paar Fälle, und die Leute waren unterwegs. Das Begräbnis eines einsamen Menschen ist immer etwas Trauriges, und der Pater hatte es eilig. Doch auch Kassenknacker und Bodenräuber, Taschendiebe und Juwelenmarder waren auf dem Friedhof, alle, die gerade Zeit hatten und zufällig auf freiem Fuß waren. Sie waren gekommen, um von dem Abschied zu nehmen, der sie so oft und ohne Nachsicht hinter Schloß und Riegel gebracht hatte. Das war ein sehr schöner Zug von ihnen.

Die Zeit verging, und sicherlich wird sich niemand wundern, wenn ich sage, daß ich die Geschichte des verblichenen Regierungsrats Knotek restlos vergessen hatte, ebenso die Dynamitattrappen, die wir im Museum deponiert hatten. Ja, ich wußte nicht einmal, daß der alte Příhoda – jener Příhoda, der sich im Dienst so ein Rheuma geholt hatte, daß er zu nichts mehr taugte und deshalb als Kustos unseres Museums eingesetzt wurde –, daß also jene Příhoda die Attrappen zu einer besonderen Glanznummer gemacht hatte.

Die Besucher waren keine heurigen Hasen, sie waren zumeist vom Fach, Gendarmen oder hin und wieder Journalisten, doch zuweilen kam es auch vor, daß sich in einer Besuchergruppe auch eine Frau befand, und dann gab Příhoda immer äußerst interessante Erläuterungen von sich, und zwar nicht nur über die Hämmer, mit denen allerlei Menschen ins Jenseits befördert worden waren, sondern vor allem über das Dynamit.

»An dieser Stelle möchte ich mir die Bemerkung erlauben, daß der Grundstoff des Dynamits bekanntlich das Nitroglyzerin ist, und das soll gut fürs Herz sein, ich weiß nicht, ich hab bloß Rheuma. Dynamit ist eine Mischung aus Glyzerin, Salpeter und Schwefelsäure, und es kracht höllisch. Wie Sie sicherlich wissen, war dieser Herr, dessen Name da draufsteht, der Herr Nobel, sehr nobel und so reich, daß er schon nicht mehr wußte, was er mit seinem Geld anfangen sollte, und deshalb wird es nach seinem Tode auch verteilt. Ich hab noch nichts abgekriegt, vielleicht bin ich noch nicht an der Reihe. Jedenfalls muß man mit diesem Zeug vorsichtig umgehen, das ist klar ...«

In diesem Augenblick nahm Příhoda eine der Attrappen und hielt sie einem Besucher unter die Nase.

»Wenn das Ding auf die Erde fällt, beißen wir ins Gras, das ist klar...«

Und schon ließ er die Attrappe tatsächlich zu Boden fallen und stieß beim Bücken auch noch mit dem Fuß dagegen, so daß sie quer durch den ganzen Raum schurrte, den anderen Besuchern vor die Füße, und es machte dem Galgenstrick eine diebische Freude, wenn alle in die Luft sprangen, wenn die Weiber kreischten und die Männer blaß wurden, da schon allein das Wort Dynamit jeden in Angst und Schrecken versetzt.

Manchmal drückte er seine Zigarette auf einer Dynamitpatrone aus, und auch das hinterließ bei den Besuchern einen nachhaltigen Eindruck. Manche erklärten dann, sie hätten bereits genug gesehen.

Natürlich hatte ich keine Ahnung davon, sonst hätte ich dem Unfug längst ein Ende gemacht.

Im Winter, wenn oben nicht geheizt wurde, wußte er über das Dynamit, über die Attrappen also, besonders spannende Dinge zu berichten, der Henker weiß, woher er das hatte, denn was er sagte, war schließlich die Wahrheit:

»Und hier haben wir Dynamit aufbewahrt. Wie Sie sehen, ist genug davon da, die ganze Polizeidirektion in die Luft zu sprengen, für den Fall, daß wir kein Gehalt mehr kriegen sollten. Nur Vorsicht, Vorsicht, am liebsten würde ich einen großen Bogen drum machen. Bekanntlich ist Dynamit bei Frost besonders tükkisch. Es gefriert bei zehn Grad minus, und wenn es auftaut, wird's gewissermaßen empfindlich und ballert los, wenn man bloß drauftritt. Wieviel Grad haben wir heute? Na also, zehn Grad minus ... Dieses Dreckzeug friert uns jedes Jahr ein und taut dann im Frühling wieder auf, es liegt schon ein paar Jährchen hier bei uns, also rechnen Sie sich aus, was passiert, wenn es mir, Gott bewahre, runterfällt!«

Und in diesem Augenblick läßt Příhoda beide Attrappen fallen, und die Besucher weichen zurück oder lächeln ein wenig gezwungen und werden grün um die Nase. Es stimmte, der Alte log nicht, Dynamit hat tatsächlich diese Eigenschaft.

Und wenn Příhoda sie auffordert, es ihm gleichzutun und ihre Zigaretten auf dem Dynamit auszudrücken, wehren die meisten ab, nein, sie hätten noch nicht aufgeraucht, und dann machen sie, daß sie zur Tür hinauskommen, denn nun haben sie die Nase endgültig voll.

Einmal erschien mit einer Besuchergruppe auch ein Major von den Feuerwerkern, und die haben ja bekanntlich sämtliche Sprengstoffe im kleinen Finger, sofern der noch dran ist.

Nachdem die Besucher beim Anblick des Alten, der die Patrone zu Boden fallen ließ, gebührend blaß geworden waren, meinte der Major, daß das Dynamit vielleicht schon verdunstet sei, das komme zuweilen vor.

»Ach wo, das hier nicht, das ist viel zu gut verpackt«, verteidigte Příhoda seine Zugnummer.

Der Major aber glaubte ihm nicht, offensichtlich bezweifelte er, daß sich überhaupt Dynamit darin befand, denn sonst würde der Alte mit dem Zeug nicht so umspringen, und beschloß, der Sache auf den Grund zu gehen.

Während Příhoda den Besuchern das Einbrecherwerkzeug erklärte, öffnete der Major eine der Dynamitpackungen. Als gründlicher Fachmann nahm er von dem Pulver unter der Papierumhüllung mit den Fingerspitzen eine Prise und kostete davon.

»Hör'n Sie mal, Herr, das ist verboten, was Sie da tun«, rief Příhoda erzürnt, als der Major, die geöffnete Packung in der Hand, auf ihn zutrat.

»Ich will Ihnen nur sagen, daß Sie völlig recht haben. Es ist wirklich Dynamit. Und wenn hier im Winter Frost ist, dann ... dann würde ich keine Mätzchen damit machen«, sagte der Major und legte die Patrone vorsichtig auf einen Tisch.

Der alte Příhoda vergaß seine Ausführungen über das Einbrecherwerkzeug. Er starrte auf die geöffnete Packung, die man ihm vor Jahren als Attrappe übergeben hatte, und machte ein Gesicht, als sehe er plötzlich ein Gespenst.

»Können Sie sich nicht irren?« fragte er mit bebender Stimme.

»Nein, das ist Dynamit, das erkennt man am Geschmack. Bei Frost reagiert es besonders empfindlich auf Erschütterungen.«

Die Besucher machten große Augen, sie starrten nicht das Dynamit an, sondern den alten Příhoda, der in diesem Augenblick weiß wie ein Bettlaken war.

Der Rest seiner Erläuterungen war für die Katz, die Hälfte der Ausstellungsstücke zeigte er gar nicht mehr und trachtete nur, die Gäste so schnell wie möglich aus dem Museum hinauszubekommen. Als er die Tür zuschloß, warf er einen verstörten Blick über die Schulter auf die geöffnete Patrone, die auf dem Tisch lag.

Heiliges Kanonenrohr, da hab ich mir was Schönes eingebrockt! dachte er, als er die Treppe hinunterhumpelte. Aber man hat mir doch gesagt, es seien bloß Attrappen! Schöne Attrappen, Himmelherrgott, da hab ich dem Tod Tag für Tag auf der Schippe gesessen. Was hab ich mit dem Zeug bloß für Verrücktheiten angestellt!

Er ging nach Hause, und kalte Schauer liefen ihm über den Rücken.

Am schlimmsten war es in der Nacht, gräßliche Träume marterten ihn, er sah, wie die ganze Direktion in die Luft flog, in der Bartholomäusgasse war an ihrer Stelle nur noch ein Loch in der Erde.

Alle Häuser ringsum waren stehengeblieben, nur unsere Direktion war weg, sie war – so hörte er eine furchtbare Stimme im Traum sagen – in die Luft geflogen, weil der Wachtmeister Příhoda unachtsam mit Sprengstoff umgegangen sei.

Am nächsten Morgen sagte er zu keinem ein Wort und schlich sich vorsichtig nach oben ins Museum. Als er aufmachte, bemühte er sich, die Tür nicht zu heftig ins Schloß fallen zu lassen, denn offensichtlich ist das Zusammenstoßen von Metall am schlimmsten ... Mein je, und ich hab das Zeug auf die Erde fallen lassen! Die Zigarette hab ich darauf ausgedrückt! Herrje, vielleicht hör ich am besten überhaupt mit dem Rauchen auf!

Auf Zehenspitzen näherte er sich der Stelle, wo die geöffnete Patrone lag, nahm behutsam mit einem Hölzchen ein bißchen von der grauen Masse ab und ging dann ebenso behutsam damit hinaus. Als er auf der Treppe war, atmete er auf.

»Na, was bringst du mir Schönes, Opa?« empfing ihn der Pyrotechniker zwei Stockwerke tiefer.

»Nichts, nur das hier ... Guck mal, würdest du rauskriegen, was das ist?«

Kann sein, sagte er sich, daß der Major mich bloß ins Bockshorn gejagt hat; er hat gesehen, was ich mit den Leuten für ’nen Schabernack getrieben habe, und wollte es mir heimzahlen.

Der Pyrotechniker nahm das Bröckchen, rieb es ein Weilchen zwischen den Fingern, kostete davon wie der Major und sagte: »Nichts Besonderes, nur ganz gewöhnliches Dynamit. Woher hast du das?«

Příhoda faltete die Hände. »Von oben, verstehst du, aus dem Museum.«

»So, und das zeigst du den Besuchern?« meinte der Pyrotechniker verwundert. »Sei vorsichtig damit, im Winter ist das Zeug da oben bestimmt gefroren, nicht?«

»Und ob«, barmte Příhoda. »Hart wie eine Brezel ist es in der Kälte geworden, und nicht nur einmal. Und das geht nun schon seit Jahren so.«

Der Pyrotechniker hatte den alten Příhoda noch nie so außer sich gesehen. Er gönnte es ihm von Herzen. Doch weil er neugierig war, nahm er eine Prise von dem Dynamit und ging ins Laboratorium nebenan.

Als er wiederkam machte er ein ziemlich besorgtes Gesicht. »Hör mal, die Sache ist nicht so schlimm, das Zeug ist doch schon ziemlich ausgetrocknet, aber Sprengkraft ist noch drin, und bei etwas gutem Willen kann es jederzeit hochgehn.«

»Und wenn man eine Zigarette dranhält?« fragte Příhoda und klapperte mit den Zähnen.

»Das macht nichts, dann gäbe es höchstens eine Stichflamme. Aber Erschütterungen verträgt es gar nicht. Laß das Zeug ja nicht hinfallen, verstehst du?«

Příhoda schnatterte der Kiefer. »Ver. . .verstehe.«

Und dann bekannte er ehrlich, daß er die Päckchen immer habe runterfallen lassen, daß er sie sogar mit dem Fuß weitergestoßen habe.

Schließlich trugen sie die Sache auch mir vor. Zuerst kam ich überhaupt nicht dahinter, wovon die Rede war, mir fiel nur auf, daß Příhoda im Gesicht grün war wie die Eichel-Sieben.

»Hören Sie zu, aber ich sage Ihnen doch, das sind Attrappen! Der selige Herr Rat Knotek hat es mir erzählt!«

»Příhoda brachte mir eine Probe, und ich hab sie, mit Verlaub, gründlich untersucht, Herr Rat«, erwiderte der Pyrotechniker. »Es ist Dynamit!«

Wir gingen hinauf, denn ich blieb dabei, daß das nicht stimmen könne, denn ich erinnerte mich an die Geschichte des alten Herrn Rat von dem Aschbecher und der Rauchgarnitur und selbstverständlich auch an die junge Dame. »Sie hat mir die Attrappen geschickt«, hatte der alte Herr damals gesagt, »um mir zu bedeuten, daß ich genausowenig wert sei ...«

Die geöffnete Patrone lag auf dem Tisch, und der Pyrotechniker erklärte, da sei nichts zu machen, das Dynamit sei echt.

»Aber die andere vielleicht nicht«, sagte ich. Die Packung war ganz versengt, da Příhoda zum Entsetzen der Besucher seine Zigaretten darauf ausgedrückt hatte. Jetzt stand er im Türrahmen und erzählte greinend, was er damit alles angestellt hatte.

Zur Sicherheit nahm ich das zweite Päckchen in die Hand, es war noch mit einem Bindfaden zugebunden und ganz verstaubt, als habe sich seit jenem Tag, da der Herr Rat es mir in seinem Büro übergeben und mich gebeten hatte, es in den Ofen zu werfen, nichts geändert.

Als ich den Bindfaden anfaßte, zerriß er, und die Patronen polterten zu Boden.

»Vorsicht, Herr Rat!« rief der Pyrotechniker, doch ich war weit davon entfernt zu erschrecken, da ich immer nur an die schöne Unbekannte dachte, die dem Polizeirat Knotek dieses Geschenk übersandt hatte.

Dafür stieß Příhoda ein langgezogenes Jammergeheul aus und stürzte aus der Tür, wie aus der Pistole geschossen. Er raste die Treppe hinunter, ließ sein Rheuma Rheuma sein und machte Sprünge wie ein junger Bursche, wobei er immer drei Stufen auf einmal nahm. Erst in der Kneipe um die Ecke kam er zum Stehen.

Nein, nichts zu machen, wir nahmen noch zwei Proben, und der Pyrotechniker bestätigte, daß es sich tatsächlich um Dynamit handelte.

»Aber warum ist es dann nicht explodiert, als Příhoda sein Kunststückchen aufführte?« fragte ich verwundert.

Der Pyrotechniker zuckte die Achseln. »Keine Ahnung, vielleicht hat es keine Kraft mehr, aber soweit wir darüber Bescheid wissen, kann es jederzeit losgehen.«

Also ließen wir eines Morgens die Straße vorn und hinten absperren, denn der Teufel schläft nie, ein Polizeiauto kam, und wir luden beide Päckchen ein. Der Pyrotechniker setzte sich neben den Chauffeur.

»Příhoda, eigentlich müßten Sie mitfahren«, sagte ich. »Zur Strafe!«

»Herr Rat, ich steh doch kurz vor der Pension«, jammerte Příhoda und verkroch sich in einen Winkel des Hofs.

So gab ich einen Wink, und die Fuhre ging ab. Draußen vor der Stadt steckte der Pyrotechniker das Zeug an, es brannte ganz normal, nur ein Zeitungsschreiber, der zufällig vorbeikam, als die Straße abgesperrt wurde, schrieb später, eine gewaltige Detonation habe die Erde erschüttert. Aber hat sich was mit Detonation, Dynamit flammt auf wie dürres Holz und verbrennt, ohne zu explodieren.

Der Ordnung halber verfaßte ich ein Protokoll, daß an dem und dem Tage zwei Päckchen mit Dynamitpatronen vernichtet worden seien, sie hätten sich im Museum befunden und ihre Herkunft sei nicht festzustellen gewesen.

Ich werde doch nicht schreiben, was sich in Wirklichkeit abgespielt hat!

Aber seit damals dachte ich oft an die junge Dame.

Was muß sie für ein Temperament gehabt haben, denn wer versucht schon, einen Polizeirat mit Dynamit umzubringen!

Die Greisin lag auf dem Teppich, fast in der Mitte des Raumes, der Tisch in dem sehr altmodisch eingerichteten Schlafzimmer war an die Wand geschoben. Die alte Frau hatte ein Polster unter dem Kopf, offenbar vom Sofa, das in der Ecke stand, und das Ende des Stricks, an dem sie vor einer Weile noch gehangen hatte, war am oberen Griff des hohen Fensters befestigt.

Das war so ziemlich alles, was der Detektiv Brůžek auf den ersten Blick sah, und mehr wollte er auch gar nicht sehen. Vor allem wollte er nicht sehen, was der Alte mit denen machen würde, die hier im Zimmer herumlungerten, nicht sehen, wie er den Wachmann vom zuständigen Revier abkanzeln würde, der mit wichtiger Miene ihm zu schildern bemüht war, was passiert sei – als ob das nicht ganz klar wäre. Auf dem Teppich und dem Leib der Toten zitterten helle Flecke von den Sonnenstrahlen, die durch die Netzgardine fielen.

»Also Sie haben uns hergerufen«, sagte der Herr Polizeirat Vacátko ungewöhnlich süß. So süß, daß der Detektiv Brůžek die Augen zukniff. »Also Sie haben uns hergerufen...«

»Ich melde, Herr Polizeirat, ich habe Sie gerufen«, bestätigte der Wachmann treuherzig.

»Und darf ich wissen, warum?«

»Weil der begründete Verdacht besteht, daß dieser Selbstmord, also hier dieser Fall, vielleicht gar kein Selbstmord ist«, sagte der Wachmann, stolz, daß er das so klar ausgedrückt hatte. Ein Polizeirat von der Kriminalistik, das ist ein hohes Tier, mit dem ein gewöhnlicher Sterblicher nicht siebenmal in der Woche ins Gespräch kommt. Wenn der sich einen ordentlich anschaut und zu dem Schluß gelangt, daß unsereiner auch kein Tölpel ist, dann rückt vielleicht die Beförderung zum Oberwachmann in etwas greifbarere Nähe ... Dieser Traum schien dem Wachmann geradezu in Sichtweite zu sein. Deshalb stand er bei der Meldung kerzengerade aufgerichtet und sprach klar und schneidig.

»Also Sie haben begründeten Verdacht geschöpft ... Fabelhaft!« Doch auf einmal lief der Herr Rat braunrot an und brüllte: »Kruzifix Himmellaudon, warum haben Sie dann nicht dafür gesorgt, daß hier nicht so ein Saustall ist? Wer wimmelt da alles herum, was soll das bedeuten? Das ist ja schlimmer als auf der Prager Brücke!«

Der Finger des Herrn Rat bohrte sich in die Luft und zeigte auf ein kleines Männlein, das, eine runde Mütze auf dem Kopf, in ausgetretenen alten Schuhen und in einem kurzen Arbeitsmantel, ohne Unterlaß durchs Zimmer schlurfte.

»Das ist der Hausmeister Josef Kocbaba«, meldete der Wachmann, aufs äußerste überrascht, wie jäh sich die Dinge gewendet hatten.

»Wer hat die Tote abgenommen?« donnerte der Herr Rat. »Wer hat den Tisch zur Seite geschoben? Wer hat hier herumgeschnüffelt?«

Der Detektiv Brůžek nickte, aber nur für den Fall, daß der Blick des Herrn Rat auf ihn fallen würde. Der starrte jedoch den kleinen Mann an, den Hausmeister, der nun regungslos dastand und mit weit aufgerissenen Augen den Herrn anschaute, wie der aus heiterem Himmel ein Donnerwetter vom Stapel ließ.

»Geruhen zu verzeihen, Herr Inspektor«, stammelte er mit unsicherer Stimme, »aber ich mußte es tun.«

»Herr Rat!« versuchte ihm der Wachmann unauffällig zu soufflieren.

»Ich habe nämlich, Herr Inspektor . . .«

»Herr Rat!« mahnte mit größerem Nachdruck der Wachmann, der zu begreifen begann, daß sich der Wind gedreht hatte und es nicht mehr angebracht war, den Herrn Kocbaba in Schutz zu nehmen, dem er bisher aus alter Bekanntschaft die volle Initiative überlassen hatte.

»Herr Inspektor«, fuhr der Hausmeister unbeirrt fort, »ich habe die alte Frau Jarošová gesehen, wie sie da im Fenster gehangen hat. Ich habe sie von dort unten gesehen.«

Daß ihn das Männlein Herr Inspektor nannte, ließ den Herrn Rat Vacátko kalt. Aber daß dieser Wachmann einem Zivilisten erlaubt hatte, in der Wohnung herumzuschnüffeln, statt dafür zu sorgen, daß alle Spuren gesichert wurden, das erregte seinen Zorn. Entweder war das nämlich ein Selbstmord, dann hatten sie ihn überflüssigerweise herzitiert, oder es war kein Selbstmord, dann war hier ohnehin so gut wie nichts mehr zu machen. Daß sie die Tote abgenommen und bei ihr alle möglichen Wiederbelebungstricks angewandt hatten – warum läge sie sonst auf dem Fußboden –, das versetzte ihn geradezu in Raserei.

»Von wo da unten haben Sie die Frau gesehen?«

»Ich hab sie, bittschön, gesehen, als ich aufs Dach gekrochen bin.«

»Also wie nun, von unten oder vom Dach?« stieß der Herr Rat hervor, dem dieses Männlein ganz und gar nicht gefiel.

»Von unten, bittschön, vom Dach der Garage.«

Der Herr Rat schaute zum Fenster hinaus, dann drehte er den Kopf Herrn Brůžek zu und zeigte mit einem Blick nach unten. Der Detektiv Brůžek begriff blitzschnell, und nach einer Weile sah man ihn bereits auf dem Dach der Garage. Der Herr Rat stellte sich dicht hinter den Vorhang, und der Herr Brůžek gab ihm ein Zeichen mit der Hand, daß er ihn sehe. Das war also in Ordnung.

»Was haben Sie auf dem Dach gemacht?« fragte noch der Herr Rat, aber sein Zorn verrauchte bereits.

»Das Dach ist undicht, und der Herr Ingenieur, dessen Auto dort steht, hat mich gebeten ...«

»Gut, und was weiter?«

»Weiter war, daß ich die Frau Jarošová hier gesehen habe, wie sie am Fenster hing. Durch den Vorhang hindurch war zu sehen, daß da etwas nicht stimmte. Ich hab mir zuerst gesagt, was treibt denn die alte Frau oben am Fenster, die ist doch schon bei Jahren...«

»Gut, und was war dann?«

»Dann suchte ich den Herrn Souček auf...« In der Ecke des Zimmers erhob sich ein weiterer Mann, ein kleiner und kahlköpfiger, und verbeugte sich höflich. Der ist offenbar auch hier drin herumgelatscht, sagte sich der Herr Rat. Um Gottes willen, wer soll denn da noch etwas finden!

»Mit ihm zusammen ging ich dann hier herauf und läutete«, fuhr der Hausmeister fort.

»Aber niemand hat aufgemacht«, ergänzte dienstfertig Herr Souček.

»Was Sie nicht sagen!« Der Herr Rat tat verwundert, und Brůžek lächelte beflissen, was der Herr Rat zum Glück bemerkte; vielleicht würde ihn das ein wenig beruhigen.

»Na, und dann hab ich als Hausmeister die Tür aufgebrochen. Aber bittschön, der Herr Souček war dabei, bei so was muß man immer einen Zeugen haben!«

Der kennt sich aus, sagte sich der Herr Rat. Der kennt sich sehr gut aus ... Gleich von Anfang an hat er an Zeugen gedacht. Interessant...

»Dann haben wir die Frau abgeschnitten. Hier der Herr Souček...«

»Mit meinem Messer, bitte, mit dem da«, und der Herr Souček

erbot sich, allen Anwesenden sein Messer zu zeigen. Der Herr Rat winkte jedoch ab.

»Wenn sie tot war – warum haben Sie die Frau dann nicht hängenlassen und die Polizei gerufen?«

»Was heißt tot ... Tot war sie wohl, aber sie hätte es ja auch nicht sein können, nicht wahr?« gab der Hausmeister zu bedenken. »Man muß alles zur Rettung eines Menschen tun. Der Meinung bin ich wenigstens.«

»Das sieht man«, brummte der Polizeirat unzufrieden. »Dann haben Sie die Tote also auf den Boden gelegt?«

»Ja.«

»Das heißt, eigentlich nein«, mischte sich erschrocken Herr Souček ein. »Sie fiel uns herunter, als ich den Strick durchschnitt, ich war aufgeregt, und der Herr Kocbaba hielt sie nicht fest genug. Die Tote fiel auf den Fußboden.«

»Das wird ja immer schöner«, knurrte der Herr Rat und schaute nun zum Detektiv Brůžek hinüber. Der hob diensteifrig den Blick, um anzudeuten, daß er ebenfalls über diese Dummheit empört sei.

»Dann haben Sie mit Wiederbelebungsversuchen begonnen. Wie haben Sie das gemacht?«

Der Hausmeister kniete bereitwillig neben der Toten nieder und führte vor, wie er ihr die Arme gehoben und die künstliche Atmung durchgeführt hatte. Es stellte sich heraus, daß er während des Krieges eine Zeitlang Sanitäter gewesen war und deshalb etwas von der Sache verstand.

»Die Frau Jarošová fängt schon an, kalt zu werden«, erklärte er ohne die geringste Erregung, als er sich vom Boden erhob. »Na, und während ich das mit ihr machte, lief der Herr Souček zum Polizeirevier.«

»Er lief hin, das heißt, er telefonierte also nicht!« betonte der Herr Rat.

»Ja, ich lief hin«, bestätigte Herr Souček. »Ich war aufgeregt, und dann ... wo ist hier schon ein Telefon? Höchstens in einem Laden. Ich legte den ganzen Weg im Laufschritt zurück, und der Herr Wachmann hier ging dann gleich mit mir zurück.«

»Sie waren also etwa ... etwa eine Viertelstunde weg?« fragte der Herr Rat und tat ganz unbeteiligt. Herr Brůžek hob den Kopf, weil er den Alten kannte. Er begriff den Sinn dieser scheinbar beiläufig gestellten Frage.

»Ja, ungefähr«, bestätigte der Hausmeister. »Und die ganze Zeit über machte ich kräftig die künstliche Atmung ... Umsonst.«

»Da müssen Sie ja verdammt ins Schwitzen geraten sein!« Der Herr Rat grinste.

»Ich melde, daß wir den Herrn Kocbaba hier gefunden haben, wie er neben der Leiche kniete und ihr die Arme hochhob«, ergänzte ungefragt als Zeuge der Wachmann.

»Den Tisch haben Sie zur Seite geschoben?«

»Wir zusammen.«

»Und die Stühle haben Sie auch weggeschoben?«

»Um mehr Platz zu haben.«

»Wo haben die Stühle gestanden, als Sie das Zimmer betraten?«

»Am Tisch ... Nicht wahr, Herr Souček?«

»Ich weiß nichts, ich war zu aufgeregt«, flüsterte das Männchen im Winkel.

»Stand ein Stuhl hier unterm Fenster?« fragte der Herr Rat und blickte den Hausmeister aufmerksam an.

»Nein. Was sollte er dort?«

»Und herrschte hier Unordnung, als hätte jemand etwas gesucht? Verstreut liegende Sachen? Sie haben doch auch ins Nebenzimmer geschaut!«

Der Herr Rat sagte das so bestimmt, daß der Hausmeister nur schluckte. »Bittschön, ich war ... Ich hab nur mal hineingeguckt, ob dort nicht vielleicht jemand ist, nicht wahr, Herr Souček, Sie können das bezeugen!«

»Ich weiß nicht, ich war zu aufgeregt. Ich bin ja aufs Polizeirevier gelaufen.«

Der Herr Rat sagte eine Weile nichts, ging zweimal um die Leiche herum, als wäre an ihr etwas zu entdecken, und wandte sich dann an den Detektiv Brůžek: »Veranlassen Sie eine Durchsuchung ... Fingerabdrücke, Fotografie, die Leiche zur Obduktion. Wie üblich.«

Der Detektiv Brůžek verstand.

Die beiden gingen durch die Wohnung. Nebenan lag das Schlafzimmer, den Schrank fanden sie halb offen, es war anzunehmen, daß jemand dort etwas gesucht hatte. Es konnte aber auch die Frau Jarošová selbst vor ihrem Tode dort etwas gesucht haben.

»Ich hatte in jungen Jahren auch mal so einen Fall, Herr Rat, daß eine Frau das Gas andrehte, und wir fanden die Wohnung so um und um gewühlt, daß wir hätten schwören mögen, es sei einer dort gewesen ... Dabei hatte sie selbst alles umgewühlt, auf der Suche nach einem alten Liebesbrief. Wirklich, ein alter Liebesbrief von einer längst vergangenen Liebschaft. Sie wollte mit dem Brief in der Hand sterben. Aber weiter noch: Der Brief trug ein Datum, und danach konnten wir uns alles zusammenreimen. Er war fünfunddreißig Jahre alt ... Die Liebe hält manchmal lange an!«

Der Detektiv Brůžek kramte mit erfahrenen Händen in der Wäsche und zog ein Sparbuch hervor. Dann suchten sie weiter, aber es war nichts mehr zu finden. Nirgends Bargeld. »Veranlassen Sie eine gründliche Durchsuchung! Und nehmen Sie unauffällig die Fingerabdrücke des Hausmeisters ab!«

»Sie glauben, Herr Rat...?« flüsterte Herr Brůžek.

»Nicht umsonst war er hier eine ganze Viertelstunde allein.«

»Ob es vielleicht doch Mord ist?«

»Was heißt hier – ob? Herr Brůžek, Sie haben doch bemerkt, wie hoch sie gehangen hat, nicht? Und kein Stuhl, auf dem die alte Frau hochgestiegen sein könnte... Die hat jemand aufgehängt! Und noch etwas: Die Schnur hat er von der Gardine abgeschnitten. Das bedeutet, daß es ihm erst nachher eingefallen ist, sie aufzuhängen...«

»Na ja, na ja ... Aber wo sind hier Spuren von Gewalt? Wenn Sie einem die Schlinge um den Hals werfen, dann muß ihm jemand die Hände festhalten. Und da gibt's gleich blaue Flecken.«

»Und wenn Sie Rettungsübungen mit ihm machen, dann halten Sie ihn auch an den Handgelenken fest und können ihm auch blaue Flecken machen. Deshalb hab ich so geschimpft. Ich hab solche unsaubere Arbeit gar nicht gern.«

Als die weiteren Beamten von der Kriminalabteilung gekommen waren, ging Herr Brůžek das Haus ab, um alle Bewohner zu fragen, wie die Frau Jarošová gelebt hatte. Was er feststellte, war echt interessant. Sie galt als reiche Frau. Sie verkaufte zu vorteilhaften Bedingungen Parzellen. Ein Stück Feld am Fluß, das sie von den Eltern geerbt hatte, war für sie eine Goldgrube geworden, da auf einmal alle Leute in die Natur fahren und sich Wochenendhäuschen bauen wollten. Zur Frau Jarošová kamen viele Leute, weil sie Inserate aufgab ... Ob heute auch jemand dagewesen war, war nicht nachzuweisen. Es gehen ja alle möglichen Leute durch die Häuser, nicht wahr, da kommen genug Bettler und junge Männer, die keine Arbeit haben und sich erbieten, Kohle aus dem Keller zu holen oder Teppiche zu klopfen. Ein Dienstmädchen aus dem zweiten Stock behauptete zwar, sie sei unten im Hausflur zwei jungen Burschen begegnet, aber woher sie gekommen und wohin sie gegangen waren, das wußte sie nicht.

Am Nachmittag hatten sie in der Kriminalabteilung bereits das letzte Inserat, das Frau Jarošová in der ›Národní Politika‹ aufgegeben hatte:

Verk. Parzelle, vorteilh. Lage, Wasser, Wald, Kennwort Billig, an die Admin. d. Bl.

Genausoschnell fand man einige Käufer. Leider konnte keiner von ihnen etwas aussagen, was die Polizei auf eine Spur gebracht hätte. Der letzte, ein Ingenieur, hatte für seine Parzelle in zwei Raten gezahlt. Die zweite hatte er erst eine Woche zuvor gebracht: zweitausend Kronen. Dieses Geld war weder im Sparkassenbuch eingetragen, noch wurde es in bar gefunden. In der Wohnung der Frau Jarošová fand sich überhaupt kein Geld. Kein roter Heller. »Wie denn auch«, brummte der Herr Rat. »Er ist ja dort lange genug allein gewesen...«

Offenbar hatte er über den Fall seine eigene Theorie. Nur ist eine Theorie allein noch nichts wert. Fingerabdrücke des Hausmeisters Kocbaba wurden nämlich nachweislich nirgends gefunden.

Der Herr Rat ging am Abend genauso schlecht gelaunt nach Hause, wie er schon am Morgen gekommen war. Wenn eine Geschichte einmal so verfahren ist, ist sie einen alten Quark wert, wiederholte er sich immer wieder. Dabei kam er darauf – wenigstens auf etwas komme ich! –, weshalb er schon den ganzen Tag eine so miserable Laune hatte. Daran war Karli schuld, sein Sohn. Die Vier in Latein, die er gestern bekommen hat, die hat mich schon verstimmt. Da will man, daß der Junge ein leichteres Leben hat als der Vater, doch der Herr Sohn treibt sich dauernd herum, statt zu lernen. Das werde ich ihm aus dem Kopfe schlagen, ich werd's ihm austreiben, dauernd dieses Zelten und die Heimabende der Pfadfindergruppe! Hier hast du die lateinische Grammatik, das ist deine Gruppe!

Als er nach Hause kam, erkannte seine Frau, genauso wie am Morgen der Herr Brůžek, daß mit dem Herrn Rat nicht gut Kirschen essen war, und so bemühte sie sich, sowenig wie möglich zu sprechen. Und wieder verpatzte der Junge alles. Was red ich dauernd auf den ein: Sitz über dem Buch, wenn der Vati zu Hause ist! Der junge Herr saß wirklich über einem Buch. Leider trat aber der Vater so leise und so plötzlich ein, daß er es nicht schaffte, das Buch zuzuklappen, in dem er las, und flugs die lateinische Grammatik aufzuschlagen, in der er die Consecutio temporum, die Zeitenfolge, zu lernen hatte.

Er lernte nicht, dieweil er ein Buch über das Zelten und Lagern las. Den jungen Mann interessierten diese Dinge, und hätte er nicht das Pech gehabt, in der Familie eines Polizeirats das Licht der Welt erblickt zu haben, dann wäre er sicherlich ein Trapper geworden.

»Sieh mal einer an! Zelten und Lagern ... Natürlich, das ist etwas für dich! Das ist genau das, was du im Leben brauchen wirst!« donnerte der Vater los.

Karli dachte sich, daß er diese blöde Zeitenfolge noch weniger brauchen würde, aber er schwieg lieber. Der Vater ist ein verdammt guter Spurenleser, er hat mich überrascht, damned, murmelte der Adept der Waldläuferkunst in seinen noch nicht vorhandenen Bart. »Ich kann mich abrackern, und der junge Herr, statt zu lernen, liest, wie man ein Lagerfeuer entfacht! Er lernt die Spuren der Tiere des Waldes! Fürwahr, das ist das Richtige für einen Gymnasiasten, der eine Vier in Latein hat ... Typen und Formen der Zelte ... Knoten!«

Der Vater hob das Buch, und es sah aus, als würde er es gleich dem Sohn um die Ohren schlagen. Doch er überlegte es sich anders und verließ das Zimmer. Dafür mußte sich seine Frau noch einen Vortrag darüber anhören, daß sie bei dem Jungen die Zügel zu sehr schleifen lasse.

Kurzum, der ganze Tag war nichts wert. Übrigens war es am Tag darauf um keinen Deut besser. Die gerichtliche Obduktion ergab, daß jemand Frau Jarošová mit einem breiten Gegenstand auf den Kopf geschlagen hatte, möglicherweise mit einem Sandsack. Aus den deutlichen Spuren an ihrem Herzen schloß der Arzt, daß auch ein schwacher Schlag bei ihr eine Bewußtlosigkeit herbeiführen konnte. Dann war es bereits leichter, sie mit einem Strick zu erdrosseln und die Leiche darauf am Fenster aufzuhängen. Der Täter hatte offenbar angenommen, daß die Stores dicht genug seien und man die Tote nicht so bald sehen werde, weil doch gegenüber kein Haus stand. Darin hatte er sich also geirrt.

Falls freilich alles so war, wie dieser Kocbaba sagte! Der Herr Rat entschloß sich, noch einmal die Wohnung zu besichtigen. Er fuhr zusammen mit dem Detektiv Brůžek hin.

Alles war noch so wie am Tag zuvor. Der weggeschobene Tisch und die Stühle, am Fensterriegel noch ein Stück des schicksalhaften Strickes und überall die unangenehme Leere einer gründlich durchsuchten Wohnung. Und nirgends Geld. Auch nicht in Frau Jarošovás abgenutzter Handtasche.

»Falls ich etwas bemerken darf, Herr Rat ... Also der sie umgebracht hat, der muß ganz auf sicher gegangen sein. Der muß das hier gekannt haben ... Vielleicht trug er Handschuhe. Kurz und gut, er hatte sich darauf vorbereitet.«

Der Detektiv Brůžek entwickelte seine Theorie, wonach es nicht schwer sei, bei solchen alten Frauen Geld zu finden, denn sie versteckten es seit eh und jeh unter der Wäsche oder in der Küchenkredenz. Hin und wieder auch im Nähzeug.

Als er sich nach dem Herrn Rat umdrehte, weil der schwieg, stellte er fest, daß er ihm nicht zuhörte. Er starrte hinauf zum Fensterriegel, an dem die Tote gehangen hatte und um den noch immer der Rest des Strickes geschlungen war.

»Schauen Sie mal, Brůžek, dieser Knoten!« sagte schließlich der Herr Rat.

Herr Brůžek trat näher und nickte anerkennend. »Ein ordentlicher Knoten!«

»Ein komischer Knoten! Klettern Sie mal rauf und versuchen Sie ihn abzunehmen, aber nicht aufknüpfen. Wenn es nicht geht, schrauben Sie den Griff ab.«

Der Detektiv Brůžek führte den Auftrag einwandfrei aus. Er sprang vom Stuhl herab und schwenkte triumphierend den Strick mit dem komischen Knoten.

»Könnten Sie so einen knüpfen?« fragte der Herr Rat.

Herr Brůžek schüttelte den Kopf und sagte sich, was doch heutzutage die Herren Vorgesetzten alles von einem verlangten.

Der Herr Rat ging unruhvoll im Zimmer auf und ab. Er dachte laut nach: »Dieser Knoten ... Zum Donnerwetter, dieser Knoten ... Gestern hab ich nicht richtig darauf geachtet...« Auf einmal rief er: »Die Knoten!« Herr Brůžek schaute ihn verständnislos an. »Das Handbuch über das Zelten und Lagern! Lagerfeuer, Tierspuren, Knoten ... Das ist eine komplette Wissenschaft, wissen Sie!« Der Herr Rat lachte kurz auf. »Ich hätte gestern meinen Jungen am liebsten geohrfeigt, und sehen Sie, jetzt kommt es uns glänzend zustatten! Herr Brůžek, nehmen Sie den Knoten mit, wir gehen.«

Am Nachmittag saßen der Herr Rat und der Detektiv Brůžek in der Kanzlei des Herrn Rat und knüpften Knoten nach dem Handbuch für das Zelten und Lagern. Sie hatten bereits eine beträchtliche Fertigkeit erlangt.

»Also das ist ein schottischer Knoten ... Und das ist ein Fischerknoten ... Wie klappt bei Ihnen die Bergsteigerschlinge?«

Herr Brůžek meldete voller Stolz, daß es schon besser klappe. Dann versuchten sie sich noch an dem Ambulanzknoten, aber vor allem knüpften sie immer wieder den an dem Strick, mit dem man die alte Dame aufgehängt hatte: den Schifferknoten, auch Schifferschlinge genannt.

»Ein Schifferknoten ... Ausgerechnet ein Schifferknoten. Was sagen Sie dazu, Herr Brůžek?«

Der Detektiv zuckte mit den Schultern. »Vielleicht sollten wir uns erkundigen, ob dieser Kocbaba nicht zufällig bei der Marine gedient hat?«

»Danach hab ich schon gefragt«, bekannte der Herr Rat. »Er hat nicht gedient, und mit Schiffen hatte er nie etwas zu tun. Leider.«

»Das heißt also, wir müßten mal nachschauen, ob wir nicht einen Seemann drin haben. Ich meine, in der Kartei...«

Der Herr Rat antwortete nicht.

»Oder wir müssen unter denen Umschau halten, die bei der Dampfschiffahrt auf der Moldau dienen. Schließlich binden auch die solche Knoten. Das Wasser gehört zum Ressort des Herrn Soukup. Befehlen Herr Rat, ihn zu rufen?«

Der Herr Rat ging schweigend im Arbeitszimmer auf und ab. Schließlich blieb er stehen und sagte: »Gewiß, das alles könnten wir tun. Aber zu einem Schifferknoten brauchen wir überhaupt keinen Seemann. Zu einem Schifferknoten genügt ein Junge, der einen alten Äppelkahn hat... Die Jungen, Herr Brůžek, die sind ein romantisches Geschlecht. Meiner zum Beispiel hat das Gefühl, ein Waldläufer, ein Trapper, zu sein. Er kauft sich zwei Würste und zieht hinaus in die Natur, um sie dort am offenen Feuer zu braten. Um sie nach seinem Geschmack braten zu können, muß er wenigstens fünf Arten von Lagerfeuern kennen... Und einen Schifferknoten knüpfen, das kann jeder von diesen Tramps, der ein Kanu besitzt. Vergessen Sie nicht, daß die Frau Jarošová Wassergrundstücke verkauft hat. Für Wochenendhäuser, zum Wassersport ... Morgen klappern Sie alle Geschäfte für Wassersportbedarf ab. Stellen Sie fest, wo man eine etwas kostspieligere Ausrüstung verkauft hat. Am Samstag befehlen wir volle Alarmbereitschaft, Sie borgen sich ein paar Mann von der Wasserpolizei aus und halten jeden fest, der ein neues Kanu oder einen Kajak sein eigen nennt ... Er muß Ihnen genau sagen, wo er das Geld dafür herhat. Die Schifferschlinge, verstehen Sie? Die ziehen wir jetzt zu. Knüpfen können wir sie bereits.«

Der Detektiv Brůžek war kein Freund großer Worte, aber was soeben der Herr Rat gesagt hatte, verblüffte ihn aufs äußerste. Er sagte nur: »Sakra, Herr Rat, das könnte hinhauen!«

Und weil aus seinen Augen unverhohlene Bewunderung strahlte, lächelte der Herr Rat.

Der Samstag sah anfangs nicht gerade vielversprechend aus. In den Geschäften hatten sie nur zwei Bootskäufe ermittelt, das eine war nach Roudnice gegangen, das andere hatte sich ein Magistratsbeamter gekauft.

Es blieb also nichts anderes übrig, als sich emsig am Fluß umzuschauen, ob nicht dort etwas Neues auftauchte. Die unauffälligen Herren standen am Ufer herum, und die Tramps gaben sich geheime Zeichen: Aufpassen, es wimmelt von Bullen!

Sie nahmen drei junge Burschen fest, aber es erwies sich bald, daß es ohne jeden Grund geschehen war.

Herr Brůžek stellte inzwischen fest, daß die Firma Šašek ein neues Kanu gebaut hatte. Ein ganz besonderes Boot, der Besteller hatte sich ausbedungen, daß der Bord mit Messingblech beschlagen werde. Eine ganz dumme Angeberei, aber wenn es der Kunde so haben will ... Es wird halt um fünfzig Kronen teurer sein.

So bezog Herr Brůžek schon am Samstag in der Früh nahe der Bootswerft Posten und wartete, daß sich der Auftraggeber das Boot abholte. Es war warm, und er hatte Appetit auf ein Bier, vom Fluß her schallte Geschrei und erweckte in dem Herrn Brůžek Gedanken an die Jugend. Wo sind die Tage hin, da er mit seiner Frau am Fluß entlang wanderte. Freilich ohne Boot, aber schön war es doch!

Als er sich schon sehr langweilte, kamen schließlich zwei junge Burschen aus der Werkstatt, ein neues Boot auf den Schultern. Ihre Gesichter glühten, und der Messingbeschlag funkelte nur so.

»Ein schönes Boot«, sagte Herr Brůžek jovial, als sie an ihm vorbeigingen. Die Jungen schielten nur zu ihm hin und liefen weiter.

»Na, Jungs, auf Wandertour?« rief er ihnen nach.

Da legten sie einen Schritt zu. Herr Brůžek auch. Als sie sich umschauten und sahen, daß sich der Fremde an ihre Fersen heftete, schritten sie noch schneller aus. Mit dem Boot auf den Schultern war das allerdings nicht leicht, aber sie machten so lange, rasche Schritte, daß der Herr Brůžek zumindest hätte traben müssen. Ärgerlich zog er seine Trillerpfeife.

Als der Pfiff ertönte, rannten die beiden Jungen los, was ihre Beine hergaben, und sausten die Böschung hinunter, daß sie fast gestürzt wären. Aber vergebens, denn unten am Wasser erwartete sie bereits ein Wachmann, der das Pfeifen gehört hatte und ihnen den Weg versperrte. Dann ging alles wie am Schnürchen. Kurze Zeit später wurden die beiden Jünglinge auf der Abteilung K vorgeführt.

Der Herr Rat empfing sie mit einem traurigen Blick: Der eine der beiden ging nämlich erst auf die Zwanzig, und der andere war gar erst siebzehn. Beide waren lang und schlaksig, das Kinn des jüngeren war mit dunklen Härchen bewachsen, die Haut voller Pickel.

»Also raus mit der Sprache! Wo habt ihr das Geld für das Boot her?«

Der ältere der beiden grinste. »Gespart. Wir arbeiten...«

»Und die Frau Jarošová kennt ihr?« sagte der Herr Rat und blickte beiden ins Gesicht.

Der jüngere schluckte. Der Ältere schlug die Augen nieder und schüttelte den Kopf.

»Und Knoten binden, das könnt ihr? Aber nicht einen gewöhnlichen, sondern einen Schifferknoten ... Den da. Mit der Gardinenschnur.«

Der Herr Rat warf den Rest des Stricks auf den Tisch, und da kickste der jüngere ganz komisch. Der ältere, aufsässigere erbleichte plötzlich.

Der Herr Rat klingelte, eine ältliche Sekretärin trat ein. Sie schrieben das Protokoll gleich in die Maschine, das ganze Verhör dauerte nicht lange.

Zur Frau Jarošová waren sie ganz zufällig gekommen, vor etwa vierzehn Tagen, sie wollten zusammen mit zwei anderen Jungen ein kleines Grundstück kaufen, aber so viel, wie die Frau haben wollte, konnten sie nicht aufbringen. Weil sie aber nun schon einmal bei der Frau Jarošová waren, versprach sie ihnen, bei Bekannten herumzufragen, ob nicht jemand etwas Kleineres hätte, wofür das Geld der Jungen reichte. Da kam der ältere, der sich Bill nannte, aber auf den Namen Bohouš getauft war, auf den Gedanken, daß das alte Weib Geld haben könnte. Er besorgte sich eine Art Gummiknüppel, das heißt, er nähte sich selbst einen aus Leinwand.

»Das war wie so ein Plumpsack«, sagte der jüngere, und seine Stimme kippte um.

»Ich wollte sie nur einschüchtern«, brummte der ältere.

»Deshalb haben Sie den Plumpsack auch mit Sand gefüllt, was? Lügen Sie mich nicht länger an!«

»Er wollte ihr nur einen Klaps geben«, verriet der jüngere.

»Einen kleinen nur. Aber sie fiel gleich um.«

»Also habt ihr euch gesagt, es wäre wohl das beste, das so zu arrangieren, als hätte sie sich selbst aufgehängt ... Wer hat die Schnur abgeschnitten?«

»Er!« schrie der ältere und zeigte auf seinen Kameraden. »Er hat den Strick abgeschnitten, und dann hat er gleich angefangen zu heulen.« Sie waren beide so entsetzt über das alles gewesen. Es war etwas geschehen, womit sie nicht gerechnet hatten. Sie hatten es sich wie im Film vorgestellt, viel leichter.

»Und das Geld?«

»In der Tasche hatte sie ein Sparbuch, darin lagen fünfzehn Hunderter. Die haben wir dann genommen.«

»Wo habt ihr das Buch hingetan?«

»Zurück in die Handtasche.«

Der Herr Rat wechselte einen Blick mit dem Herrn Brůžek. Sie an, das Sparkassenbuch fehlt!

»War in der Tasche noch anderes Geld?«

»Nur Kleingeld, das haben wir nicht genommen.«

»Warum nicht?«

Beide schwiegen. Dann sagte der ältere: »Wir hatten Angst...«

Das Protokoll unterschrieben beide mit einer eckigen, beinahe kindlichen Schrift. Als man sie abgeführt hatte, streckte sich der Herr Rat im Sessel. »Was nun, Herr Brůžek? Sie gehen nochmal zu dem Kocbaba, nicht wahr? Möchte wetten, daß das Sparkassenbuch nicht mit einem Kennwort versehen ist. Sonst hätte er es in der Tasche gelassen, wie das, das im Schrank zwischen der Wäsche lag.«

Der Fall war abgeschlossen. Der Herr Rat klappte das Handbuch über das Zelten und Lagern zu und mußte, ob er wollte oder nicht, an seinen Sohn denken.

Erst später wurde ihm bewußt, daß er gleichzeitig an die beiden gedacht hatte, die gerade durch einen dunklen Gang gingen, über den sie ein paar Jahre lang gehen würden, ohne Sonne, ohne Fluß und ohne das neue, mit Messingblech beschlagene Boot.

Das Gewissen

Als der Herr Gerichtsrat hastig den alten, abgeschabten Talar überzog, blickte er nur flüchtig in die Akten. Es war immer das gleiche, im Gerichtsgebäude nannte man seine Abteilung nur noch das »Ohrfeigengericht«, aber desungeachtet behandelte er auch Ehrabschneidungen und kleine Körperverletzungen so, daß der halbvolle Saal vor Rührung in die Taschentücher schnaubte. Das war der Augenblick, den er am meisten liebte: diese Stille, kurz bevor der erste Zuhörer aufschluchzte. Dann flogen bereits die ersten Taschentücher an die Augen, und er sah, daß er nicht umsonst gesprochen hatte. Selbstverständlich könnte einer sagen: Bei Ihnen sind aber nur sehr kleine Fische, ja, beim Bezirksgericht, dort gibt's wenigstens was zu weinen ... Aber der alte Herr Rat wußte, daß es nicht darauf ankommt, warum der Mensch weint, sondern daß er überhaupt einmal in Tränen ausbricht. Zu seiner Kunst gehörte es, selbst erfahrenen Markthändlern ins Gewissen zu reden. So ein Bursche, der um drei Uhr morgens aufsteht, um Schlag vier Uhr auf dem Platz zu sein, und der zum Frühstück in einer Kneipe eine Suppe ißt, der macht sich nicht gleich etwas aus jedem erstbesten Wort. Aber wenn auch er nach den Ermahnungen des Herrn Rat eine Träne hervorpreßte, dann war das ein Beweis dafür, daß die Rede des Richters sein Herz gerührt hatte.

Der Herr Rat fuhr sich mit der Hand über die Glatze und versank vor dem Spiegel über dem blechernen Waschbecken in Gedanken. Die Menschen sind eigentlich ganz gut und würden überhaupt kein Gericht brauchen, wenn sie von allein in Tränen ausbrechen könnten. Aber das bringen sie nicht fertig, und deshalb bin ich da. Ich und selbstverständlich die Geldstrafen und kleineren Haftstrafen, alle natürlich auf Bewährung ausgesetzt. Ich werde meine Pensionierung erreichen, ohne einen einzigen Menschen hinter Gitter gebracht zu haben. Um nichts auf der Welt möchte ich im Strafsenat sitzen, meiner Seel, das auf keinen Fall, denn dann könnte ich nachts nicht ruhig schlafen. Hör mal, Josef, würde mein Gewissen sagen, du hast einen Menschen für fünfzehn Jahre in den Knast geschickt, er ist einundsechzig, wird dir da nicht eng um die Brust?

Und außerdem halten sie dort zwar Gericht und brummen den Leuten Strafen auf, aber niemand vergießt dort eine Träne, höchstens eine Zeugin, die das alles eigentlich gar nicht betrifft. Und die Tränen sind doch die Hauptsache, das laß ich mir von keinem ausreden.

Also, was haben wir denn heute ... Na klar, ein gewöhnlicher Paragraph 108, Ehrabschneidung. Und wo ist das gewesen? Im Laden. Eine Bügelei und Mangelei.

Diese Mangel versetzte den Herrn Rat in besonders gute Laune. Dort roch es immer so schön nach feuchter Wäsche, die Frauen saßen auf den Bänken ringsum und verkürzten sich die Langeweile durch Gespräche, und an Beleidigungen herrschte kein Mangel. Heute werden die Tränen reichlich fließen, sagte er sich und schritt fast fröhlich aus.

Im Gerichtssaal saßen zwei Frauen, die eine als klagende Partei und die andere als beklagte, neben ihnen zwei ältere Konzipienten, so daß also alles mit vollem Komfort ablaufen würde. Die Fenster zum Marktplatz hin waren staubig – auch das gehörte zur Sache, es mußte streng und traurig aussehen, denn schließlich handelte es sich um eine Gerichtsverhandlung und keine Volksbelustigung.

Die Angeklagte begann zu schniefen, sobald der Herr Rat nur die Ziffern der Paragraphen aufzählte, gegen die sie angeblich verstoßen hatte. Die Zahlen waren nicht ganz exakt, aber das konnten die beiden Frauen nicht wissen, während es die Konzipienten wissen konnten, aber nicht mußten, übrigens kam es darauf auch gar nicht an, das war nur die Einleitung zu dem, was folgen sollte, so mußte man immer anfangen, damit auch zu sehen war, daß es hart auf hart gehen würde. So ungefähr würde es auch vor dem Jüngsten Gericht zugehen, und der Erzengel Gabriel würde genauso einen Talar tragen wie ich, nur würde er mit Donnerstimme sprechen.

Es handelte sich um einen ganz gewöhnlichen Fall, der Tatbestand war im wesentlichen folgender: Frau Součková brachte am vierten März ihre Wäsche zur Mangel und begrüßte die klageführende Frau Možná auf das freundschaftlichste. Dann kam die Frau Nováková, und da sagte die Frau Součková: »Um Gottes willen, sehen Sie aber schlecht aus, Frau Nováková. Sie sind ja ganz gelb!«

Frau Nováková stieß nur einen Seufzer aus und sagte, sie wisse selbst nicht, was mit ihr los sei...

Dann spann Frau Součková ihr Garn weiter: Wenn einer erst anfange, so abzumagern, dann bedeute das etwas sehr Schlimmes; bei ihrer Tante aus Křivoklát habe es auch so angefangen und – man höre und staune – binnen Monatsfrist sei sie auf dem Sterbebett gelegen ... Frau Nováková ließ ihre Wäsche im Laden liegen und ging, am ganzen Leibe zitternd, von dannen, während Frau Součková in ihren Überlegungen fortfuhr. Frau Možná hielt ihr vor, sie solle sich schämen, so zu sprechen, was würde sie denn sagen, wenn sich die arme Frau Nováková das zu Herzen nähme. Frau Součková entgegnete darauf, sie habe keinen Grund, sich zu schämen, schämen solle sich lieber jemand anders, zum Beispiel die Frau Možná, die im ganzen Viertel als Tratsche bekannt sei.

Nun ist das Wort Tratsche ein Wort, mit dem man einen Menschen dem allgemeinen Spott preisgeben kann. Frau Součková hatte damit die Frau Možná beleidigt, nämlich vor allen, die gerade im Laden waren und deren Zeugnis man anfordern konnte. Als Hauptzeugin war die Besitzerin der Mangel erschienen...

Diese brach gleich beim Betreten des Saales in Tränen aus, alldieweilen ihr zu Hause das Geschäft entging, das ist keine Kleinigkeit, Herr Rat, von einer Mangel wegzugehen, das ist nicht wie anderswo, eine Mangel braucht immerfort Bedienung, weil die Wäsche, wenn der Herr Rat zu bedenken belieben, nicht zu trocken werden darf. Der Herr Rat erinnerte sich an die frisch zusammengelegten Laken und Überzüge, wenn seine Frau daheim alle drei Wochen die Bettwäsche wechselte, und er gab der Frau Zeugin recht.

Er hielt dann eine große Rede, wonach sich die Menschen anständig zueinander verhalten sollten, und als sich die Angeklagte und die Zeugin ausgeweint hatten, vergoß auch die klageführende Partei Tränen, und der Herr Rat sprach und sprach, und die Konzipienten langweilten sich, weil klar war, daß hier nur eine Geldstrafe und der Gerichtskostenersatz herausspringen würde, von etwas müssen ja die Advokaten leben, vielleicht hatte sich die Beklagte auch schon ausgerechnet, was diese »Tratsche« sie kosten würde, und vielleicht weinte sie nur deshalb.

Zum Abschluß sagte der Herr Rat, daß die Frau Součková froh sein müßte, weil sie nur wegen Ehrabschneidung angeklagt sei. Wenn nämlich Frau Nováková sie angezeigt hätte – er guckte über die Brille hinweg in den Gerichtssaal, als suche er sie dort –, dann hätte sich das kompliziert, weil nämlich die Worte der Frau Součková ihrer Gesundheit Abbruch tun konnten, und das würde sakramentisch teurer werden, liebe Frau!

Der Schatten der unbekannten, kranken Frau Nováková

schien durch den Gerichtssaal zu schweben, und Frau Součková nahm die Strafe mit der Erklärung an, sie gedenke nicht, Berufung einzulegen.

»Und doch kommt es mir sonderbar vor, daß die Frau, deretwegen alles passierte, nicht erschienen ist«, sagte der Herr Rat beim Abschied zu den beiden Konzipienten, die es eilig hatten zum nächsten Termin. Ihn verdroß wohl, daß er mit ihr eine weitere weinende Frau eingebüßt hatte ...

Wie hätte er auch ahnen können, daß diese Verhandlung eigentlich nur der Anfang war, der Anfang zu all dem, was sich nachher abspielte.

Frau Nováková war nicht zur Gerichtsverhandlung gekommen, obwohl sie davon wußte, weil sie sich entsetzlich vor dem Gericht fürchtete. Und dann – ihr war wirklich schon seit geraumer Zeit nicht gut. Mein Gott, sagte sie sich jeden Morgen, da hab ich ja schon wieder solche Ringe unter den Augen! Und jeden Tag saß sie über ihrem Teller Suppe, schob ihn weg und seufzte: »Nein, es schmeckt mir nicht, ich kann nicht einmal den Löffel anschauen! Und dabei ist es Ochsenschwanzsuppe, der Fleischer hat mir einen besonders fetten aufgehoben.« Dann sagte sie sich, ich werde an die Sonne gehen, das ist der beste Arzt, und weil sie allein lebte, ging sie auf den Petřín, sie hatte von ihrer Wohnung nur ein paar Schritte bis dahin. Aber an der Sonne wurde ihr so übel, daß sie kaum den Weg nach Hause schaffte, sie mußte sich aufs Kanapee legen und Umschläge machen. »Warum straft mich nur der liebe Gott so«, seufzte sie, »das hab ich doch gar nicht verdient.«

Und die Leute aus ihrer Umgebung musterten sie besorgt, sie fühlte ihre Blicke, obzwar sie sich verzweifelt bemühte, sie nicht zu sehen. Als ihr damals die Frau Součková gesagt hatte, sie sähe schlecht aus, war sie lieber aus dem Laden gegangen, sie hätte sonst befürchten müssen, lauthals loszuheulen. Die Součková war deswegen vor Gericht gekommen, um Himmels willen, das ist ja entsetzlich, noch gut, daß ich nicht als Zeugin aufgerufen wurde, das hätte ich nicht überlebt, ach wo, ich und vor Gericht!

Ohnehin wird das Jüngste Gericht nicht an mir vorübergehen, dem entgeht keiner, und bei diesem Gericht ...

Sie fühlte sich auf einmal so schwach, daß sie nicht einmal die Hand heben konnte, um ein Glas Wasser zu trinken. Schließlich machte sie sich zum Doktor auf den Weg. Das war ein alter Herr, so einer, der mit einem abgewetzten Köfferchen Hausbesuche macht, gewöhnliche Pülverchen verschreibt und die entkleideten Kinder mit seinem Bart kitzelt und so zum Lachen bringt.

»Na«, sagte der Herr Doktor, »was Ihnen fehlt, liebe Frau, das werden wir nicht so bald erfahren, denn in den menschlichen Körper kann niemand hineinsehen. Womit fangen wir am besten an? Haben Sie Kopfschmerzen?«

Er nahm alles der Reihe nach durch, und das dauerte lange. Sie mußte ihn mehrmals aufsuchen, sich abklopfen und abhorchen lassen; alles mögliche wurde untersucht. Ihr Leben lang war Frau Nováková nicht krank gewesen, und jetzt mußte sie schon am frühen Morgen mit den verschiedensten Fläschchen zum Arzt.

Der Doktor hatte offenbar schon alle Krankheiten, die die Leute in Smíchov zu haben pflegten, miterlebt, aber keine paßte zu dieser Frau.

Und dann ...

Eines Tages hatte in der Polizeidirektion in der Bartholomäusgasse der erfahrene Wachmann Bláha Nachtdienst.

Es war schon recht spät, als eine kleine, hagere Frau die Tür öffnete; sie sah aus wie die sieben mageren Jahre, wie er nachher den Kollegen sagte, man brauchte sie nur noch in den Sarg zu legen.

»Na, was bringen Sie uns denn Schönes, Frauchen?« fragte er, denn er mußte jeden anhören und ihn dann an die zuständige Stelle weiterleiten.

»Bittschön, ich hab ... ich hab ...«, stammelte die Frau mit schwacher Stimme, »ich hab bittschön etwas.«

»Wir haben alle etwas, gute Frau, alle«, sagte Bláha mit biederer Stimme. Wie er die Sache einschätzte, kam dieses Frauenzimmer her, um sich zu beklagen, daß ihr zu Hause die Schwiegertochter nichts zu essen gäbe oder daß ihr der bose Hausmeister das Wasser absperre.

»Ich habe an einem Mord teilgenommen, Herr Inspektor«, sagte die dürre, kranke Frau.

Der Wachmann Bláha zuckte mit keiner Wimper. Auch das kannte er sehr gut.

»Bei einem Mord, sagen Sie? Daran nehmen immer viele Leute teil, liebe Frau. Und bei welchem Mord ist das gewesen?«

»Sie haben ihren Großvater umgebracht, bittschön.«

»So, so ... Aber Sie sehen schlecht aus, wie ich bemerke. Sollten Sie nicht besser nach Hause gehen und sich hinlegen?«

»Ich kann nicht schlafen, auch der Doktor weiß sich keinen Rat mit mir. Mir drückt es das Herz ab.«

Der Wachtmeister Bláha seufzte auf. Bei jedem Mord, das weiß er aus Erfahrung, melden sich etwa fünf Leute, die damit überhaupt nichts zu tun haben. Damit muß man rechnen, auf ein solches Gerede fällt nur ein ganz grüner Polizist herein, nicht aber er.

»Wissen Sie was, Frauchen? Es ist schon ziemlich spät, jetzt ist sowieso keiner mehr da, kommen Sie morgen noch mal, ich werde Sie dann zu jemandem schicken.«

Der erfahrene Wachmann zweifelte nicht daran, daß am nächsten Tag diese Frau alles vergessen haben würde.

Die Frau nickte, trippelte ungeschickt zur Tür; ihr blasses Gesicht drehte sich noch einmal um nach dem Wachtmeister Bláha, und dann klappte die Tür zu.

Die arme Frau! Ich möchte wetten, daß sie allein ist, und von denen werden viele ein bißchen irre. Jede Frau braucht offenbar einen Mann, wenn schon zu nichts anderem, dann wenigstens dazu, daß er sie ein bißchen malträtiert. Wenn sie allein sind, kommt es zu derartigen Fällen. Der Wachtmeister Bláha lachte auf und dachte an seine Frau, die dauernd maulte, aber ohne die er selbstverständlich nicht sein mochte. Dann nahm er im Geiste alle Fälle aus der letzten Zeit durch und versicherte sich, daß kein Großvater ermordet worden war. Er schaute nach der Uhr und schlummerte ruhig weiter auf seinem hölzernen Drehsessel, wie das nur Leute im Dienst zustande bringen.

Aber am nächsten Morgen, o du Schreck, war die Frau wieder da! Sie lächelte dem Wachtmeister Bláha freundlich zu.

»Sie beharren also darauf, ja?« fragte der Wachtmeister verschlafen.

»Ich muß, anders geht es nicht mehr weiter, bittschön. Ich habe heute nacht schon ein bißchen geschlafen«, sagte die Frau.

Sie kommt her, um ihre Schlaflosigkeit zu kurieren, dachte verärgert der Herr Bláha und schickte sie nach oben. Durchs Telefon konnte er gerade noch sagen, daß ihm die Sache nicht gefalle, sie sollten einen Arzt hinzurufen. Dann ging er nach Hause. Sein Dienst war beendet.

»Den Großvater also«, sagte oben ein jüngerer und sehr angenehmer Beamter.

»Jawohl, den Großvater«, stimmte die Frau zu.

Der Beamte zuckte die Achseln und zog ein Blatt Papier zu sich heran. »So, erst einmal die Personalien, liebe Frau ... Wie heißen Sie?«

»Anna Nováková, bittschön.«

»Wohnhaft?«

»Na Újezdě neun. Zuständig nach Prag, Witwe.«

»Wie haben Sie denn bei diesem Mord, wie Sie sagen, geholfen?«

»Ich habe der Nachbarin, also der Frau Javůrková, einen Strick gebracht.«

»Wozu hat sie den Strick gebraucht?«

»Für den Großvater. Sie hat ihn, bittschön, zusammen mit ihrem Mann erdrosselt.«

Der Beamte seufzte und dachte, daß der alte Bláha wohl recht gehabt hatte. Das sieht eher nach der Klapsmühle aus. Schließlich ist in ganz Smíchov von einem Mord an einem Großvater nichts bekannt.

»Sie behaupten also, daß Ihre Nachbarn, das Ehepaar Javůrek, den Großvater erdrosselt haben. Und warum?«

»Das weiß ich nicht, bittschön.«

»Und als Sie ihnen den Strick gebracht haben, wußten Sie da, daß das ... daß das ... hm ... für einen Mord sein soll?«

»Das wußte ich. Ich hatte zu Hause eine sehr hübsche Schnur, und sie sagte, also die Javůrková, sie würde den Opa am liebsten erdrosseln. Und da hab ich...«

»Na schön, sie haben ihn also erdrosselt. Und wo haben sie ihn hingebracht?«

»In einen Waschtrog, bittschön«, sagte die Frau Nováková ein bißchen traurig, denn sie war nicht so dumm, um nicht zu spüren, daß der Herr ihr keinen Glauben schenkte.

»Sieh mal einer an! Und wo haben sie ihn jetzt?«

»Noch in dem Waschtrog.«

»Und das ist gestern passiert, oder wann?«

»Das ist vor einem halben Jahr passiert«, sagte seufzend die Frau. »Seit dieser Zeit bin ich nichts mehr wert. Das ist schrecklich, immer daran denken zu müssen, bittschön. Und mir wird richtig leichter ums Herz, wenn ich darüber sprechen kann, als würde mir das die Last von der Seele nehmen.«

Der Beamte schob die Papiere weg. »Liebe Frau, ich bitte Sie, jetzt aber im Ernst. Sie wollen doch nicht behaupten, daß der erdrosselte Großvater schon ein halbes Jahr im Waschtrog in der Waschküche liegt.«

»Nein, bittschön, sie hatten ihn in der Küche.«

Der Beamte brach wider Willen in ein Lachen aus, aber die Frau fuhr ganz ernst fort: »Er hat ihn nämlich mit Gips zugegossen, was der Herr Javůrek ist. Er ist Fachmann, Stukkateur.«

Der Polizeibeamte machte kugelrunde Augen, und sein Mund klappte auf. Die Art, in der sie das gesagt hatte, hatte ihm den Atem verschlagen.

»Frau Nováková, ich bitte Sie noch einmal ... Die haben ihn also getötet, ihn in die Wanne gelegt und mit Gips übergossen. Ganz?«

»Ja. Nur der Kopf guckte heraus. Er guckte aus dem Gips heraus, ich hab's gesehen. Da hat der Herr Javůrek gesagt, das muß er beseitigen, und dann hat er den Kopf hinuntergedrückt, und da guckte der Großvater nicht mehr heraus.«

Der Polizeibeamte stand auf und ging im Zimmer hin und her. Er hatte neue Schuhe, die bei jedem Schritt knarrten. Dieses Geräusch war ihm selber unangenehm. Aber am unangenehmsten war, was diese ausgemergelte Frau gesagt hatte. Das klang alles so unglaubhaft, aber er hatte nicht das Recht, es einfach zu ignorieren.

Besonders nicht jetzt, da der Herr Polizeirat Vacátko im Urlaub war und er hier für alles geradezustehen hatte.

»Gut, Frau Nováková, warten Sie hier, ich bin gleich wieder da«, sagte er. »Wenn Sie wollen, können Sie ein bißchen lesen.«

Er warf die »Politika« vom Vortag auf den Tisch und verschwand. Er ging in die Detektei, um sich mit erfahrenen Fachleuten zu beraten. Nach und nach kamen unauffällig einige Herren ins Zimmer, um sich die Besucherin anzuschauen, und der junge Polizeibeamte lief inzwischen zu der angegebenen Adresse »Na Ujezdě«. Übrigens war es ja nur ein Stückchen von hier, lediglich über die Brücke.

Nach wenigen Minuten war er wieder da. Er machte ein finsteres Gesicht und schüttelte den Kopf. Mein Gott, bin ich ein Dummkopf! Wollen wir hoffen, daß der Alte nichts erfährt, denn einerseits würde er mir eine Zigarre verpassen, andererseits würde er mich dafür sein Leben lang aufziehen. So hereinzufliegen! Aber dieses Weib schick ich sofort auf die Psychiatrie! Was heißt auf die Psychiatrie, geradewegs in die Klapsmühle nach Bohnice, und dort sollen sie ihr zur Sicherheit gleich die Zwangsjacke anlegen!

Als er in seine Kanzlei stürmte, saß die Frau Nováková still auf ihrem Stuhl, die Hände auf dem Bauch gefaltet.

»Was ist?« fragte sie ungeduldig. »Stimmt alles?«

»Eben nicht«, donnerte der Beamte. »In Ihrem Haus wohnt doch gar kein Javůrek!«

Die Frau lachte auf: »Natürlich wohnen sie nicht mehr da! Wie sollten sie denn, wo sie doch weggezogen sind! Sie wohnen jetzt in Nusle. Die Straße kann ich Ihnen aber nicht nennen ...«

Eine Verrückte, selbstverständlich ist das eine Verrückte, ich werde den Doktor rufen! sagte sich der Beamte, aber schließlich fragte er doch: »Sie sind also nach Nusle umgezogen ... Und wie haben sie, ich bitte Sie, die Wanne mit dem Großvater transportiert?«

Die Frau wunderte sich höchlichst über diese Frage: »Wie sollen sie die denn transportiert haben? Die hatten doch Möbelpacker. Die Wanne haben sie mit einer Decke überzogen und haben gesagt, sie hätten dort Geschirr verpackt und den Kronleuchter und deshalb sei das so schwer und sie sollten es vorsichtig tragen.«

Der Beamte schluckte. Nein, diese Frau kann nicht verrückt sein, sonst würde sie nicht so exakt antworten. Eher werde ich verrückt werden! Sie ahnt offenbar gar nicht, was sie da sagt. Sie sagt einfach: Herrschaften, ihr habt hier einen Mord und wißt nichts davon. Und das schon seit einem halben Jahr!

Den besagten Javůrek, Stukkateur, derzeit ohne Beschäftigung, fanden sie binnen einer halben Stunde. Er war in die Jaromirgasse in Nusle umgezogen, genau vor sechs Monaten ... Der Polizeibeamte las sich den Bericht einige Male durch. Dann schaute er Frau Nováková an, die still und mit einer gewissen besonderen Zufriedenheit am Tisch saß, und er schüttelte verblüfft den Kopf.

Da half alles nichts, man mußte ein Auto der Polizeidirektion in die Jaromirgasse schicken und zwei Wachleute hineinsetzen – für alle Fälle.

Und doch glaub ich der Alten nicht, sagte sich der Beamte unterwegs. Warum sollte sie gerade jetzt ein Geständnis ablegen? Warum? Aber würde sie andererseits so ruhig und so exakt aussagen, wenn sie eine Verrückte wäre?

Er fing allmählich an, der Frau Nováková zu glauben, als in der Tür der Herr Javůrek erschien und sichtlich erbleichte, als er die Polizisten erblickte. Noch mehr begann er ihr zu glauben, als in der Küche, mit einer alten Decke verhüllt, tatsächlich ein Waschtrog stand. Er riß die Decke herunter. Der Trog war gefüllt mit hartem Gips, an einer Stelle ragte ein auffälliger Buckel über die glatte Oberfläche.

Als sie mit einem Hammer auf den Buckel schlugen, platzte der Gips, und darunter kamen eine spitzige gelbliche Nase und ein halboffenes Auge zum Vorschein.

Das Ehepaar Javůrek stand in der Ecke, beide zitterten.

Man führte sie ab. Die mit einer Decke verhüllte Wanne lud ein schwarzes Begräbnisauto auf.

»Wie ist es?« fragte Frau Nováková, als der Polizeibeamte zurückkehrte. »War es so, wie ich gesagt habe?«

Er nickte schweigend. Ihm war anzusehen, wie ihn das Ganze erschüttert hatte.

»Sie behalten wir selbstverständlich auch hier.«

»Das hab ich mir schon gedacht. Mag sein. Wenigstens werde ich endlich schlafen können. Oje, diese Erleichterung, die ich schon jetzt verspüre!«

Dann verfaßte man ellenlange Protokolle, auf einmal war alles voller Menschen, der Doktor kam, Frau Nováková wurde noch einmal vernommen, sie erfuhren von ihr alles mögliche, zum Schluß auch das, wie eine gewisse Frau Součková ihretwegen hatte Strafe zahlen müssen.

Es wurde eine große und strenge Gerichtsverhandlung. Frau Nováková bekam allerdings nur ein paar Monate, weil man auf die vielen mildernden Umstände Rücksicht nahm, vor allem darauf, daß sie selber die ganze Geschichte gemeldet und so eigentlich das Verbrechen enthüllt hatte.

Unter den Zuschauern saßen einträchtig nebeneinander Frau Součková, Frau Možná und die Besitzerin der Wäschemangel und noch viele Damen, die ihre Wäsche dorthin brachten. Der Laden wurde in ganz Smíchov berühmt.

Auch der Herr Gerichtsrat Ponáhlo nahm teil; in der Pause ging er nach hinten zum Vorsitzenden des Senats und sagte nicht ohne Stolz: »Eigentlich habe ich ja angefangen, diesen ganzen Fall zu behandeln! Das hätte ich nie gedacht, daß ich einmal einen solchen Fall haben würde!«

Im übrigen gefiel ihm die Hauptverhandlung nicht allzusehr, die beiden Hauptangeklagten vergossen nämlich keine einzige Träne.

Als Frau Nováková entlassen wurde – ihre Strafe hatte sie durch die Untersuchungshaft verbüßt –, verabschiedete sich der junge Polizeibeamte sehr herzlich von ihr.

»Sie sehen wieder gut aus, Frau Nováková, Sie dürften wohl der einzige Mensch sein, dem die Haft gut bekommen ist. Ich möchte Sie gern etwas fragen, falls Sie mir's nicht verübeln ... Nur so unter uns ... Warum sind Sie mit der Sache eigentlich zur Polizei gegangen?«

Die Frau Nováková seufzte tief auf. »Das ist so, Herr Kommissar: Ich war sehr krank, hab nicht mehr geschlafen, nichts gegessen, mir war immer schlecht. Unser Herr Doktor, ein sehr gescheiter Mann, hat mich lang untersucht und am Ende gesagt: Liebe Frau, Sie haben keine Krankheit. Wenn Sie religiös sind, dann gehen Sie zur Beichte. Wenn nicht, dann gehen Sie zur Polizei!«

Draußen schien die Sonne. Frau Nováková trat aus dem Tor und lenkte ihre Schritte zur Narodní třída. Sie ging langsam, hielt das Gesicht in die Sonne, und als sie ans Moldauufer kam, blieb sie lange stehen.

Überall war es so schön!

Der Schrank

Die drei hockten in einem hohen, dunklen Wagenschuppen, der dem Besitzer eines Beerdigungsinstituts als Lagerraum diente. An der Wand stand auf großen, wackligen Rädern ein Leichenwagen. Früher hatte einem der drei die Werkstatt auf der anderen Hofseite gehört. Daran hatte ein großes Schild gehangen: Václav Sous, Tischler. Jetzt gab es dort ein anderes Schild.

»Du hast eben alles versoffen«, sagte der kleine, spillrige Robert, der auf einem Kanonenofen Grog zubereitete. Eigentlich hatten sie mit etwas Besserem gerechnet. Sie hatten geglaubt, einen alten Schrank verkaufen zu können, sich für das Geld Schweinefleisch zu holen und sich einen Topf voll Essen zu kochen.

Die Sache ging schief. Der Mann hatte ihnen den Schrank nicht abgenommen. So war ihnen nur noch das Geld für den Grog geblieben, und den wollten sie jetzt auf nüchternen Magen trinken. Daß einer von ihnen wieder mal eine richtige Arbeit aufnehmen würde, kam ihnen längst nicht mehr in den Sinn.

Und so hatte der einstige Tischler Václav Sous keine Arbeit mehr, und auch der kleine Robert, der insofern besser dran war, als er nie einen Beruf erlernt hatte, war ohne Beschäftigung. Der dritte, ein ehemaliger Schneidergeselle, hatte ebensowenig zu tun.

Der Schrank, den sie nicht losgeworden waren, obwohl sie ihn gemeinsam instand gesetzt hatten und obwohl der Tischler dem ehemaligen Schneider beigebracht hatte, ihn so zu wienern, daß er sogar noch im Halbdunkel glänzte, lag auf der Erde.

»Ich hab die Werkstatt nicht versoffen. Aber seit mir damals die Frau durchgebrannt ist, ist mir alles egal«, sagte Václav Sous und spuckte auf den Boden.

Den Schuppen hatten sie auch nicht etwa gemietet, sie hatten sich einfach darin eingenistet, und der Inhaber des Beerdigungsinstituts hatte nichts dagegen, da er selber kein leichtes Leben hatte. Besitzt man heutzutage kein Auto, dann bestellen bei einem nicht einmal mehr die armen Leute ein Begräbnis. In solchen Zeiten will selbst ein Bettler für sein gutes Geld mit dem Auto zum Friedhof gefahren werden.

»Hätt ich 'n bißchen Ahnung davon«, sagte Robert, »dann würde ich mich mit 'nem Geldschrankknacker zusammentun. Wahrscheinlich ist das das einzige, was einem bleibt.«

»Ich lehne jedes Verbrechen ab«, sagte der Tischler und schnupperte begierig den aromatischen Duft, der durch den Schuppen zog, als Robert den Rum in das brodelnde Wasser goß.

Sie redeten nicht viel darüber, wußten es aber alle: Den Zucker hatte Robert zwei Häuser weiter gestohlen. Doch was heißt das schon: gestohlen? Läßt sich etwa Grog ohne Zucker machen?

Sie begannen zu trinken. Zuerst schimpften sie noch eine Weile auf den Blödhammel, der ihnen den Schrank nicht abgekauft hatte. Dann kamen sie auf ihre Schicksale zu sprechen.

»Du kannst froh sein, daß dir die Frau abgehauen ist. Sie war ein Drachen«, sagte der Schneider.

Der Tischler machte ein finsteres Gesicht. Er wollte sich nicht streiten, na ja, sie war ein Besen gewesen, doch ohne Frau zu leben ist auch kein Zuckerlecken. Natürlich war es ihm mehr um die Werkstatt leid, die ganz und gar dem Finanzamt zugefallen war.

»Das mit dem Schrank war deine Idee, so was Dämliches«, sagte der Tischler wutentbrannt an die Adresse des ehemaligen Schneiders. »Weißt du, was das für 'ne Arbeit war, ihn so hinzukriegen?«

»Ich hab auch meinen Teil daran mitgeschuftet«, knurrte der Schneider. Er war wütend, weil die Sache nicht geklappt hatte, so daß der Tischler ihm Vorhaltungen machen konnte.

Sie tranken, und allmählich übermannte sie der Alkohol. Robert behauptete, Stehlen sei das beste, dafür kriege man höchstens zwei Monate, und die ließen sich schon runterreißen.

Als er später über alles nachdachte, was sich in dem Wagenschuppen zugetragen hatte, kam er nicht dahinter, wie es geschehen konnte, daß sich der Tischler Václav und der Schneider in die Haare gerieten. Hätten sie sich bloß um ein Töpfchen Grog gestritten, na schön, aber Grog war doch genug da, wenn er auch nicht besonders kräftig war. Sie hatten nichts im Magen, deshalb stieg er ihnen so rasch zu Kopf. Nein, am Grog hatte es nicht gelegen.

Schuld daran war nur dieses Weibsbild gewesen, und vielleicht bedauerte der Tischler auch, daß sein Gewerbe zum Teufel gegangen war, und wollte nicht, daß der Schneider ihn damit aufzog.

Auf einmal geriet der Tischler jedenfalls in Wut und fing an zu brüllen, jawohl, er wisse schon längst, daß der Schneider seiner Frau nachgestellt habe, das solle ja keiner abstreiten! Und der Schneider machte keine Anstalten, sich zu verteidigen, er zog sogar noch eine Grimasse, wahrscheinlich hatte der Tischler recht, und schon ... Robert sah, wie sie sich am Hals packten, konnte aber nicht im entferntesten annehmen, daß der Schneider plötzlich die Arme sinken ließe, keinen Piep mehr sagte, sondern nur noch einmal schnaufte. Dann wurde es still, ganz still.

Der Tischler Václav blickte ganz entsetzt auf den schlaffen Körper, der vor ihm zu Boden gesackt war.

»Mein lieber Mann, den hast du erledigt«, sagte Robert eher verblüfft als entrüstet. In diesem Augenblick war aber kein Grog mehr im Topf, und so konnte er seine Verblüffung nicht hinunterspülen, sondern vermochte nur mit trockener Kehle zu schlucken.

»Ich hab ihn ... Warum sollte ich ...«, brabbelte der Tischler und stierte auf den Schneider, der ihm zu Füßen auf der Erde lag. In ganz versöhnlichem Ton sagte er: »He, steh auf, solche Scherze ziehen bei mir nicht!«

Den Toten aber machten keine Worte mehr lebendig. Er lag einfach da und rührte sich nicht.

Václav, der ehemalige Tischler und jetzige Mörder, rüttelte ihn. Doch Robert sagte: »Du hast zu fest zugedrückt, Kamerad, der ist hinüber.«

Der Tischler Václav mußte sich hinsetzen, so zitterten ihm die Knie. Er sank auf den Schrank nieder, den sie gemeinsam repariert und gemeinsam nicht verkauft hatten.

»Was machen wir bloß?«

Zuerst wollte Robert sagen, was ihn betreffe, so werde er abhauen, aber dann überlegte er sich die Sache. Erstens konnte er seinen Kumpel nicht in der Patsche sitzenlassen, andererseits würde man ihn dann ebenfalls beim Wickel kriegen, und da er schon allerlei auf dem Kerbholz hatte, würde man ihn eine hübsche Weile von einem Gericht zum andern schleifen. »Ich werd bezeugen, daß du nichts dafür gekonnt hast.«

Dem Tischler quollen die Augen aus dem Kopf. »Was, du meinst ... du meinst, sie stecken mich ins Loch?«

»Na ja, für Totschlag eben.«

Der Grog verdunstete so schnell aus ihren Köpfen, wie sein lieblicher Duft sich aus dem Schuppen verflüchtigt hatte. Sie begannen zu überlegen.

»Wir legen ihn in den Schrank«, sagte der Tischler plötzlich und stand auf.

»Und wohin mit dem Schrank?«

»Irgendwohin.«

»Das ginge«, meinte Robert, der für solche Dinge Verständnis hatte. »Rein mit ihm in den Schrank, und ab mit dem Schrank zum Fluß. Das ist 'ne Idee! Hast du 'nen Handwagen?«

»Hätt ich einen, dann wär er schon längst versilbert«, sagte der Tischler. »Aber Herr Souček von gegenüber hat 'ne zweirädrige Karre.«

Und so wurden sie sich einig. Der Tischler Sous ging hinüber und lieh sich den Karren aus, dann packten sie den Schneider in den Schrank. Robert legte ihm noch einen Sack unter, damit der Tote nicht so rumpelte und sie auf diese Weise verriet, wenn sie über Katzenkopfpflaster fuhren. Robert war überhaupt eine unschätzbare Hilfe, er dachte an alles und verfügte offenbar über eine so vielseitige Erfahrung, wie sie der einstmals ehrenhafte Tischler und nunmehrige Zufallsmörder Sous nie hatte erwerben können.

»Du hast ihn bloß gewürgt, da ist nicht viel von zu sehen, und wenn man ihn ein paar Tage später in der Moldau findet, kräht kein Hahn mehr danach«, sagte er mit Bestimmtheit.

»Er war ein braver Mensch«, meinte der Tischler bedauernd, und seine Stimme bebte.

»Ja und nein«, sprach Robert. »Die Sache mit dem Schrank hat er verpatzt, 'nen Haufen Geld haben wir seinetwegen verloren.«

Der Tischler erwiderte nichts, er war nicht überzeugt davon, daß Robert recht hatte, doch es wäre dumm gewesen, sich gerade jetzt darüber zu streiten.

Dann luden sie den Schrank mit der Leiche auf den zweirädrigen Karren und fuhren los. »Wo willst du hin?« sagte Robert, als Václav den Karren auf die Straße lenkte.

»Zur Moldau.«

»Herrje, glaubst du etwa, wir können ihn irgendwo an der Palacký Brücke in den Fluß kippen? Wir müssen ihn auf die andere Seite bringen, nach Holešovice und noch weiter, zum Bollwerk.«

Sie fuhren also los. Der Karren holperte über das Katzenkopfpflaster. Erschrocken blickten sich die beiden an, denn ihnen schien, als hüpfe der Schrank zu sehr. Jeder Mensch müsse doch sehen, daß er nicht leer war.

»Nein, das mußte nicht sein«, sagte Robert und schaute sich bang um.

»Vielleicht ist auch gar nichts gewesen. Zumindest weiß ich nicht, wie es gekommen ist«, flüsterte Václav.

»Das nützt jetzt nichts«, sagte Robert.

Als der Tischler eine Bewegung machte, als wolle er sich ein Stück vom Karren entfernen, packte er ihn am Ärmel. »Mitschieben!« zischte er beinahe drohend.

Gehorsam griff der Tischler nach einer der Karrendeichseln.

Noch nie waren so viele Polizisten auf der Straße gewesen wie heute, wenigstens kam ihnen das so vor. Furchtbar, wie es von denen überall wimmelte ... Und die Leute guckten auch so sonderbar, als hätten sie noch nie einen Schrank auf einem Karren gesehen.

Das liegt daran, dachte der Tischler beklommen, daß heutzutage alles mit Autos befördert wird. Wären wir per Auto zu dem Kerl gekommen, hätte er uns den Schrank vielleicht abgekauft. Und wir hätten jetzt Geld, und nichts wäre geschehen.

Er blickte seinen Kameraden von der Seite an und überlegte: Und wenn der ihn nun umgebracht hat? Wenn mir bloß träumt, daß ich ihm die Kehle zugedrückt habe? Was hatte er auch über meine ehemalige Frau zu reden! Und gehabt hat er was mit ihr, das ist nun mal sicher. Ein Schubiack war er, diese dürre Schneiderelle ... Und ausgehalten hat er auch nichts! Mein Gott, hab ich ihn denn totschlagen wollen? Man traut sich ja nicht mehr, dem anderen ein Wort zu sagen, noch nicht mal, sich ein bißchen gegen ihn zu lehnen, ein unglücklicher Zufall war das. Ich bin doch kein Raufbold, bloß der Frau hab ich ein paarmal eine runtergehauen, aber nur, weil sie ein Flittchen war. Und daran hätte er mich eben nicht erinnern sollen!

An der Kreuzung Zum Bulgaren mußten sie anhalten. Ein Polizist mit dunklem Helm regelte den Verkehr und zeigte mit dem Gummiknüppel an, wer freie Fahrt hatte. Sie verstanden nicht recht, was er wollte, deshalb pfiff er und drohte ihnen. Erschrocken fuhren sie auf dem Holperpflaster los, sie rannten fast, ohne darauf zu achten, daß der Schrank drauf und dran war, vom Karren zu kippen.

Am Masaryk-Bahnhof mäßigten sie ihr Tempo.

»Ich muß mal verschwinden«, sagte Robert plötzlich. »Ganz dringend. Der Polyp hat mich so erschreckt!«

Auch Václav ließ augenblicklich den Karren los und folgte Robert. Dabei dachte er: Womöglich will Robert sich verpfeifen und mich sitzenlassen! Nein, so nicht!

Sie pinkelten lange und gemächlich, ohne Eile zu zeigen, denn sie hatten keine Lust, zu dem vermaledeiten Karren zurückzukehren.

»Hör zu, was meinst du, wenn wir das Ding einfach irgendwo

stehen lassen«, sagte Robert auf einmal. (Ich hab gewußt, daß dieser Mistkerl an so was denkt!)

»Bist du verrückt? Am Wagen ist doch ein Zettel dran mit dem Namen des Besitzers. Und der weiß doch, daß ich mir den Karren ausgeliehen hab ...«

Und rasch fügte er hinzu. »Und dich hat er übrigens auch gesehen!«

Robert sagte nichts mehr. Es fing leicht an zu schneien, und sie hatten beide keine warmen Sachen an. Sie banden sich die dünnen Schals fester, und Robert zog sich die Mütze tief über die Ohren.

»Das hat noch gefehlt«, sagte er.

Der Wagen rumpelte weiter am Ufer entlang, und ihnen schien, daß hier, wo es weniger Leute gab, alles noch viel schlimmer war als auf der Straße. Da der Himmel voller Schneewolken hing, wurde es früher dunkel als sonst. Das ließ sie ein bißchen aufatmen. Je tiefer die Dunkelheit, desto besser!

Da sahen sie den Schutzmann an der Ecke. Etliche waren ihnen schon begegnet, sie machten entweder ihren Rundgang oder regelten den Verkehr an einer Kreuzung. Dieser aber stand da und blickte ihnen entgegen. Unsicher verlangsamten sie den Schritt.

Der Schutzmann Thomas Hunger war nicht nur im Umkreis seines Reviers bekannt, auch anderswo war oft genug von ihm die Rede. Allein schon sein Name reizte zum Witzemachen, kein Wunder also, daß ihn die Kollegen Thomas Durst nannten!

Das mochte er nicht, kein Mensch könne sich seinen Namen selber aussuchen, sagte er immer. Er war ein gestrenger Mann, wie geboren für den Polizeidienst. Nicht nur die Leute, selbst seine Kollegen hatten vor ihm Angst. Er war schon ein paarmal angeeckt, und die Schutzleute meinten, es sei besser, sich nicht mit ihm anzulegen.

Hier in diesem Distrikt tat er erst ein halbes Jahr Dienst. Zuvor war er in Žižkov gewesen, und da er trotz guten Zuredens einem Herrn vom Stadtrat eine Strafe aufgebrummt hatte, weil dieser Baumaterial ohne ordnungsgemäße Beleuchtung vor seinem Haus gelagert hatte, war er versetzt worden.

Ein anderer wäre vielleicht verbittert gewesen, doch Thomas Hunger nahm sich vor, jetzt noch schärfer auf die Einhaltung der Vorschriften zu achten.

Die beiden Männer mit dem Karren kamen immer näher, und er wartete.

»Was denn? Was soll das?« fragte er unvermittelt, als sie an ihm vorübergingen.

Die beiden blieben stehen, und wäre es nicht so dunkel gewesen, dann hätte er bemerken müssen, daß sie schreckensbleich geworden waren.

»Ich frage Sie, was das sein soll!«

Als erster besann sich Robert: »Ach, Sie meinen das da ... Ein Schrank.«

»Ich bin nicht blind! Aber ich frage, was das für eine Ordnung ist, so im Dunkeln zu fahren!«

»Die Dunkelheit hat uns überrascht«, sagte der Tischler, und seine Stimme bebte. Daran mochte allerdings auch die Kälte schuld sein.

»Und was ist bei Dunkelheit notwendig?«

Die beiden am Wagen guckten sich an. Sie wußten es wirklich nicht. Der Tischler warf einen raschen Blick nach hinten. Sollte der Schutzmann nämlich zum Schrank gehen, dann würde er wegrennen. Wenn Robert die glückliche Idee hätte, zur anderen Seite zu laufen, könnten sie sich in Sicherheit bringen.

Aber nein, das war unmöglich, denn an dem Karren hing ja der Zettel mit dem Namen des Besitzers.

Der Tischler kniff die Augen zu. Wir sind verloren.

»Im Falle der Dunkelheit hat jeder, der ein Fahrzeug führt, für dessen ordnungsgemäße Beleuchtung zu sorgen. Deshalb frage ich, wieso Sie hier im Dunkeln ohne Licht fahren.«

Auch jetzt wußten sie nicht, was sie sagen sollten. Und sie wären dazu auch gar nicht fähig gewesen, die Stimme hätte ihnen versagt.

»Ja, da gucken Sie und schweigen! Aber wer die Straße benutzt, hat die Vorschriften zu kennen. Also beleuchten Sie ihren Wagen ordnungsgemäß!« sagte schließlich der Schutzmann und nickte leicht mit dem Kopf. Einen Augenblick vermochten sie nicht zu fassen, daß sie frei waren, dann stürzten sie mit einem Ruck vorwärts, so daß der Karren beinahe umkippte.

Der Schutzmann schaute ihnen nach. Komische Leute, wahrscheinlich aus der Provinz, da sie solche Angst hatten! Oder waren sie etwa blau? Eine betrunkene Person darf laut Vorschrift kein Fahrzeug lenken! Der Schutzmann, der eben noch über ihre bestürzten Gesichter gelächelt hatte, schüttelte den Kopf. Nein, da gab es nichts zu lachen!

Er folgte ihnen.

Die beiden aber bemerkten ihn nicht. Die Straßen waren ihnen fremd, und plötzlich fanden sie keine Stelle, an der das Ufer dunkel genug war, daß sie den Schrank ins Wasser kippen konnten. So waren sie gezwungen, sich vom Fluß zu entfernen und durch Gäßchen mit niedrigen Häuschen weiterzuziehen.

Ehe sie sich's versahen, trat wieder Hunger hinter einer Ecke hervor.

»Was denn? Ich rede wohl in den Wind, was? Da kläre ich sie über die Vorschriften auf, und Sie kümmern sich nicht drum! Was habe ich gesagt?«

Mit erstickter Stimme antwortete der Tischler: »Wir sollen ... wir sollen Licht...«

»Jawohl! Und was haben Sie gemacht? Nichts...«

Sie erstarrten zu Salzsäulen. Schlimmer hätte es wirklich nicht kommen können.

»Wir ... wir haben kein Licht«, flüsterte Robert.

»In diesem Fall«, belehrte sie der Schutzmann streng, »kauft man sich für einen Sechser eine Kerze im Laden und steckt sie in eine Tüte, damit sie der Wind nicht ausbläst. Von da an ist der Wagen vorschriftsmäßig beleuchtet.«

Sie nickten.

»Dort ist ein Laden, springen Sie hin!«

»Ja... Das heißt ... wir haben keinen Sechser. Oder doch?« fragte der Tischler seinen Kumpel Robert. Und Robert bestätigte, nein, sie hätten keinen Sechser.

Der Schutzmann musterte sie prüfend, und der Unmut in ihm nahm zu. Heutzutage tut jeder, als sei er ein Bettler. Ich weiß, ihnen ist nicht nach Springen zumute, doch daß sie nicht einmal einen Sechser haben, das können sie mir nicht weismachen. Ich glaub, sie halten mich zum Narren!

»Dann nehmen Sie Ihren Karren und kommen Sie mit. Aufs Revier.«

Sie blickten ihn an, als hätten sie ihn nicht verstanden.

»Na, soll ich Ihnen etwa schieben helfen?«

»Nein«, sagte der Tischler heiser. Dann stemmte er sich gegen den Karren und fuhr dem Schutzmann nach. Er guckte Robert an, der neben ihm ging. So, jetzt ist es aus ... Wegen einer lumpigen Kerze. Wegen eines Sechsers. Nein, ich hab ihn nicht umbringen wollen, und ich hätte ganz gern auch eine Kerze gekauft. Aber ich hab ihn umgebracht, und einen Sechser hab ich nicht.

Das Revier war nicht weit.

»Ich könnte beim Wagen warten«, sagte Robert beflissen.

Schutzmann Hunger fauchte: »Das glaub ich, und ich kann dann hinter Ihnen herrennen! Der Karren bleibt draußen. Diesen Augenblick wird ihn auch keiner stehlen.«

Schicksalsergeben ließ der Tischler den Karren los, der kippte vornüber, die Griffe ragten in die Höhe, und der Schrank stieß aufs Pflaster. Der Tischler hätte schwören können, er habe es darin rumpeln hören. Um so bereitwilliger drängelte er sich aufs Revier und schob Robert vor sich her, nur daß der Schutzmann sich ja nicht mehr umdrehte. Daß es ihm ja nicht einfiel, nachzusehen, was da im Schrank so bumste.

Oder klopfte nur sein Herz?

Sie mußten vor der hölzernen Balustrade warten, weil der Wachhabende entsetzlich langsam mit einem Finger auf der Maschine tippte.

»Ich führe zwei Männer vor«, meldete Schutzmann Hunger. »Sie sind ohne Beleuchtung mit einem zweirädrigen Karren auf der dunklen Straße gefahren.«

»Gehört der Wagen Ihnen?« knurrte der Inspektor, als er endlich mit dem Bericht fertig war.

»Nein...«, flüsterte Robert.

»Der Wagen gehört einem Jan Souček aus Žižkov«, sagte der Schutzmann. »Es hängt ein Zettel dran.«

Sogar das hat er bemerkt, dachte Václav Sous entsetzt und blinzelte mit den Augen. Mein Gott, das kann kein gutes Ende nehmen!

»Name, Wohnort ...«, sagte der Inspektor. Er schrieb langsam und warf dabei hin und wieder einen Blick auf den Schutzmann. Wegen so einer Albernheit schleppt er hier Leute an. Wenn sie keinen Sechser für eine Kerze haben, dann können sie auch die fünf Kronen Strafe nicht zahlen, das ist klar. Beide arbeitslos, was hat das für einen Sinn? Und das soll ich nun auch noch protokollieren!

Inzwischen rumpelte es draußen im Schrank erneut, doch keiner hörte es, denn es kam gerade keiner vorbei. Und dann ging die Schranktür auf, und ein Mensch wälzte sich heraus. Erschrocken blickte er sich um, da ihm alles ringsum fremd war. Er spürte einen Schmerz am Hals und war wie gerädert, ach du lieber Gott, was war eigentlich los, wir haben uns ein bißchen gekatzbalgt, und dann ... Dann bin ich eingeschlafen oder so. Au, das tut weh ... Aber was hab ich in dem Schrank zu suchen, und wo sind die beiden, die mit mir Grog getrunken haben?

Er hockte eine Weile auf der Kante des Schranks, und spärlicher Schnee rieselte auf ihn herab. Eine Frau, anscheinend eine Hausmeisterin, ging vorbei und sagte: »So ist's richtig! Und dazu noch vor dem Polizeirevier, eine Ordnung ist das heute!«

Als er das Wort Polizeirevier hörte stand der Mann auf und ging taumelnd ein Stück weiter, um die Ecke herum. Dort wurde ihm wieder schlecht, und er setzte sich in einem Haustor auf die Steintreppe.

Der Herr Distriktsinspektor hatte das Protokoll aufgesetzt. Er fügte den Vermerk hinzu, daß die Strafe nicht einzutreiben sei, und winkte ihnen zu gehen.

»Bezahlen können Sie später!« sagte er. »Ja, und noch etwas. Hier nehmen Sie die Kerze mit!«

Er reichte ihnen über die hölzerne Barriere einen Talglichtstumpf, über dem er immer besonders wichtige Schriftstücke versiegelte, und einen Bogen Papier, damit sie ihn vor dem Wind schützen könnten.

Schutzmann Hunger salutierte, obwohl er dieses Vorgehen mißbilligte.

Draußen richteten sie den Karren auf, schoben den Schrank zurecht und fuhren los, mit Licht versehen und von Schutzmann Hungers Blicken verfolgt. Der dachte an den Inspektor, der die Meldung so unwillig entgegengenommen hatte, und brummte, heute wisse niemand mehr, was ordnungsgemäße Dienstausübung sei. Wie ihm zum Spott fuhren die beiden die Straße hinab: mit Beleuchtung, unbestraft. Bitterkeit stieg in ihm auf. Deshalb fiel ihm ein, daß die zwei eigentlich gar nicht richtig erklärt hatten, wohin sie führen. Das alles war irgendwie sonderbar. Was haben Leute aus Žižkov überhaupt hier in Maniny zu suchen?

Und er lief erneut hinter ihnen her.

Am Moldauufer holte er sie ein.

»Halt!« donnerte er.

Die beiden starrten ihn an wie ein Gespenst. Der ist uns vom Schicksal bestimmt, dachte der Tischler und Mörder Václav Sous. Der bedeutet unsern Untergang.

»Wo fahrt ihr eigentlich hin?«

Sie schwiegen.

Schutzmann Hunger lachte: »Das wißt ihr nicht? Na, das werden wir schon sehen! Und wem gehört der Schrank? Was ist da drin?«

Bei diesen Worten sahen die Männer sich entsetzt an. Teufel

noch mal, mußte Robert denken, daß wir uns für solche Fälle nicht besprochen haben! Immerhin sind wir zu zweit, und er ist allein. Wir brauchten uns nur ein bißchen zur Hand zu gehen, dann legten wir notfalls gleich zwei von seiner Sorte aufs Kreuz...

Schutzmann Hunger trat zum Schrank und riß ihn auf.

Der Tischler Václav hielt sich die Augen zu und ächzte. Robert dagegen drehte sich zum Schrank um, entschlossen, den Überraschten zu mimen.

Und nun war er überrascht, ohne es zu wollen.

Der Schrank war leer.

Im gleichen Augenblick fiel der Tischler Václav auch schon auf die Knie: »Herr Inspektor, ich wollte ihn nicht umbringen, ganz bestimmt nicht...«

Robert machte ein verblüfftes Gesicht. Der Schrank war völlig leer. Den Schutzmann verwunderte das nicht weiter, eher enttäuschte es ihn ein wenig.

»Wo haben Sie den Schrank her?« fragte er noch einmal.

Und schon suchte Robert das Weite. Wie ein Hase sauste er übers Bollwerk, rutschte im frischen Schnee aus, stolperte und verschwand, seinen Kameraden im Stich lassend. Er hatte reinweg vergessen, daß man eben erst seinen Namen samt Adresse auf dem Revier notiert hatte.

»Ich bin unschuldig«, wiederholte der Tischler Václav, auf den Knien liegend.

Der Schutzmann packte ihn resolut am Arm. »Schluß jetzt! Schluß mit der Komödie vom gestohlenen Schrank! Und marsch zurück aufs Revier!«

Robert hat mich verraten, dachte der Tischler Václav Sous, einstiger Firmenbesitzer, zur Zeit Arbeitsloser und künftiger Arrestant ... Gott wird ihn strafen, diesen Lump! Mich wird er natürlich auch bestrafen. Aber ihn noch mehr. Ich werde schwören, daß er ihn getötet hat!

Am Revier angelangt, ließen sie den Karren mit dem Schrank wieder vor dem Hause stehen. Schutzmann Hunger hielt den Tischler am Arm und stieß ihn grob in den Raum. Sous flog bis an die Barriere. Dort stand der Schneider, die Hand an der Kehle, als habe er Halsschmerzen, und der Herr Distriktinspektor setzte mit ihm ein Protokoll auf. Er war eben erst vorgeführt worden, man hatte ihn in einem Torweg gefunden und nicht aus ihm herauskriegen können, wie er dorthin gelangt war.

Václav Sous brüllte auf und versuchte zu fliehen. Nicht vor der

Polizei. Mit der hatte er sich bereits abgefunden, nein, vor dem Toten, den er auf dem Gewissen hatte.

Diese Nacht verbrachten sie dann alle drei in einer Zelle, denn Robert wurde kurz vor Mitternacht eingeliefert. Und draußen auf den Schrank fiel die ganze Nacht der Schnee.

Schreibt man das ganze Leben lang Prozeßberichte für die Zeitung und trinkt man mit den Detektiven der Prager Polizei sein Bier, dann ist es kein Wunder, daß man den Wunsch hat, zu ihnen zu gehören. Aber was sage ich: zu ihnen gehören? Sie alle sind gutmütige und etwas lächerliche Krauter, so daß jeder, der in den Geheimnissen des Kriminalromans nur ein wenig bewandert ist, den Drang in sich spürt, gleich ein Sherlock Holmes zu werden, denn das Gefühl, ein Herr Rous oder Brůžek von der Prager Polizei zu sein, hat überhaupt nichts Verlockendes für ihn. Und so sehnte auch ich mich danach und war entschlossen, den nächstbesten Fall dazu zu benutzen, berühmt zu werden.

Solch ein Fall geschah, obwohl er völlig uninteressant zu sein schien. Eine Frau war verschwunden, verheiratet mit einem Ingenieur in einer kleineren Prager Fabrik, etwa vierzig Jahre alt, und dem Foto nach zu schließen, das die »Vier«, die Kripo, den Journalisten zur Verfügung stellte, war sie nicht einmal sehr hübsch, so daß keiner es veröffentlichte. Diese Fotografie machte sodann in den polizeilichen Meldungen die Runde, und in allen Landkreisen drehten die Gendarmen sie zwischen den Fingern und schüttelten dabei den Kopf. Nirgends war gerade eine Leiche zur Hand, bei der sich eine Ähnlichkeit mit dem Bild feststellen ließ.

In einem solchen Fall bleibt nichts anderes übrig, als zu warten. Entweder legt man ihn bei den unaufgeklärten Fällen ab, oder die Frau findet sich durch Zufall – zumeist lebendig – wieder an, und dann kann man einen kleineren Artikel über einen Erfolg der Prager Polizei schreiben. Denn die Zeitung muß sich mit der Polizei gutstehen.

Aber ich war damals ein junges Bürschlein und hatte keine Lust zu warten; ich hatte eine herrliche Vision: Einmal war ich ein Detektiv mit einer Pfeife zwischen den Zähnen und mit genialen Kombinationen im Kopf, auf dem eine karierte Mütze saß, ein andermal klopfte mir unser Alter anerkennend auf die Schulter und sagte: Junger Mann, ich erhöhe Ihr Gehalt, der Artikel war großartig ... Je länger ich über diese beiden Möglichkeiten nachdachte, desto klarer wurde mir, daß ich Hoffnung hatte, sie miteinander zu verbinden.

Also machte ich mich auf den Weg zu der Villa, wo der

verlassene und offensichtlich gramerfüllte Mann der verschwundenen Dame wohnte.

Ich ging sehr umsichtig zu Werke. Zuerst schritt ich unauffällig und schnell am Haus vorbei, dann pirschte ich mich, um nicht gesehen zu werden, von der Seite her an den Gartenzaun. Ein erster Rundblick sagte mir deutlich, daß sich im Garten ein Mann in Hemdsärmeln aufhielt und daß in einem gewöhnlichen Eimer auf einem Tisch eine Flasche Bier stand, aus der er ab und zu einen Schluck nahm, während er die Rosen beschnitt. Da es heiß war, bekam auch ich Appetit auf ein Bier, und während ich überaus raffiniert zu dem Ziegelpfeiler schlich, der den Zaun hielt, lief mir das Wasser im Mund zusammen. Der Herr Gemahl schaute nicht gerade gramerfüllt drein, das Bier schmeckte ihm offenbar, und bei der Arbeit ließ er sich Zeit, übrigens war er kurz über die Fünfzig und hatte schon einen kleinen Speckbauch.

Während ich überlegte, wie ich weiter vorgehen sollte, klopfte mir jemand auf die Schulter. Ich versteinerte in Erwartung eines heimtückischen Angriffs. In diesem Augenblick trat der Herr in die Villa, und eine Frauenstimme hinter mir sagte: »Ganz richtig, das ist er!«

Hinter mir stand eine ältere Frau und nickte. »Ja, das ist der Ingenieur, dessen Frau verschwunden ist ... Es stand in der Zeitung. Die schreiben heutzutage bloß von Taugenichtsen. Ein anständiger Mensch kommt nicht in die Zeitung.«

Damit gab die Frau unmißverständlich zu verstehen, daß sie zu den anständigen Menschen gehöre. Ich räusperte mich, erwähnte mit keinem Wort, daß ich von der Zeitung war, und zuckte nur mit den Schultern, als könne ich nichts dafür.

»Sie kennen ihn?« sagte ich in einem Ton, in dem unauffällige Detektive Fragen zu stellen pflegen.

»Na und ob!« meinte die Frau und hob die Brauen, um anzudeuten, daß sie ihn mehr als gut kenne. »Ich bin nämlich seine Nachbarin.«

In diesem Moment jedoch trat der Mann aus dem Haus und blickte zu uns herüber. Mir schien, als verfinstere sich unmerklich seine Miene. So blieb mir nichts anderes übrig, als den Hut zu ziehen und mich schweigend von der Frau zu verabschieden. Sie trippelte nach Hause, und ich ging zur Straßenbahnhaltestelle, mein Schicksal verfluchend, das mir versagt hatte, gleich am ersten Tag bemerkenswerte Umstände festzustellen. Trotzdem war der Anfang nicht schlecht.

Als ich aber so an der Haltestelle wartete, kam ein Zeitungsjunge mit dem Abendblatt vorbei, das schon am Vormittag erschien. Selbstverständlich kaufte ich mir das Konkurrenzblatt und fand darin zu meinem Erstaunen eine Nachricht, die mir den Atem verschlug, ja alle meine Hoffnungen zunichte machte.

»In Trója wurden eine Handtasche und ein Damenhut am Moldauufer gefunden. Wie die Ermittlungen ergaben, gehören sie der Frau, über deren Verschwinden unser Blatt berichtet hatte ...«

Ich ließ die nächste Bahn sausen, so hatte mich die Nachricht zerschmettert. Da schleiche ich hier am Zaun entlang, knüpfe Beziehungen zur Nachbarin an – und inzwischen entpuppt sich der Fall als gewöhnlicher Selbstmord, der nicht einmal bestätigt ist, denn sonst würde der Ehemann nicht hemdsärmelig im Garten umherschlendern und gekühltes Bier trinken. Meine Unfähigkeit war mit erschreckender Deutlichkeit zutage getreten, und dabei handelte es sich nicht nur um einen Mißerfolg auf kriminalistischem Gebiet. Unser Alter hatte die unselige Angewohnheit, die anderen Zeitungen zu lesen und Blitzversammlungen anzuberaumen, wenn er eine Meldung fand, die wir nicht gebracht hatten. Nach seiner Ansicht hatten sämtliche Nachrichten bei uns zu erscheinen. Es war zu erwarten, daß er mich herunterputzte. Es war zu erwarten, daß nie ein Detektiv aus mir werden würde.

Als ich abends in die Polizeidirektion ging, um mich nach Neuigkeiten umzutun – es war Sommer, und die Presse gierte nach Nachrichten, doch leider tat sich in meiner Branche wie üblich so gut wie nichts –, als ich also dort erschien, erzählte ich Herrn Polizeirat Vacátko persönlich von meinem großen Mißerfolg. Nichts erfreut einen Polizeibeamten mehr, als zu hören, daß ihm jemand ins Handwerk gepfuscht und dabei Pech gehabt hat.

Doch der Herr Rat freute sich nicht. Er blickte mich aufmerksam an und sagte: »Tja, Herr Zeitungsschreiber, es stimmt wohl, daß manchmal auch eine blinde Henne ein Korn findet.«

»Ich verstehe nicht«, lispelte ich.

»Na, die blinde Henne sind Sie, und das Korn ... das haben wir noch nicht.«

Ich begriff immer noch nicht, doch mein Herz stockte vor Erregung. Wollte der Herr Rat etwa sagen, daß ich nicht so ganz unrecht gehabt habe?

Der Herr Rat faßte mich beim Jackenknopf und sprach: »Herr Zeitungsschreiber, ich gebe Ihnen für Ihre private Detektivpraxis einen guten Rat, und den schreiben Sie sich gut hinter die Ohren:

Wird einer lange gesucht und tauchen dann plötzlich sein Hut und seine Tasche am Flußufer auf, dann liegt der Betreffende ganz bestimmt nicht im Fluß.«

»Aber wo könnte er sein?«

»Tja, das ist hier die Frage, wie der Prinz Hamlet auf der Bühne sagt!«

Wo könnte er sein? Wo? überlegte ich auf dem Heimweg und konnte keine Lösung finden. Erneut dachte ich an den Herrn, der sein Bier im Garten trank, ich dachte an seine Villa – leider stand sie nicht so allein da, wie das in Kriminalromanen üblich ist – und sagte mir nicht ohne Stolz, daß ich also den richtigen Riecher gehabt habe und daß es notwendig sei, weiterzuforschen.

Als ich am Morgen wieder zu der Villa kam, wurde mir zu meinem Leidwesen klar, daß mir die Herren von der Vier zuvorgekommen waren, wahrscheinlich standen sie zeitiger auf. Am Ende der Straße stand der hagere Herr Rous und begrüßte mich sogar freundschaftlich. Soeben trat Herr Mrázek aus der Villa nebenan. Ich war demzufolge völlig überflüssig und konnte eigentlich in die Redaktion gehen, um weitere Mitteilungen abzuwarten.

Sommerhitze, das Volk am Wasser oder in Jevany (die Reicheren an der Riviera), und wir waren aus Verzweiflung drauf und dran, die bewährte Ente von der tschechischen Lehrerin zu drucken, die in der Adria von einem Hai gefressen worden sei, oder von dem Kugelblitz, der in Böhmisch-Brod gewütet, einen Ausgedinger niedergeworfen habe, durch den Konsumladen im Dorf gerast sei und den Landwirt J. P. zu Tode erschreckt habe. An derlei Meldungen waren die Leser gewöhnt und hätten sie vielleicht vermissen können.

Für alle Fälle wartete ich jedoch am Ende der Straße, bis Herr Rous dienstfrei hatte und mir sagen konnte, was los war. Er sagte mir nicht allzuviel, er konnte es nicht, doch ich begriff auch so, daß die Herren heute das gleiche taten, was ich gestern begonnen und nicht zu Ende geführt hatte, daß sie also in meine Fußstapfen traten, und das war kein schlechtes Gefühl. Die Herren stellten, wie man so sagt, die Umstände fest und sammelten Aussagen in der Umgebung. Das ist eine undankbare Beschäftigung, wie das Honigsammeln der Bienen; die Herren glichen ein wenig den Bienen, sie flogen hierhin und dorthin und trugen den Honig nur tröpfchenweise zur Direktion. Nach ein, zwei Tagen begann sich aber der Honigtopf auf dem Tisch des Herrn Rat doch noch zu füllen.

So stellte sich zunächst einmal heraus, daß die Ehe des Ingenieurs nicht ganz einwandfrei gewesen war. Der Herr war von heiterer Natur und hatte zuweilen erst spät heimgefunden. Die Frau hatte ihm darin aber keinesfalls nachgestanden. Nun wohnten zwar keine weiteren Mieter in der Villa, doch in einem Villenviertel ist es schlimmer als in einem Mietshaus: Dort merkt kein Mensch, wer zu wem kommt, die Bewohner der Nachbarvillen aber hatten ganz deutlich gesehen, daß der Herr Ingenieur im vorigen Jahr um dieselbe Zeit eine Blondine zu sich nach Hause mitgenommen hatte, und zwar damals, als seine Frau zur Kur in Poděbrady weilte. Allerdings war seine Frau nicht auf der Gästeliste von Poděbrady zu finden, was soviel bedeutete, daß sie sich, als ihr Mann die Blondine mit heimbrachte, irgendwo anders aufhielt. War also die Annahme so verfehlt, daß sie zur gleichen Zeit bei einem dunkelhaarigen Herrn war? In diesem Fall hätten wir freilich das klassische Dreieck, und jeder Detektiv weiß, wie es in so einem Dreieck zugeht.

»Hat nicht womöglich der Ingenieur seine Frau umgebracht?« sagte ich, den Kopf voller Kombinationsvarianten und völlig hingerissen von meiner kriminalistischen Begeisterung.

»So dumm dürfen Sie niemals fragen«, erwiderte der Herr Rat freundlich, »denn sonst würden Sie sich womöglich noch selber beschuldigen. Wir brauchen weitere Einzelheiten.«

»Über die Geliebte des Herrn Ingenieurs? Über die Liebhaber der Frau Ingenieur?«

Seltsamerweise kamen die Hinweise, die den ganzen Fall entschieden, aus einer völlig anderen Richtung und hatten mit galanten Abenteuern nichts zu tun. Da Detektive seßhafte Männer sind, gehen sie anscheinend gern ein Bier trinken und führen ein geregeltes Familienleben, haben also keinen Sinn für Romantik.

Im übrigen hielten die Besitzer der umliegenden Villen den Herrn Ingenieur für einen charmanten Mann, und die Blondine nahm ihm selbstverständlich keiner übel. Selbst die Nachbarin von nebenan – das war jene Dame, die mich entdeckt hatte, als ich, an den Zaun gepreßt, Garten und Villa beobachtete – zuckte beim Gespräch über diese Dinge nur die Schultern. Derartige Extravaganzen warf sie eher der verschwundenen Ehefrau vor.

»Ein Frauenzimmer, Herr Kommissar, muß auf sich halten. Ein Mann, das wissen Sie doch, ist wie ein Schmetterling.«

Der Herr Kommissar sagte nichts dazu, denn er war ein Mann. Dafür fuhr die Frau fort: »Nein, das verüble ich ihm nicht. Wenn man aber direkt in der Nachbarschaft wohnt, weiß man Bescheid. Ein rücksichtsvoller Nachbar – nein, das war er nie!«

Natürlich, ein rücksichtsvoller Nachbar setzt seinen Komposthaufen nie dicht neben die Gartenlaube seines Anwohners. Ein rücksichtsvoller Nachbar spritzt im Februar fleißig die Bäume, damit sich das Ungeziefer nicht vermehrt. Der Herr Ingenieur legte jedoch seinen stinkigen Komposthaufen an einer Stelle an, die der Nachbarin nicht paßte, und er spritzte auch die Bäume nicht. Ob ihm dann die Maden das Obst zernagten, das war der Nachbarin freilich egal, doch nicht egal war ihr, wenn auch ihre Bäume hinterher von Schädlingen befallen wurden. Vor allem aber: Wenn einer gerade an dem Tag heize, an dem die Nachbarin Wäsche im Garten liegen habe, die sie schon zwei Tage lang sorgfältig bleiche, dann sei das grobe Unachtsamkeit. Und möglicherweise Absicht, denn wer heizt schon jetzt, in dieser Hitze! Die Herren wüßten doch wohl, wie schön es sich in Betten schläft, die frisch mit gebleichtem Linnen bezogen sind!

»Wann war das, gute Frau? Erinnern Sie sich, wann Sie gebleicht haben? Sehen Sie doch bitte im Kalender nach!«

Die Frau wußte den genauen Tag nicht mehr. Das war nicht lange her; vorige Woche war es – oder vorvorige?

»War es nach dem fünfzehnten August?« (Seit jenem Tag war die Frau verschollen.)

»Bestimmt! Am fünfzehnten ist mein Sohn auf Urlaub gefahren, und ich hatte die Wäsche so lange liegenlassen, bis er weg war, ich wasche am liebsten allein. Dann war's also am siebzehnten. Mein Gott, wie die Zeit vergeht!«

Dann erging sich die Frau noch darüber, daß im Garten gebleichte Wäsche länger vorhalte und daß es eine Schande sei, wenn jemand gleich am frühen Morgen Papier oder dergleichen verbrenne, was fürchterlich gerußt habe.

»Er hat schon in der Früh etwas verbrannt?« wunderten sich die Herren. »Den ganzen Tag?«

»Aber woher denn, nur morgens. Allerdings muß ich auch sagen, daß er später damit aufhörte. Aber meine Wäsche war trotzdem schmutzig.«

Im Handumdrehen war die Firma ermittelt, die die Villa des Herrn Ingenieurs mit Koks belieferte. Die Firma J. Nebeský und Söhne erklärte, sie habe Ende Mai Koks geliefert, und zwar fünfundzwanzig Zentner. Das sei genau eine Fuhre gewesen, die nächste sollten sie wie jedes Jahr im Herbst anliefern. Nicht weil der Keller nicht groß genug sei, aber der Herr Ingenieur wünsche immer zwei Lieferungen, das erleichtere die Bezahlung. Er sei ein guter und ständiger Kunde.

»Wissen Sie noch, ob der Keller leer war, als Sie im Mai den Koks brachten?«

»Wie die Kohlenträger sagten, ist der Keller leer gewesen, beschwören läßt sich das allerdings nicht, ein kleiner Rest kann noch dagewesen sein.«

Schließlich wurde der Herr Ingenieur mit einem unauffälligen Auto abgeholt und in die Vier gebracht.

»Bleiben Sie bei Ihrer Aussage, daß Ihre Frau Anna, gebürtig in Hostomice, am fünfzehnten August das Haus verlassen hat?«

»Wann sie weggegangen ist, das weiß ich nicht, aber seit diesem Tag war sie nicht mehr daheim. Deshalb habe ich Anzeige erstattet.«

»Und warum haben Sie zwei Tage später Feuer in Ihrer Zentralheizung gemacht?«

Der Ingenieur blinzelte heftig: »Ich habe kein Feuer gemacht!«

»Wir wissen aber, daß Sie Feuer gemacht haben, und können Ihnen dafür Zeugen beibringen.«

»Falls Sie die Hirngespinste meiner Nachbarin für bare Münze nehmen, bitte ... Die Alte macht mir das Leben schon jahrelang sauer«, sagte der Ingenieur finster.

Während dieses Gesprächs in dem armseligen Zimmer mit dem gelben Schreibtisch, wo noch der Geruch billiger Virginiazigarren in der Luft hing, während nur das Summen der Fliegen die häufigen Gesprächspausen unterbrach und der Herr Ingenieur statt des kühlen Biers nur ein Glas Leitungswasser trinken durfte, trugen drei kräftige Männer den Koks aus dem Keller der Villa und luden ihn auf einen Wagen. Dann rollte die ganze Fuhre zur Waage.

»Josef«, sagte da der Detektiv Mrázek zu seinem Kollegen, »ich möchte nicht in der Haut unseres Alten stecken. Diese Koksschlepperei wird 'ne Stange Geld kosten, und wenn nichts dabei rauskommt, wird er schön dafür blechen müssen. Solche Fälle, Kamerad, hat es schon gegeben!«

Doch auf der Waage wurde festgestellt, daß sich der Koks im Keller um dreieinhalb Zentner verringert hatte.

Die Mitteilungen des meteorologischen Instituts besagten klipp und klar, daß das warme, nur von kleinen Gewittern unterbrochene Wetter bereits seit Mai andauere. Deshalb war es unwahrscheinlich, daß jemand hatte heizen müssen. Hinzu kam, daß man in der Villa für Küche und Waschküche Braunkohle bestellte. Im Badezimmer stand ein Gasofen, hier wurde selbst im Winter nicht geheizt. Also hatte der Herr Ingenieur dreieinhalb Zentner Koks im Juni, Juli und bis Mitte August verfeuert. Laut Aussage der Zeugin war das jedoch ausgerechnet nach jenem fünfzehnten August geschehen.

Die Nacht auf dem Polizeikommissariat verlief in ermüdender Langsamkeit. Es war heiß, durch die offenen Fenster drang der Lärm der Straße in den Raum und von irgendwoher aus der Ferne sogar Musik. Das ist auf dem Střelák, dachte der Rat Vacátko, da sitzt sich's gut ...

Er sichtete – zwischen den Fragen, die er dem müden Herrn Ingenieur stellte – Dutzende von Meldungen und Rapporten seiner Leute. Die Ansichten der Nachbarn, die Meinung des Direktors der Fabrik, die den Ingenieur beschäftigte, Berichte über dessen Aufenthalt außerhalb Prags ... Lauter überflüssiges Zeug. Das einzig Wertvolle war die Wiegekarte hier.

Der Herr Rat betrachtete seine Finger, die gelb waren vom Rauchen. Er war ein erfahrener Mann und wußte, daß er am Ziel war. Sein Gegenüber war am Ende seiner Kraft.

Irgendwo schlug es Mitternacht. Die getragenen Glockenschläge hallten traurig und feierlich.

»Na, was ist, Herr Ingenieur, wollen Sie nicht gestehen? Ihr Geständnis würde Ihnen als mildernder Umstand angerechnet werden. Vor dem Schwurgericht ist das immer von Vorteil. Sie haben doch Ihre Frau getötet.«

Der Herr Ingenieur sagte nichts. Er ließ den Kopf hängen und wurde abgeführt.

Die Sauregurkenzeit war vorbei. Bereits in der Morgenausgabe schrieb ich:

Rätselhaftes Verschwinden der Frau aufgeklärt, Schatten des Verbrechens über einsamer Villa.

Die Abendzeitungen gingen noch schärfer ins Zeug:

Die eigene Frau erschlagen und unterm Heizkessel verbrannt.

Mörder vierteilt sein Opfer.

Wie lange brennt ein menschlicher Körper? Bestialischer Mord in einsamer Villa.

Erfolg der Prager Polizei.

Es war ein herrlicher August! Sämtliche Lokalredakteure kehrten Hals über Kopf aus dem Urlaub zurück, die Zeitungen gingen weg wie warme Semmeln, die Nachricht von dem Hai, der in der Adria die Lehrerin verschlungen habe, gelangte dieses Jahr nicht in die Presse, auch nicht die Geschichte vom rasenden

Kugelblitz in Böhmisch-Brod. Alle Spalten berichteten ausschließlich von dem Mord.

Ich machte ein blasiertes Gesicht. Meine Ahnungen hatten sich bestätigt. Natürlich ist eine Ahnung wenig, aber zu verwerfen ist sie auch nicht. Auf jeden Fall hatte ich in diesen Dingen mehr Talent bewiesen als meine Kollegen. Allein diese Feststellung erhebt den Menschen.

Die Gerichtsverhandlung, das ist der rechte Augenblick für einen Gerichtsreporter. Jetzt kann er zeigen, was in ihm steckt. Denn auf das, was der Verteidiger und der Staatsanwalt sagen, kommt es nicht an; der Gerichtsreporter hat endlich Gelegenheit zu eigenem Schaffen: Er schildert das bunte Gewimmel des Gerichtssaals, das Gedränge in den Korridoren, äußert sich über die Geschworenen, hört die Meinung des Publikums, fügt seine eigenen Überlegungen hinzu und beweist Sinn für dramatische Zuspitzungen.

Die Verhandlung fand im Oktober statt. Die Tage waren trübe, und wenn man in quitschnassen Schuhen den Gerichtssaal betrat, konnte man sich nicht vorstellen, daß es einmal einen heißen Sommer gegeben und kühles Bier im Garten der Villa gestanden hatte ...

Eigentlich war der Ingenieur ein Dummkopf, daß er die Tat im Sommer begangen hatte. Im Winter wäre man auf seinen Trick wahrscheinlich nicht gekommen. Im Winter hätte er nach Belieben heizen können.

Er war aber gerade im Sommer mit seiner Frau in Streit geraten, genau am Abend des vierzehnten August. Und er hatte sie mit dem Gegenstand erschlagen, den er in der Hand hielt. Mit einer kleinen Harke, wie man sie zur Pflege des Steingartens benützt. Er wollte nämlich in der Hitze die Erde um die Lobelien und um die Feuerverbenen lockern. Dafür eignet sich eine Harke am besten. Der Ingenieur ahnte nicht, daß man mit einer Harke auch töten kann. Er erschlug seine Frau, als sie ihm Vorhaltungen machte, daß er erst früh am Morgen heimgekehrt sei, obwohl sie letzte Woche selber eine ganze Nacht weg gewesen war. Ein Schlag ... Und nirgendwo ein Tröpfchen Blut ... So trug er sie in die Waschküche hinunter und überlegte, was er mit ihr anfangen sollte.

Sollte er sie wegschaffen? Im Garten vergraben? Das würde Aufsehen erregen. Verbrennen ... Ja, verbrennen! Die Asche und die Knochen, die nicht verbrannt waren, vergrub er dann, doch viel ist es nicht, was von einem Menschen übrigbleibt. Das hatte er in einer Nacht erledigt, in der nächsten Nacht war er jedoch nicht fertig geworden und hatte sein Werk bei Tage zu Ende geführt.

Die Zeugen treten auf, eine lange Reihe von Zeugen, auch die Nachbarin. Voll Haß wendet sie sich gegen den Angeklagten, der sie gleichfalls mit unverhülltem Haß anblickt. Jeden Abend klappern in den Redaktionen die Maschinen. Am nächsten Morgen bekommen die Leute zum Kaffee, was sie gewohnt sind: detaillierte Schilderungen, wie der Angeklagte erbleichte, als die Zeugin Kobosolová den Saal betrat ...

Etwas fehlte jedoch in diesen langen und gründlichen Berichten. Vielleicht weil niemand es bemerkt hatte. Nur ich ... Wahrscheinlich hätte ich tatsächlich Detektiv werden sollen, ich habe ein ganz besonderes Beobachtungstalent.

Ganz im Ernst: Warum bin allein ich auf diesen Menschen aufmerksam geworden?

Er war mager, trug eine längst aus der Mode gekommene Redingote und versuchte sich immer nach vorn in die erste Reihe zu drängen. Sehr sorgfältig registrierte er, was im Gerichtssaal vor sich ging. Das Publikum ist nicht immer aufmerksam, es interessiert sich nur für Sensationen: wenn der Angeklagte zusammenbricht, wenn er den Zeugen gegenübergestellt wird, wenn sein Anwalt spricht. Dieser Herr in Schwarz aber – nennen wir ihn so – verfolgte alles mit außergewöhnlicher Teilnahme. Hin und wieder machte er sich sogar Notizen.

Als der Ingenieur auf der Anklagebank schilderte, wie er nachts den Kessel angeheizt hatte, trat ein seltsames Lächeln auf das Gesicht des Herrn in Schwarz.

Mich fröstelte ein wenig. Dann begann er gleich wieder zu schreiben, runzelte die Stirn, schüttelte den Kopf und war sehr unruhig.

Ich war in der »Vier« gewissermaßen zu Hause und hatte freien Zutritt zum Herrn Polizeirat; auf dem Gericht war ich nicht mehr so bekannt. Gern hätte ich irgend jemanden auf diesen Menschen aufmerksam gemacht, doch ich wußte nicht, wen. Je länger ich ihn beobachtete, desto sicherer war ich, daß hier etwas Seltsames vorging. Ich hörte nicht mehr, was das Gericht sagte, und wandte kein Auge von meinem Mann. Er hatte blasse Hände, eine spitze Nase und schütteres, sorgfältig nach hinten gekämmtes Haar, wie ein überaus gründlicher Buchhalter sah er aus. Und zu seinem schwarzen Anzug trug er auch noch eine schwarze Krawatte, als käme er von einem Begräbnis.

Am nächsten Tag mischte ich mich in der Pause unter die Menge, ich suchte ihn. Ich wollte ihn um Feuer bitten, ich wollte ein paar Worte mit ihm wechseln, der Mann war auf jeden Fall eine Bekanntschaft wert. Doch selbst in der Pause verließ er den Gerichtssaal nicht.

Er wartete immer, daß man den Angeklagten hereinführte. Er wartete, bis man ihn abführte. Aufmerksam musterte er den Ingenieur. Manchmal hob er die Hand und versuchte, auf sich aufmerksam zu machen. Er war wie ein Sendbote aus der anderen Welt: Sein Gesicht sah aus, als wolle er dem Mann, der die eigene Frau erschlagen und gevierteilt hatte, etwas Wichtiges mitteilen.

Als ich den üblichen Bericht für die Zeitung schrieb – mir standen zwei Spalten zur Verfügung, doch der Chef hatte mir gesagt, er würde den Parlamentsbericht kürzen, falls ich mehr Platz brauchte –, dachte ich in Ruhe über den ganzen Fall nach. Mir war klar, daß das Gericht in ausgefahrenen Gleisen fuhr. Es hatte alles: die Ermittlungen des Polizeiapparates, eine perfekte Anklage, das Geständnis des Angeklagten, die Zeugenaussagen – nichts fehlte. Genaugenommen war das eine ganz langweilige Geschichte, und das Gericht könnte statt für drei Tage auch nur für drei Stunden zusammentreten.

Eine ganz selbstverständliche Sache. Bis auf den Mann in Schwarz! Er ist da, ständig ist er da, sieht den Angeklagten an, macht sich Notizen ... Kaum zu glauben, daß ihm keiner Aufmerksamkeit schenkt, daß es niemandem aufstößt, wie seltsam sich dieser Mensch aufführt! Aber wer soll ihm hier vor Gericht Aufmerksamkeit schenken? Der Vorsitzende des Senats? Der hat seinen großen Fall und ist froh, daß alles wie am Schnürchen läuft. Der Staatsanwalt hat seine Rede vorbereitet, in der sich bis in alle Ewigkeit donnernd der Satz von der bestialischen Vierteilung wiederholen wird, und der Verteidiger hat jetzt nicht mehr die leiseste Chance auf Erfolg. Niemand ist aufgeregt. Der Angeklagte bekommt die Höchststrafe, das heißt lebenslänglich, denn die Todesstrafe würde der Präsident sowieso nicht unterschreiben, und das Gericht weiß das und halst sich keine überflüssigen Scherereien auf. Vielleicht werden die Geschworenen auch auf fünfundzwanzig Jahre erkennen, unter Berücksichtigung verschiedener mildernder Umstände. Schließlich hatte die Frau ihn betrogen, und die Geschworenen lassen sich einreden, daß er plötzlich alles bereue. Eigentlich habe er sie nicht umbringen wollen, er habe sie im Affekt totgeschlagen.

Und dieser ganz normale Lauf der Dinge wurde von dem Mann in Schwarz gestört!

Allerdings nur in meinem Kopf, denn kein anderer als ich hatte ihn bemerkt. Kurz und gut, ich bin dazu ausersehen, der Nachfolger von Sherlock Holmes zu werden, das steht bereits fest. So wie ich einen Tag früher als der Polizeiapparat bei der Villa, wo der Mord verübt worden war, Ermittlungen angestellt hatte, so ahnte ich jetzt, daß hier wieder etwas nicht in Ordnung war.

Ich richtete mein ganzes Augenmerk auf den Mann. Stundenlang beobachtete ich ihn. Und als die Verhandlung zu Ende war, mußte ich ihm nachgehen.

Aber allein komme ich nicht gegen ihn auf. Ich habe doch keinerlei Vollmachten! Der Polizeiapparat muß auf ihn hingewiesen werden. Meine Herren, ich habe ein höchst verdächtiges Individuum entdeckt, das sich in den Gerichtssaal eingeschlichen hat und den ganzen Prozeß aufmerksam verfolgt. Warum tut er das? Das ist klar: Er will wissen, wie so eine Tat begangen wird, er will lernen. Deshalb macht er sich Notizen. Deshalb verschlingt er jedes Wort, das sich auf das scheußlichste aller Dinge bezieht, auf die Verbrennung eines menschlichen Körpers.

Meine Herren, geben Sie mir die Vollmacht ...

Oder noch besser: Kommen Sie mit und verhaften Sie diesen Bösewicht, ehe er etwas Ähnliches ausführt! Sicherlich weiß er schon jetzt genug, um die Fehler zu vermeiden, die dem dicken Ingenieur unterlaufen sind. Er weiß schon Bescheid, wie er es anstellen soll. Und es ist Herbst. Hören Sie, meine Herren? Jetzt kann er heizen, soviel er will, ohne in Verdacht zu geraten!

Doch was geschieht, wenn ich mit so einer Sache zu dem Herrn Rat komme? Er wird mich ansehen und sagen: »Herr Zeitungsschreiber, wie kann die Polizei einen Menschen festnehmen, der noch nichts verbrochen hat!?«

Ich hatte damit, Gott verzeih mir, die große Schwäche der Polizei entdeckt: Sie kann nicht rechtzeitig genug einschreiten.

Anderntags sollte der ganze Prozeß zu Ende gehen, und ich wartete gespannt, ob dieser Mensch wiederkam. Oder hatte er schon genug gelernt?

Er kam.

In seiner altmodischen Redingote, die abgewetzte Aktentasche unterm Arm, mit einem besorgten blassen Gesicht, mit schütterem, sorgfältig nach hinten gekämmtem Haar ... Er war da und drängelte sich in die erste Reihe.

Als der Staatsanwalt sprach und weitausholend schilderte, wie der Angeklagte die Leiche verbrannt hatte, wäre er beinahe aufgesprungen, und manchmal hatte es den Anschein, als hebe er die Hand und bitte ums Wort. Bei der Rede des Verteidigers zeigte er längst nicht mehr solches Interesse. Er rieb sich nur mehrmals die Nase, offensichtlich war er gerührt. Aber wieso war er gerührt, wenn ihn die Sache nichts anging?

Das Urteil fiel genau so aus, wie wir es vorausgesagt hatten, für solche Dinge hatten wir bereits ein Gefühl. Fünfundzwanzig Jahre, das ist kein Kinderspiel, das ist eine kleine Ewigkeit. Wenn er herauskommt, wird er siebenundsiebzig Jahre alt sein ... Nur verlassen keine alten Leute das Gefängnis. Kurz und gut, das bedeutete lebenslänglich.

Der Angeklagte nahm die Strafe mit gesenktem Kopf an. Und dann war endgültig Schluß, und als man den Verurteilten abführte, stand der Mann in Schwarz auf, drängte sich nach vorne durch und versuchte offensichtlich, ihm etwas zuzurufen. Der hob sogar den Kopf, aber entweder erkannte er den Mann nicht, oder er war ihm fremd ... Der Gerichtsdiener hielt den Mann in Schwarz fest und belehrte ihn nachdrücklich, daß hier so etwas nicht geduldet werde.

Der Saal leerte sich rasch. Der Mann in Schwarz blieb jedoch zurück. Er saß am Ende einer langen Sitzreihe und war anscheinend tief in Gedanken versunken.

Mir blieb keine Wahl, als zu handeln. Jetzt oder nie ...

»Mein Herr«, sagte ich »mein Herr, Sie haben offenbar großes Interesse an dem ganzen Fall!«

»Ja«, sagte der Mann und blickte mich an. Er hatte wässerige helle Augen, Augen, die nie lächeln.

»Und warum? Was erregt Sie so an diesem Fall?«

Die Saaldiener kamen aufräumen. Wir mußten hinausgehen. Auf dem Gang blieb der Mann stehen. »Das ist eine unglaubliche Sache. Hier ...« – er klopfte auf das Notizbuch in seiner abgewetzten Aktentasche – »hier habe ich mir alles notiert. Eine unglaubliche Sache, mein Herr ...«

Er zog ein Taschentuch hervor und wischte sich die Nase.

»Dieser Ingenieur hat zum Verbrennen seiner Frau dreieinhalb Zentner Koks, Nuß II, mittlerer Qualität verbraucht. Dieser Ingenieur ist – ein Genie.«

Ich begriff nicht, wo da ein Zusammenhang war zwischen dem Koks mittlerer Qualität und der Genialität eines Mörders, der sein Opfer unter dem Kessel der Zentralheizung verbrannt hatte.

»Wir, mein Herr, benötigen – ich spreche nämlich für die

Gesellschaft der Freunde der Feuerbestattung – zur Verbrennung einer Leiche sechs Zentner prima Qualität, Nuß I. Wenn dieser Mensch sagen könnte, wie er das gemacht hat – begreifen Sie, was da meine Gesellschaft verdienen könnte?«

So kam es, daß ich kein Detektiv wurde und ein ganz gewöhnlicher Gerichtsreporter blieb.

Wer spart, hat mehr vom Leben

Eben schlug es neun vom Turm der Stephanskirche, als Herr Stein, Vertreter der Juwelierfirma Fuchs – Fuchs, Schmuckhaus, Wenzelsplatz –, ins Haus trat. Er dachte sich: Punkt neun, da wecke ich den Herrn Prokuristen nicht mehr auf, treffe ihn aber noch zu Hause an.

Ein Firmenvertreter muß wissen, wann er einen Kunden aufzusuchen hat.

Im ersten Stock angelangt, wie er später in der Polizeidirektion zu Protokoll gab, stellte er fest, daß vor der Tür des Herrn Prokuristen Sepekovský schon ein Mann stand. Er erkannte in ihm Herrn Kavan, Vertreter der Firma Riemer – Riemer, Goldschmucksachen, Am Graben. Was ihm dabei in den Sinn kam, gab er jedoch nicht zu Protokoll. Herr Stein sagte nämlich leise und nur zu sich selbst: Was treibt sich dieser Jude Kavan von Riemer hier herum? Was hat er hier zu suchen? Was hat sich ein Vertreter von Riemer in die Geschäfte unserer Firma einzumischen?

Herr Stein erachtete es als seine Pflicht, gegen jedermann von der Konkurrenz Abneigung zu hegen.

Allerdings hatte er keine andere Wahl, als an Herrn Kavan, der vor der geschlossenen Tür wartete, vorbeizugehen und ein Stockwerk höher zu steigen, den überaus Beschäftigten zu spielen und den Blick abzuwenden.

Selbstverständlich erkannte Herr Kavan von der Firma Riemer seinerseits Herrn Stein und fragte sich, was dieser Nebbich Stein hier wohl zu suchen habe, wenn der Vertreter einer ordentlichen Firma schon anwesend sei, doch er machte ein Gesicht, als sähe er ihn nicht.

So gingen die beiden Herren Vertreter grußlos aneinander vorbei, und Herr Stein tat eine Etage höher so, als ob er dort etwas suchte. Ein Stockwerk tiefer entschied sich Herr Kavan, lieber vor dem Hause zu warten: Es war durchaus möglich, daß der Herr Prokurist frühstücken gegangen war. Ein reicher Junggeselle hat vor der Hochzeit ein Recht auf wunderliche Einfälle.

Herr Stein stieg daraufhin von der zweiten in die erste Etage hinab und begann zur Abwechslung diesmal selber ausdauernd an der Tür zu klingeln, die mit der Visitenkarte versehen war. Mit diesem Unternehmen war das private Bankhaus Halánek und Co. gemeint, das für äußerst diskrete und nicht immer ganz gradlinige Geschäfte zuständig war. Herr Sepekovský selbst war freilich über alle Zweifel erhaben, wie seine bisherigen Geschäftsbeziehungen mit der Firma Fuchs bewiesen. Daß der Herr Prokurist auch mit der Firma Riemer in Verbindung stand, das war Herrn Stein bislang nicht bekannt gewesen und trieb ihm zu Recht die Galle ins Blut.

Die Zeit verging, die Türglocke schlug an, und niemand öffnete. Herr Stein begriff, daß ihm nichts anderes übrigblieb, als das gleiche zu tun wie dieser Jude Kavan, nämlich draußen zu warten oder später wiederzukommen.

Er schob das Ende des Stahlkettchens zurück, das ihm aus dem Ärmel lugte, und schickte sich an, die Treppe hinabzusteigen. Dieses Kettchen war eine einfache und zweckmäßige Vorrichtung. Immer, wenn er mit einer Kassette voller Ansichtsschmuckstücke zu einem Kunden ging, schloß er sie an das Kettchen an, so daß jeder, der ihm die Kassette entreißen wollte, seine Hand mitnehmen mußte. Und was hätte jemand mit Herrn Steins Hand anfangen können?

Vor dem Hause schob sich Herr Kavan mit der gleichen Bewegung ein ähnliches Kettchen in den Ärmel, denn er begriff, daß etwas geschehen war und daß er die Kassette, die er gestern zur Ansicht hergebracht hatte, heute morgen wahrscheinlich nicht wieder mitnehmen würde.

Doch in diesem Augenblick trat Herr Stein aus der Tür, und Herr Kavan musterte ihn mit einem forschenden Blick. Auch Herr Stein sah Herrn Kavan an, denn etwas Besseres konnte er nicht tun. Konkurrenzneid ist schön und gut – doch die Sorge, daß dem Prokuristen Sepekovský etwas zugestoßen sein könnte, die steht auf einem andern Blatt.

Beide Herren blieben unschlüssig voreinander stehen.

»Ähm«, sagte Herr Stein. »Sie waren also ...« Er wies mit den Augen zur ersten Etage hinauf.

»Ähm«, antwortete Herr Kavan. »Ja, dort habe ich ...« Er zeigte auf das Kettchen, das ihm aus dem Ärmel hing.

Herr Stein warf einen Blick auf die Kirchturmuhr. Herr Kavan tat es ihm nach. Dann sahen sie sich wieder an.

Aus dem Haus kam eine Frau und begann den Gehsteig zu kehren.

Herr Kavan lüpfte höflich den Hut. »Kavan mein Name. Wissen Sie vielleicht, ob der Herr Prokurist zu Hause ist?«

Die Frau zuckte die Schultern. »Was weiß ich. Aber da ist er sicher nicht, denn gestern hat der Spediteur zwei große Koffer bei ihm abgeholt.«

Diese Nachricht machte sichtlich Eindruck auf die beiden Herren.

»Zwei Koffer?« riefen sie wie aus einem Munde. »Wie das? Und wohin?«

»Meinen Sie, der sagt mir was?« versetzte die Frau ärgerlich. »Aber die Koffer waren mächtige Dinger.«

Herr Stein war schneller und wartete nicht erst ab, bis die Frau ihren Bericht beendet hatte. Er stürzte zur nächsten Telefonzelle. Herr Kavan kam als zweiter an die Reihe. Beide Firmen wurden also um halb neun davon in Kenntnis gesetzt, daß es nicht möglich sei, die Kassetten mit den Ansichtsschmuckstücken wiederzuerlangen, da der Herr Prokurist daheim nicht anzutreffen sei. Nach Mitteilung der Hausmeisterin liege die Vermutung nahe, daß der Herr Prokurist sogar abgereist sei!

Es ist mit großer Wahrscheinlichkeit anzunehmen, daß die Disponenten beider Firmen gleichermaßen blaß wurden. Die Herren Vertreter wurden angewiesen, vor dem Hause zu warten. Und dann schrillten gleich zwei Telefone in der Polizeidirektion auf einmal.

»Er war ein anständiger Mensch«, sagte gedankenversunken Herr Stein, der jetzt dazu verurteilt war, neben Herrn Kavan vor dem Haus zu stehen.

»Er sah aus wie ein anständiger Mensch«, berichtigte ihn Herr Kavan. »Hat er sich von Ihnen einen größeren Posten vorlegen lassen?«

»Na, so auf hunderttausend könnte es sich schon belaufen«, flüsterte Herr Stein.

»Ganz wie bei uns«, antwortete Herr Kavan. Hätte Herr Stein einen dreimal so hohen Betrag genannt, dann hätte er das gleiche behauptet; selbst in diesem gespannten Augenblick gehörte es sich nicht, Firmengeheimnisse auszuplaudern. Doch soweit er wußte, handelte es sich bei den anderen nur um fünfundachtzigtausend ... Mein lieber Mann, auch das ist kein Pappenstiel!

Dann gingen beide Herren, als seien sie des Wartens bereits überdrüssig, gemeinsam in den ersten Stock hinauf und klingelten abwechselnd. Die Hausmeisterin sah ihnen von unten her zu.

Sie hielt sie beide für Gläubiger und war voller Schadenfreude, daß Herr Sepekovský sie versetzt hatte. Auch ihr, der Frau des Hausverwalters, war der Prokurist nämlich schon den dritten Monat das Schlüsselgeld schuldig geblieben.

Die Herren, die so hartnäckig klingelten, kannten den Prokuristen allerdings von einer anderen Seite. Er hatte immer gern und oft gekauft, so daß der Herr Disponent der Firma Fuchs – desgleichen natürlich der Herr Disponent der Firma Riemer – im geschäftlichen Umgang mit dem Herrn Prokuristen den guten alten Witz anbrachte: »Handelt es sich, bitte, um die gnädige Frau, oder darf es etwas Besseres sein?«

Jetzt war aller Spaß dahin. Denn die Polizei öffnete des Herrn Prokuristen Wohnung und stellte fest, daß sie leer war. Möbliert war sie, dürftig zwar, doch die Schränke waren wie leergefegt; nur im Badezimmer hing ein alter Bademantel.

»So ist das also«, sagte der Herr Vacátko.

Wie sich herausstellte, hatte der Herr Prokurist Sepekovský nicht nur die eigenen Sachen und die beiden Schmuckkassetten mitgenommen, die er sich zur Ansicht hatte bringen lassen, sondern auch eine nicht unbeträchtliche Bargeldsumme aus der Kasse des Handelshauses Halánek und Co. Obendrein hatten einige Transaktionen ins Ausland ihren Bestimmungsort nicht erreicht und waren demzufolge fingiert gewesen.

»Alles in allem, meine Herren, eine Viertelmillion. Eine ganz hübsche Summe in der heutigen Zeit«, erklärte der Herr Rat und rieb sich die Hände. Das war ein großer Fall, und er liebte große Fälle.

In den beiden Geschäften jedoch brach Panik aus, und die Hände rieb sich keiner. Die Chefs prüften, ob sich ihre Disponenten einer strafwürdigen Fahrlässigkeit schuldig gemacht hätten, als sie dem Herrn Prokuristen die Schmuckkassetten zur Auswahl überließen. Es erwies sich aber, daß das die übliche Praxis war: Die Konkurrenz nötigte die Firmen, das Risiko ständig zu erhöhen ... Nur eins vermochte Herrn Riemer Am Graben zu trösten, nämlich daß Herr Fuchs vom Wenzelsplatz genauso wie er in der Tinte saß – wenn nicht noch tiefer.

Panik erfaßte auch die Versicherung, denn die Firmen waren selbstverständlich versichert und hatten den Verlust nicht zu tragen. Es gab kaum Hoffnung, daß es gelingen würde, den Firmen eine Vernachlässigung der Sorgfaltspflicht nachzuweisen.

Aber auch die Polizeidirektion wurde von der Panik nicht verschont. Zur großen Verärgerung des Herrn Rat wurde offenkundig, daß die Polizei außerstande war, auch nur die geringste Spur des Herrn Prokuristen ausfindig zu machen. Die Detektive ermittelten nur, welche Speditionsfirma die gewaltigen Koffer aus seiner Wohnung abtransportiert und auf dem Denis-Bahnhof deponiert hatte. Allerdings hatte zwei Stunden später eine andere Firma sie von dort abgeholt und zum Masaryk-Bahnhof geschafft. Das hätte auf eine interessante Spur hindeuten können: auf den Zug nach Berlin ... Leider befanden sich die Koffer weder hier, noch waren sie in Berlin eingetroffen, da eine dritte Firma sie abgeholt und zum Wilson-Bahnhof gebracht hatte.

»Entweder ist der Kerl von Sinnen oder verdammt gerissen«, sagte der Herr Rat, als er diese Meldung erhielt.

Eigentlich hatten seine Leute ein Lob verdient, da sie so rasch ermittelt hatten, doch in den Zeitungen erschienen schon boshafte Bemerkungen:

Polizei bis heute erfolglos ... Polizei weiß nicht, wo Sepekovský steckt ... Polizei steht hilflos vor einem Rätsel ...

»Hilflos! Was hat das mit Hilflosigkeit zu tun, wenn wir wissen, wo die Koffer überall waren?« brummte der Herr Rat, der in seinem Büro auf und ab ging. »Wir wissen nur nicht, wo sie jetzt sind.«

Die Polizei wußte aber nicht einmal, wo sich der Besitzer der Koffer aufhielt. Das konnte sie auch nicht wissen, da Herr Sepekovský seine Heimat verlassen hatte, und zwar sogar mit einem falschen Paß. Damit hatte der Herr Rat gerechnet. Einen Kerl mit falschem Paß hätte er schließlich schon zur Strecke gebracht, wenn diese verdammte Welt nur nicht so groß wäre, sagte sich Herr Vacátko, vor einer großen Weltkarte stehend, auf der die verschiedenen Erdteile in verschiedenen Farben abgebildet waren, als böten sie sich geradezu an: Such dir nur was aus, Mensch! Hier Afrika in Grün, Amerika in Blau, Europa in Gelb, Asien in Rosa, Australien in Beige. Der Bursche konnte ebensogut auf der Insel Martinique wie in Davos stecken, Himmelsakrament, eher findet man eine Nadel in einem Heuhaufen als einen gewieften Kerl in Gottes weiter Welt!

Polizei bisher ohne Spur ... Defraudant noch immer auf der Flucht ... Die Frage des Tages an unsere Polizei: Wo ist der Prokurist der Firma Halánek & Co.?

Der Herr Rat warf die Zeitung beiseite und seufzte.

Journalisten sind Schmeißfliegen. Jeden Tag wollen sie ihren rätselhaften Fall haben, doch gleichzeitig verlangen sie, daß die Polizei den Täter binnen vierundzwanzig Stunden faßt. Nach ihrer Meinung hat die Polizei zuverlässig wie die Post zu arbeiten.

Postvorsteher hätte ich werden sollen, dachte der Herr Rat sehnsuchtsvoll. Dann brauchte ich mich nicht aufzuregen ... Dann klingelte er nach zwei Detektiven. »Meine Herren, lassen Sie alle Personen vernehmen, mit denen dieser Mensch in Verbindung gestanden hat. Vielleicht hat er irgendwo durchblicken lassen, wohin er sich verdrücken wollte. Vielleicht hat er draußen irgendwo einen Bekannten. Machen Sie seine Damenbekanntschaften ausfindig. Sicherlich hat er genug davon, wenn er ihnen Schmuck gekauft hat.«

Doch seltsam – Damenbekanntschaften hatte der Herr Prokurist nicht gehabt; zumindest ließ sich keine feststellen. Zuweilen hatte er wohl eine Dame mit nach Hause gebracht, doch das war immer eine von der Sorte gewesen, der man keinen Schmuck kauft. Für wen hatte er also den Schmuck erstanden?

Der Herr Rat suchte die beiden Geschäfte auf. Man musterte ihn scheel. Herr Stein hatte infolge nervlicher Überbeanspruchung einen Gallenanfall erlitten. Herr Kavan lag an Fieber darnieder und ließ sich zu Hause pflegen. Und die Polizei weiß von nichts!

Nein, die Polizei wußte von nichts, sie hatte nur interessante Dinge ermittelt. Die Einkäufe des Herrn Prokuristen waren so überwältigend nicht gewesen. Er hatte mehr kleine, dafür aber recht häufige Einkäufe getätigt. Herr Sepekovský war ein launischer Kunde gewesen, der andere gern schikanierte. Für sein Geld kann ein Kunde den Verkäufer schikanieren, das stimmt. Er aber tauschte jeden Gegenstand mindestens zweimal um. Der Druck der Konkurrenz zwang die Firmen, sich entgegenkommend zu zeigen. Heutzutage kaufte nämlich kaum jemand Schmuck ...

Der Herr Rat seufzte. Nicht ohne ein gewisses Bedauern wurde er sich bewußt, daß er seiner Frau noch nie Schmuck gekauft hatte. Ein Staatsbeamter kann sich das einfach nicht leisten. Ob er eines Tages vielleicht auch mal ein dünnes Kettchen mit einer roten, goldgefaßten Träne heimbringen könnte?

Herr Vacátko ließ die Schmuckstücke durch die Finger gleiten und begann sie zu verstehen. Hat man Geld, dann ist das eine ganz hübsche Leidenschaft, nur hatte Herr Sepekovský nicht aus Leidenschaft, sondern aus Gerissenheit gehandelt.

Ganz allmählich hatte er sich in den Juweliergeschäften Vertrauen erworben. Gleichzeitig nahm er unauffällige Transaktionen in der eigenen Firma vor. Dann begann er seine Sachen zu verkaufen, und schließlich packte er die Koffer. Nun verschärfte sich das Tempo: Es ging nicht mehr um Monate und Wochen, sondern um Stunden. Die Spediteure waren auf die Minute genau bestellt. Beide Geschäfte lieferten am gleichen Abend reichhaltige Schmuckkollektionen; der Herr Prokurist hatte angedeutet, daß die Tage seiner Freiheit gezählt seien und daß es jetzt um ein etwas größeres Geschenk gehe.

»Die Tage seiner Freiheit«, seufzte der Herr Rat. »Mittlerweile hat er mehr als genug davon, der Halunke.«

»Also schikanieren, das hatte er raus«, sagte die Hausmeisterin, der Herr Sepekovský das Schlüsselgeld schuldig geblieben war. »Und verrückt war er auch, Herr Inspektor! Der Herr Hausbesitzer war seinetwegen reinweg verzweifelt.«

In der Tat, der Herr Hausbesitzer hatte etliche Gründe zum Verzweifeln gehabt, denn der Herr Prokurist hatte das Haus einmal so in Panik versetzt, daß die Bewohner keine Miete mehr zahlten. Und so etwas ist schlimmer als Aufruhr.

Zuerst war er zur Hausmeisterin gelaufen und hatte verlangt, sie solle sofort mitkommen, in der Wand seines Zimmers sei ein Riß und das ganze Haus werde einstürzen.

Völlig außer sich lief die Frau also mit hinauf, und Herr Sepekovský zeigte ihr an seiner Zimmerwand einen kleinen Riß, wie man ihn an jeder Wand findet. Dabei schrie er, er wolle nicht unter den Trümmern des Hauses verrecken, und schickte die Hausmeisterin zum Hausbesitzer. Der eilte herbei, auch ihm schien der Riß belanglos, doch Herr Sepekovský klingelte schon die Mietsparteien im ersten Stock heraus und jagte allen solche Angst ein, daß die Leute fluchtartig das Haus verließen. Der Hausbesitzer hatte eine Kommission vom Magistrat holen müssen.

»Warum hat er das getan, was meinen Sie? Wollte er eine Mietssenkung aus Ihnen herausschlagen?« fragte Herr Vacátko.

»Das weiß ich nicht, die Miete für das letzte Quartal ist er mir jedenfalls schuldig geblieben«, schloß der Hausbesitzer seine Aussage.

Der Herr Polizeirat notierte es sich. Alles paßte erstaunlich gut zusammen: Sepekovský vergaß nicht die geringste Kleinigkeit, er sparte mit jeder Krone. Er wußte, daß er sich verdrücken würde, und hielt es deshalb für falsch, seine Schulden zu bezahlen.

Der Gedanke, das Haus, in dem er wohnte, könne einstürzen, hatte den Herrn Prokuristen offensichtlich nie ruhen lassen.

Auch an seiner Arbeitsstelle hatte er einmal die Befürchtung geäußert, die Galerie, über die er zu einem gewissen Örtchen ging, könnte zusammenbrechen – er hatte im Fußboden einige ganz ungefährliche Risse entdeckt.

Ein Fall für den Psychiater? Vielleicht ... Doch der Herr Rat war der Ansicht, daß ein Mensch, der so pfiffig seine Vorbereitungen treffe, mehr als gesund sei und daß es das einzig Richtige wäre, ihn ins Loch zu stecken.

Dafür müßten wir ihn aber erst haben, dachte er seufzend.

Ein internationaler Steckbrief wurde erlassen – selbstverständlich vergebens, wie keine Zeitung zu betonen vergaß.

Der Herr Rat sah beim morgendlichen Rapport seine Leute immer so vorwurfsvoll an, daß die alten Detektive verlegen die Augen niederschlugen.

Der gesuchte Täter aber war für immer von der Bildfläche verschwunden.

Der Zug nach Italien ist ein hochmütiger Zug. Er durchpflügt ein Stück Europa und benimmt sich auch dementsprechend: An den tschechischen Dörflein in Richtung Tábor und Budweis fährt er mit verächtlichem Schnaufen vorbei. Das Glanzstück dieses Zuges ist jedoch der Wagon-lits-company, der sich noch erhabener als ein gewöhnlicher Schnellzugwagen auf seinen Federn wiegt. Die Aufschrift ist aus blitzendem Messing, auch die Klinken sind aus Messing und sogar sauber; auf den größeren Stationen wischt der Schlafwagenschaffner sie immer ab, damit die Damen und Herren, die die Ehre haben, nach Italien zu reisen, sich die Handschuhe nicht schmutzig machen. Selbst die Abfälle, die aus den Fenstern dieses Waggons fliegen, sind etwas Besonderes: Apfelsinenschalen, Silberpapier von Schokolade und manchmal auch ein leeres Reisefläschchen Magenbitter.

Der Schaffner dieses Wagens ist ein junger Mann, Herr Rudolf. Es gibt Berufe, die keinen Nachnamen erfordern, deshalb wollen wir Rudolf Tejc nur Herrn Rudolf nennen. Mit einem Schlafwagen zu fahren ist ein angenehmer Beruf. Man ist halb Matrose und halb Reisender: zweieinhalb Tage hin, zweieinhalb zurück, immer schnell und fast ohne Aufenthalt von Prag bis Neapel. Was will man mehr?

Die ersten Wochen und Monate beschaut man sich die Landschaft, dann hat man genug davon und beobachtet andere Dinge, zum Beispiel wie sich am Viadukt hinter Sumerau die ganze Bahnwärterfamilie bei der Bedienung der Schranken ablöst. Einmal steht der Vater da, dann die Mutter, eine Frau in den besten Jahren mit aufgelöstem Haar, und ein andermal wieder das blutjunge Töchterlein. Und plötzlich bleibt der Vater weg, und auch das zweite und dritte Mal läßt sich nur die Tochter sehen, ganz blaß im Gesicht; Herr Rudolf winkt ihr wie immer zu, doch sie lächelt nicht, sie blickt dem dahinjagenden schönen Expreß nur traurig nach, und dann steht wieder die Frau an den Schranken und hat Ringe unter den Augen, und das Haar flattert nicht mehr, und unter der Eisenbahnerjacke, die sie sich offensichtlich nur in der Eile überwirft, lugt das Trauerkleid hervor ... Auf Reisen vermag man viel mehr zu sehen als nur die Landschaft, die sich nicht verändert!

Herr Rudolf denkt auch über seine Passagiere nach. In der Drei sitzt eine ältere und offensichtlich weitgereiste Engländerin mit einer dicken Puderschicht auf der rosigen Haut, die wird sich gewiß Tee zum Abend bringen lassen und Herrn Rudolf mit schmachtenden Augen ansehen. Damen dieser Art, die nichts zu tun haben und Zeit und Geld mit Reisen vergeuden, unterhalten sich gern mit dem jungen Mann, lassen sich des Abends ein Kissen mehr bringen und sehen zu, wie er das Bett aufschlägt ... Dann gibt es Herren, die sich in ihre Zeitung vertiefen und deren teure Zigarren noch auf dem Gang zu riechen sind, die hat man rechtzeitig darauf hinzuweisen, daß für sie eine Ecke im Speisewagen reserviert worden ist.

Es gibt auch Paare, die auf der Hochzeitsreise sind und nicht wissen, wie sie sich verhalten sollen. Die Frauen senken den Blick, da sie überzeugt sind, daß ihnen etwas entsetzlich Verworfenes anzusehen sei. Wie sollte es ihnen auch nicht anzusehen sein – das ganze Leben hat das Töchterchen im Kanevas geschlafen, und jetzt thront es in einem Coupé, das klein und ungewohnt ist, überall Lämpchen, Klinken, Haken und Türen, und Pepa ist so ungeduldig, mein Gott, das ist so furchtbar und so schön, was mag wohl der flotte Bursche in der braunen Uniform am Ende des Wagens von mir denken?

Der hat schon so mancherlei erlebt, sogar daß sich die Neuvermählten zankten und die Braut dann zusammengerollt in seinem kleinen Abteil schlief, während Herr Rudolf ritterlich vor der Tür stand und der Bräutigam ihm hinterher ein nobles Trinkgeld gab, allerdings unter einer Bedingung: »Silentium, Herr, Hauptsache Silentium ...« Und Herr Rudolf versprach es kopfnikkend, denn wem hätte er schon davon erzählen können, nicht wahr?

Genausowenig plauderte er auch aus, daß eine Dame aus der Schweiz in Neapel immer darauf wartete, bis er mit dem nächsten Turnus kam, sie wartete gern und seufzte schwer, wenn er kurz nach Mitternacht wieder zum Bahnhof mußte.

Im übrigen hatte Herr Rudolf wie jedermann, der ein und dieselbe Strecke befährt, auf vielen Stationen Bekannte.

Es waren flüchtige, doch schöne Bekanntschaften, er konnte nur ein paar Worte mit ihnen wechseln, zu einem Treff kam es nicht, denn er hat keine Zeit, der Zug wartete nicht.

Ja, die kleine Zigarettenverkäuferin in Budweis, das ist etwas anderes, über die ließe sich reden. Übrigens kann Herr Rudolf, sobald er frei hat, jederzeit nach Budweis fahren. In Klagenfurt ist da die Frau des Fahrdienstleiters, dauernd liegt sie im Fenster, und wenn ihr Mann außer Dienst ist, kommt sie an den Zug gelaufen. Doch am tiefsten in Herrn Rudolfs Herzen steckt die kleine Gina aus Tarvisio, die Limonadenverkäuferin. Auf dieser Grenzstation schert sich Herr Rudolf den Teufel um seine Passagiere. Gina hat Augen, daß man alles darüber vergißt, Herrgott oder besser: Madonna mia, das Mädchen ist so schön, daß man am liebsten überhaupt nicht weiterfahren möchte!

Schluß jetzt, die Achtzehn hat geklingelt, entweder hat sie einen Wunsch, oder sie hat sich aus Versehen an den Klingelknopf gelehnt.

Mit professionellem Lächeln eilt Herr Rudolf zum Coupé achtzehn, silvuplä, Messijö, pitte, majn Herr, plies, prego Sinjore. Die Achtzehn hatte eigentlich keinen Wunsch, heben Sie mir nur den großen Koffer herunter, danke, junger Mann, rauchen Sie? Herr Rudolf geht den Gang entlang, und seine Gedanken kreisen um das schwerwiegende Problem, ob Gina oder ihr Bruder Nicoló heute in Tarvisio Limonade verkaufen wird. Nicoló ahnt, daß der Bursche aus dem Schlafwagen ein Auge auf seine Schwester geworfen hat, in Italien ist es nun mal so, daß der Bruder über die Ehre seiner Schwester wacht. Immerhin wäre Herr Rudolf für Gina eine gute Partei, doch zuvor müßte er erst die Familie besuchen und mit allen zusammen in die Kirche gehen, in seinem lächerlichen Italienisch Konversation machen, darlegen, wer seine Eltern seien, wieviel Brüder und Schwestern er habe ... Doch Herr Rudolf kann Gina nur die Hand drücken, kann sie zu umarmen versuchen und dann rasch auf den anfahrenden Zug springen.

Heute verläuft die Fahrt völlig normal, der Wagen ist nur zum Teil besetzt, keine Saison; falls Gina da ist, wird er ihr den kleinen gläsernen Armreifen schenken, den er gestern in Prag gekauft hat, er wird ihn ihr selber aufs Handgelenk streifen, und das wird dann wie eine Verlobung sein.

Je mehr sie sich Tarvisio näherten, desto ungeduldiger wurde Herr Rudolf. Endlich fuhren sie an dem Zipfel des Sees vorüber, jetzt waren es noch zwanzig Minuten, heute hatten sie Verspätung, das war unangenehm, denn natürlich würde der Zugführer die Verspätung in Tarvisio aufholen wollen, schade um jede Minute, die er nicht bei Gina verbringen konnte.

Er ging durch den Waggon, um die bevorstehende Grenzkontrolle anzukündigen.

Die Reisenden nahmen seine Mitteilung gelassen zur Kenntnis, nur Flitterwöchner sind auf Italien neugierig, Geschäftsleute nicht. In der Fünfzehn ist ein Tscheche, der verläßt das Coupé nicht, anscheinend will er sein Schlafabteil richtig ausnutzen. Wann immer Herr Rudolf bei ihm anklopft, liegt der Mann auf dem Bett; bis jetzt hat er sich weder Tee noch Zigaretten bestellt, nicht einmal einen Platz im Speisewagen wollte er sich reservieren lassen. Herr Rudolf kennt genug Leute dieses Schlags, sie mieten sich ein Bett, schleppen aber eine Tasche voller Wurst und Brötchen mit, um unterwegs keinen Heller ausgeben zu müssen. Dieser Mann irritierte ihn ein wenig, denn er hatte keine Tasche voller Wurst und Brot bei sich, und entweder ging er nicht in den Speisewagen, oder er benahm sich dabei so unauffällig, daß ihn niemand sah. Ein unauffälliger Mann, das ist der richtige Name, dachte Herr Rudolf lachend, ein unauffälliger Mann. Die sind meistens von der Polizei. Zufrieden, daß er den Beruf des Mannes so scharfsinnig erraten hatte, klopfte er an dessen Coupé.

»Die Grenzkontrolle, bitte«, sagte er durch die halbgeöffnete Tür. Der Mann lag wie üblich angekleidet auf dem Bett. Bestimmt ist er von der Polizei. Aber was will er dann mit dem riesigen Koffer? Seine Kollegen gehen nur mit einem Köfferchen und einer Aktentasche auf Reisen.

Schließlich beherrschte Herrn Rudolf nur noch ein einziger Gedanke: Ob Gina heute Limonade verkauft? Werde ich ihr den Reifen auf den Arm streifen? Alles andere interessierte ihn nicht im mindesten.

Sie rollten in Tarvisio ein. Mit einem Stich im Herzen vernahm Herr Rudolf Nicolós herrliche Stimme, die einem Opernsolisten Ehre gemacht hätte: »Limonata! Rinfrescante!«

Herrn Rudolfs gute Laune war dahin, und so machte er sich daran, die Türklinken seines Waggons zu putzen. Selbstverständlich salutierte er zu Nicoló hinüber, denn gute Beziehungen zum Bruder der Angebeteten sind in Italien notwendig. Aber seine Enttäuschung war so groß, daß er lieber wieder in den Wagen stieg.

Dafür schwärmten die Passagiere aus, sie spazierten den Perron entlang, um sich die Beine zu vertreten oder um die echt italienische Luft zu atmen. Auch der unauffällige Tscheche aus der Fünfzehn stieg aus und ging zu Nicoló hin. Er kaufte sich eine Limonade. Nicoló hielt die Hand auf, und der Herr gab ihm eine Lira. Herr Rudolf konnte vom Zugfenster aus alles ganz genau sehen. Dann nahm Nicoló seinen Korb mit den Wasserflaschen auf und wollte weitergehen. Doch der Herr hielt ihn fest.

»Was kostet eine Limonade?«

Sein Italienisch war recht gut, doch Nicoló antwortete nicht.

»Sechzig Centesimi!« gab sich der Herr selber zur Antwort. »Ich kriege noch Geld von dir, du Dieb!«

Nicoló begann bei seinem Seelenheil zu schwören, er habe nichts herauszugeben. In Tarvisio koste die Limonade eine Lira.

»Dann werde ich den Capitano dort fragen!« sagte der unauffällige, jetzt aber höchst auffällige Herr und brüllte aus Leibeskräften: »Polizia!«

Nicoló war über alle Maßen verblüfft, zog aber die vierzig Centesimi schneller hervor, als die Polizei dasein konnte. Er warf sie dem Herrn so wütend hin, daß sie diesem nur durch Zufall nicht vor die Füße fielen.

Na so was, dachte Herr Rudolf, das hat's hier noch nicht gegeben! Sich um vierzig Centesimi streiten und die Polizei rufen ... Und er warf Nicoló einen teilnahmsvollen Blick zu.

»Idiot«, sagte dieser, unter Herrn Rudolfs Fenster ausspukkend, und rief dann weiter die frischen, die frischsten und billigsten Limonaden aus.

Der unauffällige Herr stieg in den Waggon und sagte im Vorbeigehen zu Herrn Rudolf: »Haben Sie das gesehen? Behält einfach vierzig Centesimi für sich! Als hätte ich mein Geld gestohlen!«

Empört ging er in sein Coupé. Herr Rudolf meinte bei sich, daß der Herr heute viel mehr als vierzig Centesimi eingebüßt habe.

Als er am nächsten Tag ins Coupé trat, um zu melden, daß sie am Ziel angelangt seien, sagte der unauffällige Herr: »Hören Sie, junger Mann, kennen Sie in Neapel nicht ein anständiges, recht billiges Hotel?«

Herr Rudolf mußte eine Weile überlegen. Seit dem gestrigen Auftritt in Tarvisio war ihm klar, daß dieser Herr um gar keinen Preis ins »Excelsior« oder ins »Grand« wollte.

»Das Hotel Riposo vielleicht ... Aber sehr pompös ist es nicht.«

»Genau das suche ich. Riposo, sagen Sie, das bedeutet, soviel ich weiß, Ruhe. Ja, das ist ein sehr geeigneter Name für ein Hotel. Ich danke Ihnen, junger Mann.«

Der Herr machte keine Anstalten, in die Tasche zu greifen, er hielt sein Danke für eine ausreichende Entlohnung. Wieviel hätte er dir wohl gegeben, wenn er nicht darum herumgekommen wäre? dachte Herr Rudolf und lächelte.

Die Zeit verging. Die Polizei in Prag hatte neue Fälle zu bearbeiten, sie löste sie mit Erfolg, doch der Herr Rat Vacátko wußte: Den Sepekovský verzeihen mir die Zeitungen nie. Er ist ein Fleck auf meiner Karriere. Trotz aller Maßnahmen hatte nämlich keine Spur von diesem Teufelskerl entdeckt werden können, und die Firmen Riemer und Fuchs begannen der Versicherung hart zuzusetzen.

Eines Nachmittags, als nur schläfrige Fliegen an der Zimmerdecke summten und der Herr Rat schon nach Hut und Stock griff, klopfte es an der Tür. Der Herr Rat warf zuerst einen raschen Blick auf die Uhr, dann beschloß er, den Besucher höflich, aber entschieden abzuwimmeln.

In der Tür stand ein junger Mann in einer Uniform, die der Herr Rat in seiner Erinnerung nicht unterzubringen wußte.

»Rudolf Tejc, bitte schön ... Schlafwagenschaffner«, sagte er ehrerbietig.

Der Herr Rat sah ihn mißmutig an. »Na, was bringen Sie uns Schönes?«

»Wahrscheinlich nichts, leider, ich glaube nur, daß ich Sie ... Nun ja, ich bin der Meinung, daß ich Sie auf etwas hinweisen sollte. Ich fahre auf der Strecke Prag-Neapel. Und Zeitung lese ich nicht. Dafür bleibt mir keine Zeit. Was für eine Zeitung sollte ich auch schon lesen, nicht wahr, wo ich weder Deutsch noch Italienisch gut genug kann. Ich spreche, bitte schön, mehrere Sprachen, aber nur so viel, wie in einem Schlafwagen gebraucht wird.«

Da kommt dieser Mensch her, um mir zu erklären, was er alles kann! Unglaublich ist das! Wozu ist der Wachtposten draußen eigentlich da? Was läßt er den hier rein, wenn ich schon mal vorhabe, mir meinen Jungen mitsamt den Schulaufgaben vorzunehmen!

»Zeitung lese ich nicht, bitte schön, ich bin zweieinhalb Tage hin und zweieinhalb Tage her unterwegs, eigentlich komme ich immer erst nach einer Woche wieder, dann sind alle Ereignisse schon überholt ...«

»Schön, und was hab ausgerechnet ich damit zu tun?«

»Ich bitte um Entschuldigung, aber ich habe erst in Budweis die Zeitung gelesen, wo ich meine Bekannte besucht habe. Der Name tut wohl nichts zur Sache ...«

»Nein. Aber Sie müssen verstehen, daß ich nicht begreife, worum es sich handelt.«

»Ich will nur sagen, daß ich die Geschichte von diesem Sepekovský zu spät gelesen habe. Vor kurzem fuhr nämlich bei mir ein Herr in Richtung Süden mit, ein Tscheche, er fragte mich nach einem Hotel in Neapel, nach einem billigen Hotel.«

Der Herr Rat nahm den Hut ab. »Und was haben Sie ihm gesagt?«

»Ich habe ihm das Hotel Riposo genannt.«

»Wieso meinen Sie, daß es Sepekovský war?«

»Was den Zeitpunkt betrifft, bitte schön, könnte er es gewesen sein, er fuhr gerade an dem Tage mit, als die Geschichte in Prag passiert ist. Doch sonst, sonst glaube ich, war er es nicht. Er stritt sich mit dem Limonadenverkäufer in Tarvisio um vierzig Centesimi. Deshalb hat er es gar nicht sein können, wo doch seine Koffer voller Geld waren ...«

»Moment«, sagte der Herr Rat und langte in den Schreibtisch. Er legte die Fotografie eines lächelnden Herrn vor den Besucher.

»Ja, das ist er, mein Passagier!«

Der Herr Rat blickte Herrn Rudolf mit unbestimmter, aber ständig wachsender Begeisterung an. »Hotel Riposo, sagen Sie ... Sie sind ein sehr fähiger und sympathischer junger Mann! Nebenbei gesagt: Ist Ihnen bekannt, daß auf die Festnahme eine Belohnung ausgesetzt ist?«

»Ja«, sagte Herr Rudolf leise. »Deshalb bin ich hier.«

Und leise schlüpfte er aus der Tür.

Der Herr Rat ging nicht nach Hause. Ein Blitztelegramm jagte zur Polizeidirektion in Neapel. In der Nacht traf die Antwort in Prag ein: Ja, im Hotel Riposo in Neapel wohne ein tschechoslowakischer Bürger.

Endlich erschienen in Prag Zeitungen, auf die Herr Vacátko so lange gewartet hatte:

Sensationeller Erfolg der Prager Polizei ... Gesuchter Defraudant aufgespürt ... Zusammenarbeit mit italienischer Polizei zeitigte gute Ergebnisse ...

Der Herr Rat strahlte. »Als der Schaffner mir von dem Streit um die vierzig Centesimi erzählte, meine Herren, das sind vierzig Heller in unserer Währung, da war mir alles klar! Die Leute, merken Sie sich das, unterschlagen nicht etwa große Summen, weil sie arm wären, sondern weil sie krank sind – krank vor Geldgier. Vor Gier nach einer Million oder nach vierzig Hellern.«

Die Herren Detektive nickten, ja, sie verständen, und der ehrerbietige Herr Brůžek bemerkte: »Tja, nun ist er mit seinem Latein am Ende.«

Doch er hatte unrecht. Herr Sepekovský war nicht mit seinem Latein am Ende, dieser Mensch war anscheinend doch ein Genie.

Als er begriff, daß die Herren, die ihn nach seinen Papieren fragten, von der Polizei waren, fiel ihm nicht im Traum ein, einen Fluchtversuch zu wagen. Das wäre auch sinnlos gewesen.

Im Gegenteil, Herr Sepekovský ließ sich dem Polizeipräfekten vorführen und stellte sich unter den Schutz der italienischen Polizei, wobei er ersuchte, nicht an die tschechoslowakischen Behörden ausgeliefert zu werden. Das war kein schlechter Schachzug, schließlich mochte die dortige Justiz ihre eigene Auffassung von der ganzen Sache haben, und selbst wenn sie Herrn Sepekovský bestrafte, würde das Urteil auf jeden Fall milder ausfallen als in der Heimat. Außerdem durfte er hoffen, daß die Advokaten in Neapel keine Hohlköpfe waren.

Als der Herr Rat die Nachricht erhielt, daß der Delinquent die italienischen Behörden um Asyl gebeten habe, tobte er. Herr Brůžek beruhigte ihn: »Herr Oberpolizeirat, was sollen wir uns darüber die Köpfe heiß machen? Haben wir ihn gefunden? Ja. Hatten wir Erfolg? Ja, das haben wir.«

»Aber den Sepekovský haben wir nicht«, rief der Herr Rat, auf den Tisch klopfend.

»Dann eben nicht. Aber dafür können wir nichts. Das ist bereits Sache der Herren da oben.«

So war es. Arbeit hatten damit alle genug, angefangen vom Herrn Polizeipräsidenten bis zu den Herren vom Obersten Gericht. Der Justizminister und der Außenminister mischten sich ein, der tschechoslowakische Gesandte in Rom und der italienische Gesandte in Prag, die Zeitungen quollen über von Nachrichten und Mutmaßungen, die der Herr Rat schließlich mit

Wohlgefallen las. Denn er spielte in diesem Stück keine Paraderolle mehr.

Nur mit Herrn Rudolf hatte er Schwierigkeiten; immer wenn dieser von einer Reise zurückkam, versäumte er nicht, wegen der zugesagten Belohnung vorzusprechen. Doch auch damit gab es Komplikationen, auch darüber zerbrachen sich die Herren oben den Kopf. Ohne Zweifel hatte Herr Rudolf im wesentlichen Maße zur Auffindung des Täters beigetragen. Doch kann die Belohnung ausgezahlt werden, solange die Polizei den Gesuchten nicht in der Hand hat?

Es hatte den Anschein, als könnte der Streit um Herrn Sepekovský nie beigelegt werden und als liefere er ganzen Scharen von Juristen und ganzen Gerichtshöfen Lohn und Brot.

Jedesmal, wenn Herr Stein mit Herrn Kavan im Café Roxy saß – denn seit jenem gemeinsamen Schock waren sie Freunde geworden –, sagte er: »Nein, Herr Kavan, mir machen Sie nichts weis. Dieser Sepekovský ist so gerissen, das muß ein Jude sein. Schon der Name kommt mir verdächtig vor ...«

Und inzwischen saß der Mann, der Europa in einen derartigen Wirbel versetzt hatte, im kühlen, in der italienischen Hitze aber keineswegs ungemütlichen Gefängnis mit dem höchst poetischen Namen Santa Maria Maggiore, der Gewalt der neapolitanischen Advokaten ausgeliefert, die er zur Gänze über seine finanziellen Möglichkeiten aufgeklärt und von denen er äußerst hoffnungsvolle Zusicherungen erhalten hatte.

Die Geschichte zog sich endlos lange hin, anscheinend wollte sie nie zu Ende gehen. Doch sie ging zu Ende. Unerwartet, ungewöhnlich. So ungewöhnlich, wie es selbst der gewitzte Herr Rat Vacátko nicht hatte voraussehen können.

Weder die Juristen noch die politischen Noten führten diese Wende herbei.

Eines Tages las der Herr Rat in der Zeitung:

ERDBEBEN IN ITALIEN

Wie wir telefonisch erfuhren, wurde in Neapel ein Erdbeben registriert Mehrere Häuser wurden leicht beschädigt, Verluste an Menschenleben sind nicht zu beklagen. Dem Krater des Vesuv entstieg eine stärkere Rauchwolke.

Eine Stunde nachdem der Herr Rat diese unwesentliche kleine Notiz gelesen hatte, traf ein Blitztelegramm auf der Polizeidirektion ein:

Verlange als tschechoslowakischer bürger überführung in gefängnis praga stop sepekovsky

Das Erdbeben hatte nämlich bewirkt, daß in mehreren Zellen des alten Gefängnisses Santa Maria Maggiore der Putz von den Wänden fiel. Die anderen Häftlinge störte das nicht weiter, doch aus der Zelle, in der jener komplizierte Fall aus Prag einsaß und wo ein Stück Decke herunterpolterte, erscholl markerschütterndes Gebrüll. Der Untersuchungsgefangene J. Sepekovský erlitt eine Nervenkrise, und der herbeigerufene Gerichtsarzt ließ ihn ins Krankenhaus überführen. Dort wurde festgestellt, daß der Patient seelisch völlig zusammengebrochen war, und als er nach der Untersuchung wieder ins Gefängnis zurückgeschafft werden sollte, fiel er vor Entsetzen in Ohnmacht.

Die Polizei von Neapel kam zu dem Schluß, daß es das beste sei, ihn sich vom Halse zu schaffen.

In Anbetracht des Telegramms, das er abgeschickt hatte, und in Anbetracht der Tatsache, daß der italienischen Regierung daran gelegen war, freundschaftliche Beziehungen zur Regierung der Tschechoslowakei zu unterhalten, gab man dem Wunsche des Delinquenten statt. Er wurde also mit einer Eskorte an die Grenze befördert.

So kam Herr Rudolf schließlich doch noch in den Genuß der ausgesetzten Belohnung, und Herr Sepekovský ging wegen vierzig Heller und eines kleinen zufälligen Erdbebens für etliche Jahre hinter schwedische Gardinen.

Der Mörder

Die Tote lag in einem schütteren Walde nahe am Fluß, sie hatte die Arme ausgebreitet, als wollte sie jemanden umarmen; die Beine waren verkrümmt, der Sommermantel hoch über die Knie geschoben, und in ihrem Gesicht war mehr Verwunderung als Entrüstung.

Weil es im Spätfrühling war, summten über ihrem fahlen Gesicht die Fliegen. In den Zweigen zitterte eine Spinnwebe, die noch niemand zerrissen hatte, und die Stille, die tiefe Stille, wie sie um Tote herrscht, konnten nicht einmal die Schritte der Gendarmen aus Zbraslav stören, die den Tatort sorgfältig absuchten, und auch nicht das Klicken der Fotoapparate, die in der unbewegten Luft den beizenden Geruch nach Magnesium zurückließen.

Die Nachricht von dem Mord flog wie eine dunkle Wolke durch die Gegend; ein ermordetes Mädchen regt die Leute immer zu grausamen Rachegelüsten an, sie wünschen sich, den Mörder in ihren Händen zu haben, denn dann wären die Gerichte mit einem Schlage überflüssig.

Zuerst kamen auf ihren Fahrrädern die Leute aus Davle, bald würde man es in Modřany wissen, und die Nachbarinnen aus Břežany rangen jetzt schon auf dem Dorfanger die Hände.

Abends, in der Gastwirtschaft, hielt der Herr Wachtmeister Roštlapil für seine Bekannten schon die vertrauliche Mitteilung bereit, daß dieser Mordfall sehr bald abgeschlossen sein würde, denn man habe ja die leere Patronenhülse gefunden, und das bedeute so viel, als hielte man den Mörder bereits am Rockschoß fest. Außerdem zeige die Lage der Leiche, daß es sich hierbei um das handele, worum es sich bei einer Frau immer handelt, wenn sie nur ein bißchen ansehnlich ist. Vielleicht hatte sie nicht gewollt, oder es war Eifersucht – all das werde sich bald herausstellen, man brauche bloß alle jungen Burschen in die Zange zu nehmen, die jemals etwas mit der Toten zu tun hatten, und sie würden auspacken. Einer von ihnen habe bereits unter Tränen gestanden, daß er die Miladka gern gehabt habe – na, den hätten sie gleich dabehalten auf der Gendarmeriestation …

Aber ansonsten, meine Herren, keinen Mucks! Sie wissen ja, bevor es nicht in den Zeitungen steht, weiß man amtlicherseits nichts!

Und es stand in den Zeitungen, aber man wußte amtlicherseits immer noch nichts, und der Herr Wachtmeister Roštlapil wischte sich die schweißnasse Stirn, weil bereits der achtzehnte junge Mann zum Verhör vorgeführt wurde. Die Menschenmenge in dem schütteren Walde bei Závist wuchs an, und weil an dem Ort des Verbrechens nichts mehr zu finden war, gaben die Gendarmen den Schaulustigen die Möglichkeit, ihre Neugier zu stillen. Die Frauen weinten und brachen zum Andenken Zweige von dem Baum ab, unter dem die Tote gelegen hatte. Die Männer schwangen Reden darüber, daß man so einem Schurken Riemen aus dem Rücken schneiden müsse, bevor er aufgehängt würde.

Der Herr Rat Vacátko erfuhr am Morgen aus der Polizeikorrespondenz von dem Fall. Seine Miene verdüsterte sich. Es ist nun einmal das Los eines Polizeibeamten, daß er gleich am frühen Morgen unangenehme Nachrichten erhält, das gehört zum Beruf. Das hier betraf ihn zwar nicht – Zbraslav lag außerhalb seines Rayons, und die dortige Gendarmerie würde das allein bewältigen –, aber er kannte das Leben und rief deshalb den Herrn Brůžek zu sich.

»Wir haben hier eine ganz schöne Bescherung, nehmen Sie das mit hinunter, damit man in der Detektei Bescheid weiß.«

»Herr Rat geruhen zu meinen«, sagte bedächtig der Herr Brůžek, »daß das gewissermaßen uns zufallen könnte?«

»Mein Lieber, Guter, wenn jemand bei Zbraslav eine Frau abmurkst, dann wird er sich am ehesten wo verstecken? In Davle? In Zbraslav ...? Na, sehen Sie! Prag ist Prag!«

Der Herr Brůžek pfiff unterwegs auf der Treppe ein altes, längst vergessenes Liedchen vor sich hin, in dem es hieß: »Prag ist aller Tschechen Paradies, hoch lebe Bajkajlies ...«, wobei ihm einfiel, daß er eigentlich niemals gewußt hatte, wer dieser Bajkajlies war und warum er hochleben sollte.

Die Herren Detektive notierten sich den Fall und nahmen damit amtlich von der Gefahr Kenntnis, daß der unbekannte Täter sich auf dem Gebiet der Stadt Prag verstecken könnte.

»Diese unbekannten Täter hab ich grade gern«, brummte Herr Mrázek. »Du weißt nicht, wo er ist, was er ist und wie er ist, aber Jagd sollst du auf ihn machen. Das ist, als wenn sich der Hund in den eigenen Schwanz beißt, Faktotum.«

Mit diesen Worten und einem liebevollen Gedanken an sein mordshäßliches, aber desungeachtet äußerst entzückendes Hündchen verließ Herr Mrázek die Bartholomäusgasse.

In diesem Augenblick hatte der Herr Rat bereits die Kopie des ausführlichen Berichts über die gerichtliche Obduktion der Leiche auf seinem Tisch, und er wußte, daß es nicht ganz der Wahrheit entsprach, was gestern der Herr Wachtmeister Roštlapil unter dem Siegel der Verschwiegenheit in der Schloßschenke ausgeplaudert hatte. Die Ermordete war weder vergewaltigt noch sonst irgendwie mißbraucht worden, sie war darüber hinaus eine Virgo intacta und war aus einer Pistole vom Kaliber 9 mm aus unmittelbarer Nähe und augenscheinlich völlig unerwartet erschossen worden. An ihrem Körper waren nicht die geringsten Spuren eines Kampfes festgestellt worden, offenbar hatte sie sich überhaupt nicht gewehrt. Hätte es nicht bereits die berühmte tote Unbekannte aus der Seine gegeben, so wäre die Tote von Zbraslav in gleicher Weise berühmt geworden; auch sie lächelte verwundert, als habe sie gerade etwas Lustiges oder Unglaubhaftes vernommen, genau in dem Augenblick, da der Tod kam. Geschossen wurde auf sie aus einer Entfernung von einigen Zentimetern – jemand hatte ihr einfach die Pistole an die Seite gehalten und abgedrückt. Das Projektil hatte den Herzrand getroffen, der Tod war sofort eingetreten.

Der Herr Rat schüttelte unzufrieden den Kopf. Auch er hatte heute morgen noch gedacht, daß es von Nutzen sein würde, sich zur Sicherheit all diejenigen anzuschauen, die in den Karteien der Polizei als sexuell abartige Personen festgehalten sind. Und siehe da, die Sache verhielt sich ganz anders ... Es ist immer sehr unangenehm für die polizeiliche Fahndung, wenn etwas ganz anders ist, als es gewöhnlich zu sein pflegt. Die Polizei arbeitet gern mit gewöhnlichen Dingen. Ungewöhnliche Dinge denken sich nur die Autoren von Kriminalromanen aus. Die Polizei ist eine Behörde und liebt es, zuverlässig mit Karteien, mit Listen, mit bekannten Menschen zu arbeiten. Ein Mord ist natürlich immer ein gewisser Ausnahmefall, aber nun wieder nicht so sehr, daß man nicht an irgendeinem Ende anfassen könnte. Das da aber sah in höchst unangenehmer Weise ungewöhnlich aus. Der Herr Rat konnte sich vorstellen, was jetzt die Gendarmen taten, er ahnte, daß sie den Kreis der Menschen eingrenzten, die das Mädchen gekannt hatten, was richtig war, denn es konnte dazu beitragen, völlig unschuldige Menschen aus der Schar der Verdächtigen auszuschließen. Aber den Mörder würden sie so kaum fangen.

Was sollten sie also tun?

Der Herr Rat seufzte erfahren auf: warten.

Zu der gleichen Erfahrung gelangten auch die Gendarmen, die

vom frühen Morgen an Dutzende von Zeugen vernommen hatten, im ganzen Landkreis herumgelaufen waren und mit ihren unbeholfenen Fingern ellenlange Aussagen protokolliert hatten, die in einem Punkt übereinstimmten: Die Ermordete war ein besonders ordentliches Mädchen, eine gelernte Näherin, die nach Davle zur Arbeit fuhr, zumeist mit dem Zug nach Závist zurückkehrte, sich zuweilen von jemandem auf der Landstraße mitnehmen ließ, am häufigsten von dem Herrn Roula, der Gemüse nach Prag fuhr.

Den Herrn Roula holten die Gendarmen noch in der gleichen Nacht ab, und ihm ging infolgedessen ein großes Geschäft mit jungen Möhren durch die Lappen, was er dem Gendarmerieapparat lange nicht verzeihen konnte. Ein bißchen freute es ihn zwar, daß er mit vertraulichen Informationen dienen konnte, aber als sein Name in den Zeitungen auftauchte, fiel ihm mit großem Unbehagen ein, daß das zuviel des Guten war. Was, wenn ihm nun in der Markthalle einer sagte, er wolle kein Gemüse von einem Mann, der eine Ermordete befördert hat?

»Auf so einen Ruhm, der mich mein gutes Geld kosten kann, furz ich Ihnen eins!« brüllte der Herr Roula in der betreffenden Redaktion, freilich nur unten beim Pförtner, denn weiter ließ man ihn nicht. Am Tag darauf erschien im Blatt der Gewerbetreibenden ein Artikel, wonach die Journalisten eines sozialistischen Blattes leichtsinnigerweise einen unschuldigen Angehörigen des Standes der Gewerbetreibenden ruiniert hätten, welchselbiger Stand bekanntlich von jeher die Basis eines geordneten Staates sei.

So wuchsen um die schweigende Tote nicht nur Furcht und Entsetzen, sondern auch Verwirrung, Zank und Streit, und alles mischte sich mit den Tränen, die beim Begräbnis flossen. Rechnet man die Ungeduld hinzu, der auch die Gendarmen anheimfielen, so wird man begreifen, daß einer den anderen zu verdächtigen begann und daß die anonymen Anzeigen auf der Gendarmeriestation bereits ungelesen in den Papierkorb wanderten.

Jeder der Gendarmen hatte über diesen Mord seine eigene Ansicht, der Wachtmeister Roštlapil zum Beispiel beharrte auf seiner Theorie, wonach ein Mann dahintersteckte, also Notzucht. Daß das Mädchen noch unschuldig war, hatte seiner Meinung nach nichts zu besagen. Der Stabswachtmeister Dürrhahn dagegen, der trotz seines Namens kugelrund und dadurch bekannt war, daß er mit wütendem Eifer auf alle Jagd machte, die sich mit der Angelrute in der Hand an den Fluß stellten – als passionierter Angler hatte er die fixe Idee, daß Dahergelaufene von außerhalb sich verschworen hatten, in den Zbraslaver Gewässern den Fischbestand zu dezimieren –, dieser Stabswachtmeister also erklärte, ihm gefalle es schon lange nicht, wieviel fremdes Volk nach Zbraslav komme, als sei es hier zu Hause, denn dann sei es kein Wunder, wenn so etwas passiere.

»Mir macht keiner was weis«, sagte er auf der Station und zwinkerte vielsagend zur Tür hin, hinter der sich die durch Prager Fachleute verstärkte Fahndungsgruppe etabliert hatte. »Wenn einer ohne Genehmigung angelt, dann ist er auch zu einem Mord fähig.«

Er begann also, unter den Anglern nach dem Schuldigen zu suchen, und während er am Ufer entlangspazierte, musterte er neugierig die Gesichter der Unbekannten und grüßte mürrisch die Bekannten. Um der Wahrheit die Ehre zu geben – er konnte keinen leiden, der sich am Wasser aufhielt, um so weniger jetzt, da er selbst lange Zeit nicht zum Angeln kommen würde. Es war natürlich ausgeschlossen, daß ein Gendarm angeln ging, solange im Kreis der Mord an einem jungen Mädchen unaufgeklärt war. Und so ging er an den schweigsamen Männern vorbei und verlangte hie und da den Angelschein. Leider ohne Erfolg, denn alle hatten einen.

Das hat nichts zu bedeuten, sagte er sich auf dem Heimweg, das hat überhaupt nichts zu bedeuten! Schließlich – warum sollte sich der Mörder nicht einen Angelschein besorgt haben? Heutzutage gibt man jedem x-beliebigen einen. Mir hat schon so manche dieser Visagen nicht gefallen. Zum Beispiel der Kerl mit der eingedrückten Nase... Aber ich kann ihn doch nicht mitnehmen, wenn er einen gültigen Schein hat! Na, macht nichts, ich werde den Fluß einfach weiter überwachen, und wenn ich auch den Mörder nicht fange, so werde ich wenigstens die Angler vertreiben...

Das eifrige Bemühen und die umfangreiche Fahndung brachten natürlich bestimmte Ergebnisse. So zeigte es sich, daß das Mädchen eigentlich zwei Verehrer hatte, was für eine unschuldige Jungfrau ein bißchen viel war. Weil sie mit beiden gegangen war, hatte sie niemals gesagt, wann sie nach Hause kommen würde, damit nicht einer von den beiden sie abpassen und mit dem anderen erwischen konnte.

Die Meisterin hatte ihr zuweilen Geld anvertraut; sie mußte es in Zbraslav auf der Post aufgeben, weil in Davle nur bis vier Uhr nachmittags Geld angenommen wurde. Aber an diesem Tage hatte sie kein Geld bei sich gehabt. Das brauchte der Mörder natürlich nicht gewußt zu haben, er konnte angenommen haben, daß sie Geld bei sich trage. Aber da nichts festgestellt wurde, was dafür zeugte, daß er sie durchsucht hatte – schon ihre Lage war überzeugend genug –, mußte auch diese Theorie verworfen werden.

Keine von ihren Freundinnen – sie alle waren Mädchen aus der Schneiderwerkstatt – wußte etwas davon, daß Milada Umgang mit einem Unbekannten pflegte, sie hatte immer nur von Menschen gesprochen, die jedermann kannte. Nach Prag war sie sehr selten gefahren und immer mit Bekannten, um sich die Mode anzugucken und in einem Café eine Limonade zu trinken, was sie offenbar für den Gipfel der Ausschweifung hielt.

»Es sieht also ganz so aus, als sei das Mädel nur so durch den Wald gegangen, und dann ist auf einmal einer zu ihr getreten, hat ihr die Pistole an die Hüfte gehalten und sie mir nichts, dir nichts abgeknallt. Dann ist er vielleicht mit dem Zug weggefahren oder nach Zbraslav in die Kneipe gegangen ... Um Gottes Willen, das ist doch gar nicht möglich!« jammerte der Gendarmeriekommandant, als er den Abschlußbericht der Fahndungsgruppe erhielt.

»Darin liegt, wie man so sagt, ein erotisches Motiv«, erklärte unbeirrt der Wachtmeister Roštlapil, und der Stabswachtmeister Dürrhahn fügte hinzu, den Mord habe bestimmt einer von den Anglern auf dem Gewissen, die sich da an den Ufern der Moldau herumtrieben. Der Kommandant sagte, all das sei großer Blödsinn und ihm als ordentlichem Gendarmeriekommandanten werde wohl nichts anderes übrigbleiben, als sich eine Kugel aus der Dienstpistole in die Stirn zu knallen.

Bevor sich aber die beiden Herren dazu äußern konnten, stürzte völlig verstört ein Gendarmeriepostenführer herein und meldete mit zitternder Stimme, daß an der Landstraße nach Břežany, ein bißchen abseits, also unweit der Stelle, wo das tote Mädchen aufgefunden worden war, die Leiche eines unbekannten Mannes von mittlerer Größe liege, Alter etwa sechzig Jahre. Der Tote sei von einem Waldarbeiter entdeckt worden und der habe zufällig den Postenführer getroffen. Er, der Postenführer, sei bereits selbst am Tatort gewesen und jener Arbeiter, ein gewisser Václav Maroušek, sei dort geblieben, um Wache zu stehen und eventuelle Neugierige zu verjagen, während er aufopferungsvoll zur Station geeilt sei.

»Hat Ihnen schon jemand gesagt, daß Sie ein Hornochse

sind?« brüllte der Kommandant. »Seit wann verläßt ein Gendarm den Tatort und läßt einen Zivilisten dort Wache halten? Was ist, wenn diesen Zivilisten die Neugier packt und er den Toten bewegt? Und was, wenn er alles so zerlatscht, daß keine Spuren mehr zu finden sind ...? Um Gottes willen, warum sind Sie Dämlack nur zur Gendarmerie gegangen?«

Als er sich ausgeschimpft hatte, stellte er fest, daß beide Wachtmeister den Raum verlassen hatten, um offenbar im Eiltempo wiedergutzumachen, was der Postenführer in seinem Eifer vermasselt hatte. Der Kommandant griff zum Telefon und wählte mit zitternder Hand die Nummer der Fahndung.

Der Tote lag derweil zwischen den jungen Bäumen auf dem Gesicht, er war von hinten erschossen worden. Er wurde als der Rentner Novák aus Zbraslav identifiziert. Weil neben ihm ein Beutel mit Pilzen lag, kam man zu dem Schluß, daß dieser Pilzfachmann, der sich noch gestern in der Kneipe gerühmt hatte, zu jeder Jahreszeit einen Pilz zu finden, in dem Augenblick getötet worden war, da er sich nach einem frischen Maipilz bückte. Gestern noch geprahlt und heute schon dahin! seufzten die Leute ... Aber wenn nach dem Mord an dem jungen Mädchen eine große Erregung durch die Gegend gegangen war, sah es nun mehr aus wie eine dunkle Wolke der Angst. Die Leute spürten, daß der Tod umging, ein sinnloser und rätselhafter Tod. Und die Angst gebiert den Zorn.

»Die Gendarmen jagen nach Angelscheinen, und uns lassen sie allesamt dahinmorden!« schrie eine Stimme aus der Menschenmenge, die die Straße versperrte, weil niemand in den Wald gelassen wurde.

»Die können höchstens ein altes Reisigweiblein schnappen, aber keinen Mörder!«

»Das sollte man nicht Gendarmen übertragen, sondern richtigen Detektiven, die etwas davon verstehen!«

Die Leute sprachen laut, im Wald hallt das menschliche Wort weit, so daß auch die Gendarmen alles hörten, ohne dagegen einschreiten zu können. Hier lag etwas vor, was sie selbst verwirrte.

Auch bei dem neuen Fall gab es keinerlei Spuren von Kampf oder Gegenwehr; das Geschoß war von hinten durchs Herz gedrungen, der Tod war auch hier augenblicklich eingetreten. Es war wiederum ein sauberer Schuß, abgefeuert aus unglaublicher Nähe, und wieder fand sich unweit eine leere Hülse vom Kaliber 9 mm.

Der Rentner Novák war nicht so taub gewesen, um nicht zu hören, wenn hinter ihm die Schritte eines Fremden knackten – wenn er also wußte, daß ihm jemand folgte, warum ließ er dann den unbekannten Menschen so nahe an sich herankommen, ohne sich nach ihm umzudrehen? Oder kannte er ihn vielleicht? Ging deshalb in aller Seelenruhe mit ihm? Es sah aus, als hätten sich zwei Männer über Pilze unterhalten und als habe der eine plötzlich die Pistole gezogen und sie dem anderen an den Rücken gehalten.

Der Tote hatte in der Tasche eine »Roskopka«-Uhr oder, wie es im Protokoll hieß, »eine Taschenuhr der Marke Roßkopf«, so daß es sich auch hierbei nicht um einen Raubmord handelte. Aber um was handelte es sich dann, um Gottes willen?

Mit dem Gefühl ohnmächtiger Verzweiflung sagte der Wachtmeister Dürrhahn: »Dieser Novák hat nicht einmal geangelt, er war ein anständiger Mensch!«

Man konnte sich einzig und allein an eine geringfügige Spur halten: Hatte jemand einen Schuß gehört? Es erwies sich, daß in den umliegenden Villen niemand etwas vernommen hatte. Der Förster aus Břežany behauptete zwar, er habe einen Knall gehört, aber was den Zeitpunkt betreffe, so könne es nicht der fragliche Schuß gewesen sein. Die Stunde des Mordes konnte nur annähernd bestimmt werden; er war in den Vormittagsstunden geschehen. Welcher Fremde war an diesem Vormittag in Závist gewesen? Und wer von den hiesigen?

Der Stationskommandant stützte den Kopf in die Hände. Er ließ am Samstag und am Sonntag Großrazzien unter den Tramps durchführen, die hierher in ihre Wochenendhäuser kamen. Allerdings lebten in den Häusern vor allem die bejahrteren Tramps; die jungen Herren kamen in Zelten auf ihre Kosten, und Zelte gab es in der Gegend um Zbraslav nur wenig. Aber auch so war die Beute groß: insgesamt sieben unangemeldete Schußwaffen, darunter leider keine mit dem Kaliber 9 mm ...

Auch der Wachtmeister Dürrhahn hatte einen glücklichen Tag: Er schnappte einen Halbwüchsigen beim Angeln ohne Schein. Es war der Sohn eines Kohlenhändlers en gros, und sie besaßen in Zbraslav eine Villa ...

Die Zeitungen hatten den unglücklichen Einfall, an die berüchtigten Massenmörder zu erinnern, an Jack, den Aufschlitzer, oder an den Mörder von Düsseldorf, wobei ihnen völlig entging, daß es sich hier um etwas ganz anderes handelte: Dieser Unhold hier ermordete nicht nur Frauen, er ermordete, aus Prinzip gewissermaßen, den ersten besten, der ihm gerade in die Hände fiel. Dadurch eben war er so gefährlich.

Als die Herren Detektive den Herrn Polizeirat Vacátko aufsuchten, um von ihm zu hören, was er zu alledem meinte, zuckte dieser nur die Achseln. »Einmal fragte man den berühmten Kriminalrat Genat, wann er endlich den Düsseldorfer Mörder fangen werde, und er sagte darauf, das werde erst dann geschehen, wenn der Mörder in einem seiner Opfer ein Stück des Mordwerkzeugs vergäße. Na, und sehen Sie, das hat sich dann auch bestätigt: Bei einer der Frauen brach die Schere ab, und ein Stück davon wurde in der Wunde gefunden. Das führte dann zu seiner Entlarvung ... Was aber kann ich sagen? Das ist ja gerade das Schlimme, daß der Kerl seelenruhig die leergeschossene Hülse am Tatort zurückläßt und daß ihm immer ein einziger Schuß genügt.«

»Er schießt fachmännisch«, meinte nachdenklich der Herr Mrázek. »Nicht in den Kopf, sondern in den Leib, und immer so, daß der Tod das Opfer trifft wie ein Blitzschlag. Als kenne er genau die Anatomie!«

Der Herr Rat blickte zum Herrn Mrázek auf und nickte lobend mit dem Kopf. Herr Mrázek errötete wie ein Jüngling, denn er war ein Mensch mit einem empfindsamen Herzen.

»Ansonsten aber fehlt in beiden Fällen jedwedes Motiv«, bemerkte der Herr Brůžek, »und das ist immer sehr schwierig. Man weiß nicht, wo man anpacken soll.«

»Meine Herren, wenn ich Ihnen sage, daß es mir völlig unmöglich erscheint, den Mörder mit den üblichen Methoden zu überführen, dann werden Sie das hoffentlich nicht weitersagen. Aber ich fürchte, ich habe recht«, schloß der Herr Rat seufzend.

Desungeachtet beschloß man, die Spur, auf die der Herr Mrázek gestoßen war, weiterzuverfolgen – es war freilich keine Spur, sondern nur ein Einfall. Zwei im Kreis Zbraslav wohnhafte Medizinstudenten wurden zum Verhör geladen. Ohne Ergebnis.

Am Sonntag unternahm der Herr Rat mit seiner Familie einen Dampferausflug nach Závist. Seine Frau war angenehm überrascht und der Sohn nicht weniger, um so mehr, als er in der letzten Zeit Stubenarrest gehabt hatte, an Ausflüge war also nicht zu denken gewesen. Sie ahnten nicht, daß der Herr Rat sich nur mal den Tatort anschauen wollte. Als sie auf dem überfüllten Dampfer heimwärts fuhren, wurde sich der Herr Rat Vacátko zweier Dinge bewußt: Erstens fuhren wirklich sehr viele Leute dorthin, so daß also der Mörder, wenn er es überhaupt tat, richtig kalkulierte. In dieser unaufhörlichen Völkerwanderung konnte er sicher untertauchen. Nichtsdestoweniger, und das war der zweite Umstand, hatte auch das seine Schattenseiten: überall Menschen, man konnte sich niemals darauf verlassen, allein zu sein. Warum hatte der Mörder davor keine Angst? Offenbar deshalb, weil er gar nicht darüber nachdachte ... In diesem Fall konnte er nur eines tun: die Wachen verstärken und ganz unauffällig, Tage und Wochen hindurch, die Wälder und die ganze Gegend durchstreifen. Und warten. Vielleicht würde eine der Streifen einmal auf einen Menschen stoßen, der sich auffällig benahm.

Natürlich ist ein Polizeirat aus Prag nicht berechtigt, den Gendarmeriestationen Ratschläge zu erteilen, besonders wenn diesen mit Sicherheit Fachleute aus der Landesinspektion zur Seite stehen.

Am Montag fand der Herr Rat auf seinem Schreibtisch eine Nachricht, die ihn bestürzte: In der Umgebung von Zbraslav hatte man die Leiche einer Frau in mittleren Jahren gefunden. Sie war mit einem einzigen Schuß in die Seite ermordet worden. Unweit lag wiederum eine Hülse vom Kaliber 9 mm, genau die gleiche wie bei den beiden ersten Mordfällen. Die Frau war Köchin in einem Zbraslaver Restaurant und wohnte in Závist in einem kleinen Häuschen zusammen mit ihrer verheirateten Tochter. Der Mord war an derselben Stelle passiert, mit derselben Waffe, auf dieselbe Weise. Der Mörder hatte die Frau überhaupt nicht angerührt, weder vor der Tat noch nachher, sie lag auf der Seite, mit einem gleichgültigen Gesichtsausdruck, der Tod hatte sie genauso überrascht wie die anderen vor ihr, sie war gar nicht dazu gekommen, sich seiner bewußt zu werden. Man hatte sie wenige Stunden nach der Ermordung gefunden, sie hielt eine Handtasche mit Geld in der Hand, weil sie an diesem Tage ihren Lohn erhalten hatte. Raub als Motiv war also auch hier ausgeschlossen. Den Schuß hatte niemand gehört.

»Ich erlaube mir die Bemerkung, Herr Rat«, sagte der Herr Brůžek, »daß ich jetzt nicht in der Haut der Zbraslaver Gendarmen stecken möchte. Das alles ist sehr unangenehm.«

Der Herr Rat nickte nur. Er war erfahren genug, um die gewisse Befriedigung im Tonfall des Herrn Brůžek nicht zu überhören. Als wollte er sagen: Gott sei Dank, daß nicht wir die Fälle auf dem Halse haben. Als Herr Brůžek gegangen war, rieb auch der Rat sich die Hände.

Am Abend erschien im Gasthaus Souček zum Mariage-Spiel

ein seltener Gast, der Herr Gendarmerieoberst Jeřábek, der gewissermaßen als der Herrgott der Gendarmerie galt. Er spielte nur selten, und da er nun erschien, erriet der Herr Rat sofort, was die Uhr geschlagen hatte.

Während der Oberst sich seine Karten anschaute, sagte er zu dem Herrn Rat: »Na, was sagen Sie zu diesem Zbraslav? Unangenehm, was?«

»Sehr unangenehm, aber Ihre Leute werden sich schon Rat wissen.«

»Wollen's hoffen, wir haben ihnen Verstärkung geschickt«, sagte der Herr Oberst und meldete die Trumpffarbe an. Dann neigte er sich zu dem Herrn Rat vor. »Aber Sie könnten ihnen ein bißchen beispringen, nicht?«

Weil Gendarmerie und Polizei einander prinzipiell nie ins Handwerk pfuschen, wich der Herr Rat vorsichtig aus: »Wir haben schon Maßnahmen getroffen, falls er in unserem Revier auftauchen sollte.«

»Das meine ich nicht«, sagte der Herr Oberst und beobachtete, wie schön seine Karte gestochen wurde. »Mir ginge es mehr um Ihre private Hilfe. Von Kollege zu Kollege.«

»Und was sollte ich da Ihrer Meinung nach tun?« fragte der Herr Rat und hob ganz unerwartet eine Dame ab und dann den König, so daß er Zwanzig anmelden konnte.

Der Herr Oberst hatte die Partie verloren, aber er schien damit gerechnet zu haben. Er beugte sich zu dem Herrn Rat vor. »Wenn Sie nun mal nach diesem Závist fahren würden, sich mal ein bißchen umzusehen?«

Der Herr Rat lächelte. »Das habe ich gestern bereits getan.«

»Na und?« Der Herr Oberst hob verblüfft die Brauen.

»Na und nichts«, sagte der Herr Rat. »Aber falls Sie meine Ansicht interessiert, dann handelt es sich hier um einen Verrückten. Und solche lassen sich schwer fangen ... Wenn ich Gendarmeriekommandant in Zbraslav wäre, dann würde ich den Wald so besetzen, daß sich dort niemand unbeobachtet bewegen kann. Natürlich würde ich auch woanders Wachen aufstellen. Stellen Sie sich mal vor, daß der Mörder ein Irrer ist, der die unbezähmbare Begierde hat, gerade dort zu töten ... Und auf einmal kann er nicht. Was wird er tun?«

»Das weiß ich nicht«, sagte der Herr Oberst.

»So eine Begierde, das ist wie Durst, verstehen Sie? Da muß der Mensch einfach tun, wonach er giert. Er muß töten ... Und wenn er nicht kann, wird er sich auf irgendeine Weise verraten. Vielleicht woanders. Ich weiß, es ist ein Risiko, aber uns bleibt gar nichts anderes übrig.«

»Durst, sagen Sie«, meinte nachdenklich der Herr Oberst und rief den Ober. »Vielleicht haben Sie recht. Ober, bringen Sie uns eine Flasche Wein. Oder gleich zwei, nicht?«

Ringsum erhob sich ein Summen der Verwunderung.

Bevor sie einander zutranken, sagte der Herr Oberst: »Und dennoch wäre ich froh, wenn Sie gelegentlich nach Zbraslav guckten ... Vielleicht nur um ein bißchen den dortigen Kommandanten zu trösten. Der ist schon ganz am Boden, und ich wundere mich nicht darüber.«

Und so fiel beim Mariage-Spiel die große Entscheidung, wie das in der Weltgeschichte so häufig vorkommt. Am nächsten Tag traf in Zbraslav eine strenge Dienstanweisung von der Landesinspektion ein, und die Gendarmen liefen sich fortan nachts die Füße ab. Die aus den umliegenden Kreisen verstärkten Streifen tauchten überall auf. Und die aufgescheuchten Gendarmen schlugen in ihrer Verzweiflung blindlings zu. Wer sich draußen am oder im Walde sehen ließ, wanderte auf die Station und dann mit einer strengen Ermahnung nach Hause, er solle sich künftig gefälligst auf seinem Hof aufhalten.

Der Stabswachtmeister Dürrhahn gelangte zu der unumstößlichen Überzeugung, daß für den Mörder der beste und unauffälligste Standort am Wasser läge. Er tut, als angele er, und beobachtet dabei, was ringsum geschieht. Wenn die Luft rein ist, geht er in den Wald und mordet ... Deshalb war Dürrhahn, als er bei seinem Rundgang an der Moldau auf einen älteren Herrn stieß, der überhaupt nicht angelte, sondern nur in die Gegend gaffte, sofort im Bilde. Darüber hinaus nieste dieser Mann dauernd, was sehr dafür sprach, daß er sich im Walde verkühlt hatte ... Der Stabswachtmeister nahm ihn auf der Stelle fest und führte ihn auf die Station. Der Mann folgte widerspruchslos, wobei er sich unablässig die Nase schneuzte. Gelegentlich schien er sogar zu weinen. Er wurde als ein gewisser Václav Bouše aus Prag identifiziert, von Beruf Detektiv. Der arme Herr Wachtmeister wurde vom Stationskommandanten so zusammengestaucht, daß er ernsthaft erwog, ein Versetzungsgesuch einzureichen.

Übrigens bekam auch der Herr Bouše in Prag sein Fett, und zwar von dem Herrn Rat persönlich.

»Was soll das bedeuten, Bouše? Sie sind ein älterer, vernünftiger Mann und führen sich auf wie ein kleiner Junge. Warum haben Sie nicht gleich Ihr Dienstabzeichen gezückt?«

»Ich wollte, das schwöre ich bei meiner Seligkeit, herauskriegen, wie dieser Wachtmeister auf die Idee kommen konnte, daß ausgerechnet ich der Mörder sein soll. Ich wollte mich belehren lassen, Herr Rat.«

Herr Bouše nieste, und der Herr Rat erklärte, er werde keine eigenmächtigen Sperenzchen dulden, und falls die Herren Detektive beweisen wollten, daß die Gendarmen in Zbraslav nicht auf der Höhe ihrer Aufgaben stünden, dann sollten sie es anders beweisen, zum Beispiel dadurch, daß sie selber den Mörder in Prag fingen.

Aber das geschah nicht.

Die Großaktion wurde fortgesetzt, aber die Ergebnisse waren kümmerlich. Auch die Feuerwehrleute hielten Wache, und bei einer nächtlichen Razzia erschossen sich fast die örtlichen Turner des Sokol, weil sie sich gegenseitig für Mörder hielten. Keine Tramps fuhren mehr nach Závist, weil sie dort ohne Federlesens laufend verhaftet wurden. Die Gegend verödete. Wer sich dorthin verirrte, entweder weil er von der ganzen Fahndung nichts wußte oder weil er ihr keine Aufmerksamkeit schenkte, geriet in die Bredouille. Wer dort Einsamkeit zu zweit suchte, landete auf der Gendarmeriestation. Einen Friseur aus Vinohrady brachte das sogar vor den Scheidungsrichter, weil man seine Frau im Walde von Závist mit einem Handlungsgehilfen erwischt hatte.

Herr Kodada, Inhaber eines örtlichen Ausflugsrestaurants, erklärte, er werde das nächste Opfer des Mörders sein, und zwar mit seinem gesamten Unternehmen, das auf diese Art unter den Hammer kommen müsse.

Die Prager Polizei verstärkte ihre Fahndung, verfolgte jede Spur in ihrem Revier, und es war kein Wunder, daß so mancher Fall in unerwartete Zusammenhänge gebracht wurde. Als gemeldet wurde, daß ein Dienstmädchen aus Nusle namens Marie Patejdlová morgens nicht zu seiner Dienstherrschaft zurückgekehrt war, vermutete die Polizei, daß der Mörder ein weiteres Opfer gefunden hatte. Aber das Dienstmädchen Marie war nur das Opfer eines Installateurs aus Karlín geworden, der sie nachher heiraten mußte.

Der Gendarmeriekommandant von Zbraslav war verzweifelt, aber der Herr Rat, der ihm einen Besuch abstattete, redete ihm höflich und tröstend zu: »Das ist doch nicht so schlecht, was Sie erreicht haben: Der Mörder hat erkannt, daß Sie ihn verfolgen, und er hat es mit der Angst bekommen.«

»Solche Kerle haben keine Angst«, sagte mit einem ungläubigen Seufzer der Kommandant.

»Da irren Sie sich. Sie haben Angst, und zwar mehr, als Sie denken. Falls das ein Wahnsinniger ist, und ich bin davon überzeugt, hat er begriffen, daß ihm sein Lieblingswald versperrt ist.«

»Aber das bedeutet, Herr Rat, daß Sie auf einen Menschen von hier schließen!« entsetzte sich der Zbraslaver Kommandant.

»Das muß kein Hiesiger sein, es genügt, daß er hergefahren kommt.«

»Auch das ist nicht möglich, weil bei jedem Zug unsere Leute aufpassen und die Eisenbahner uns jeden Verdächtigen melden.«

»Wer hat Ihnen gesagt, daß er mit der Bahn kommt? Er kann mit dem Autobus fahren, mit dem Dampfer, mit einem Boot, im Auto ...«

»Und wie lange, meinen Sie, kann das dauern?«

»Ja, das weiß ich nicht, aber eine Zeitlang müssen Sie noch durchhalten«, entgegnete der Herr Rat in tröstendem Tone, aber um der Wahrheit die Ehre zu geben – er selber war auch schon sehr unsicher.

Es kam der Sommer, die Leute fuhren in den Urlaub, dadurch verloren natürlich viele Maßnahmen an Wirksamkeit, auch wenn gerade nach Závist in diesem Jahre niemand kam und die alten Villen leer blieben.

Die Polizei nahm auch in ihrer Arbeit von der Sommersaison Notiz, die Herren Detektive übersiedelten in die Schwimmbäder, einerseits um sich zu sonnen, andererseits um nachzuschauen, wer wohl heuer wieder die Kabinen ausplündern würde. Von der Sophieninsel schwebte an den Abenden wehmütige Musik herüber, und auf der Moldau schwammen Boote mit Liebespaaren.

Dann neigte sich der Sommer seinem Ende zu, die Strohwitwer nahmen in den Kneipen Abschied von den Freunden und sagten bedrückt: »Tja, da haben wir also wieder einmal die Ferien hinter uns gebracht. Morgen schon kommt die Frau mit den Kindern ...« Und sie spendierten die letzte Runde, damit alle sähen, wie sie das verdroß.

Der diensthabende Oberwachmann Jedlička schritt gegen elf Uhr abends die Straße Na Folimance hinauf und nahm sich vor, noch zur Glockengießerei abzubiegen und dann kurz im Hotel Excelsior einzukehren, wo er sich ein Bier genehmigen würde – natürlich auf Kosten eines der Gäste; ein Oberwachmann darf sich im Dienst nicht in die Gaststube setzen, aber er darf an der

Theke ein Gläschen trinken, wenn er eingeladen wird, weil es sich nicht gehört, so etwas abzuschlagen. Ein Mensch in Uniform darf sich nicht über die gewöhnlichen Menschen erheben. Das letzte Bier hatte er schon vor einer Stunde unten in Nusle getrunken, wo sich die besagten Herren von ihrer Ferienfreiheit verabschiedeten.

Das schnelle Klappern von Damenabsätzen zwang ihn, sich umzuschauen und nachzusehen, wer denn da so eilends vom Kinderkrankenhaus den schmalen Pfad herunterlief, der den Hang des Karlov schneidet. Es war weder eine verfolgte Maid noch ein schönes Fräulein. Leider Gottes war die nächtliche Passantin eine nicht gerade ansehnliche Frau, und was noch schlimmer war – sie strebte schnurstracks auf ihn zu.

»Herr Oberwachmann, kommen Sie, tun Sie Ihre Pflicht!« sagte sie außer Atem, aber sehr streng.

Der Oberwachmann Jedlička nahm mit Genugtuung zur Kenntnis, daß sie seinen Rang zu erkennen vermochte; viele Leute machten nämlich keinen Unterschied zwischen einem Wachmann und einem Oberwachmann. Aber er hatte nicht die geringste Lust, sich in die Fülle seiner Dienstobliegenheiten hineinreden zu lassen, und brummte deshalb unfreundlich: »Um was geht's, meine Dame?«

»Dort liegt ein Betrunkener!« sagte die strenge Frau und zeigte auf den Hang in ihrem Rücken.

Der Oberwachmann war in guter Laune, und so lächelte er nur. »Wenn es nichts Schlimmeres ist! So eine warme Nacht, liebe Frau, ist sehr dazu geeignet, daß man sich unter freiem Himmel auf dem Rasen ausschläft.«

»Aber erlauben Sie!« zischte die Frau energisch, und ihr spitzes Kinn schob sich angriffslustig vor. »Erlauben Sie, das sagt ein Mitglied des Polizeikorps!?«

»Hören Sie, Frau, ich weiß selber, was ich zu tun und zu lassen habe ...«

»Das wissen Sie eben offenbar nicht, und deshalb fordere ich Sie auf einzuschreiten!«

»Kruzifix, Frauchen, reden Sie mir nicht in meinen Dienst hinein, ja!«

»Und Sie nennen mich gefälligst nicht Frauchen, ich bin für Sie kein Frauchen, ich bin die Gattin des Oberrevierinspektors Souček!«

Weil der Oberwachmann diesen Herrn als einen seiner Vorgesetzten kannte, verstummte er überrascht. Und weil er seine

Ruhe haben wollte, brummte er: »Nichts für ungut, gnädige Frau, ich meinte nur, wenn er abseits liegt, dann erregt das kein öffentliches Ärgernis, und es ist nicht notwendig ...«

»Es ist notwendig, weil Sie dazu da sind, die Ordnung aufrechtzuerhalten. Wenn es nach Ihnen ginge, dann können sich wohl die Besoffenen herumsielen, wo es ihnen gerade einfällt, und die Polizei würde noch rücksichtsvoll über die hinwegsteigen! Tun Sie Ihre Pflicht, oder Sie marschieren morgen zum Rapport!«

Der Oberwachmann stieß einen Seufzer aus. Er salutierte sogar vor diesem giftigen Frauenzimmer und lenkte seine Schritte in die angegebene Richtung. Unterwegs sagte er sich, daß dieser Oberrevierinspektor von Minute an zum heiligen Märtyrer erklärt werden müßte.

Die strenge Dame folgte ihm, offenbar um zu kontrollieren, ob er seine Pflicht ordnungsgemäß erfüllte. Der Oberwachmann schnaufte auf dem Weg hangaufwärts und wurde sich wehmütig bewußt, daß er um sein Bierchen gekommen war.

Auf dem Hang lag tatsächlich unter einem Gebüsch ein Mann. Er schüttelte ihn, und seine Nase erfaßte zugleich den bekannten Geruch von Alkohol. Eine leere Flasche lag nahebei. Als er daran gerochen hatte, drehte er sich zur Frau Oberrevierinspektor um, die hinter ihm stand, und sagte: »Wenn der die ganze Flasche geleert hat, dann ist er sternhagelvoll und wird wohl um eine Alkoholvergiftung nicht herumkommen. In diesem Falle ist es das beste, ihn schlafen zu lassen.«

Dann kniete er nieder, um den Mann umzudrehen. Da fühlte er unter dessen Körper etwas Feuchtes und Klebriges. Als er die Taschenlampe anknipste, sah er, daß seine Hand mit geronnenem Blut besudelt war. Unter dem Mann war die Erde geradezu blutgetränkt. Und neben seinem Körper lag eine Pistole.

»Wissen Sie, Frau Oberinspektor, daß das Selbstmord ist oder wenigstens der Versuch dazu? Kein Wunder, daß er sich so vollaufen ließ ... Sakrament, Menschen sind das heutzutage!«

Dann rannte der Oberwachmann hinunter zu der Telefonzelle, um den Rettungsdienst zu rufen. Als man den Verwundeten (oder Toten?) weggebracht hatte, hob Jedlička die Flasche und die Pistole auf und brachte sie aufs Revier.

»Menschenskind!« rief der Nachtdiensthabende. »Wenn ich mich nicht irre, ist das eine Neunmillimeterpistole. Und solche sind jetzt sehr gesucht! Schick das auf die Vier, man kann nie wissen!«

Nein, man kann nie wissen ... Der Oberwachmann Jedlička wußte nicht, daß er etwas entdeckt hatte, was der gesamte Polizeiapparat nicht entdeckt hatte. Und die Frau Oberrevierinspektor wußte nicht, daß ihre Strenge in die Geschichte der Prager Polizei eingehen würde.

Als man nämlich auf der Vier in der Versuchskabine aus dieser Pistole schoß, stellte man fest, daß es die Waffe war, die gesucht wurde. Alle Proben bestätigten ganz klar, daß mit dieser Pistole das Mädchen Milada, der Rentner Novák und auch das dritte Opfer, die Köchin aus Závist, erschossen worden waren.

Der betrunkene Mann mit der auffällig eingedrückten Nase war Josef Pirko, einige Jahre Patient einer Anstalt für Geisteskranke. Jetzt wohnte er allein in einer Kellerwohnung, wo man eine Menge Autobus- und Eisenbahnfahrkarten zur Station Závist fand, außerdem einige Billetts der Prager Flußschiffahrt. Auch fand man Angelgerät, das er bei sich getragen hatte, um unauffällig und so lange es ihm beliebte, am Rande des Waldes herumstehen zu können, in den er dann ging, um zu töten. Nur wurde dieser schöne Wald in der letzten Zeit so bewacht, daß er der Verzweiflung anheimfiel. Er begann noch mehr zu trinken als früher, um den Mut zu finden, Hand an sich selber zu legen. Als die Straßenbahn talwärts gegen Nusle fuhr und die Räder in der Kurve kreischten, drückte er den Abzug. Er, der mit solch einer Präzision andere zu erschießen verstanden hatte, schaffte es nicht, sich selber genau zu treffen.

Er kämpfte noch einige Tage mit dem Tode. An seinem Bett lösten sich die Herren von der Vier ab, aber sie erfuhren nur sehr wenig. Die Ärzte kämpften vergeblich um sein Leben. Was heißt übrigens um sein Leben: er sollte ja doch nur für den Henkerstrick oder für eine lebenslängliche Zelle im Irrenhaus gerettet werden.

Der Tod beendete schließlich weise den ganzen Fall.

Die Gendarmen verließen den Wald um Zbraslav, und nach Závist strömten wieder die Ausflügler. Die Welt kehrte in ihre alten Geleise zurück.

Der Herr Oberwachtmeister Dürrhahn patrouillierte am Ufer der Moldau entlang und wartete auf seine Beförderung. Weil er nämlich als einziger in diesem Falle recht gehabt hatte. Er wartete geduldig, denn er war passionierter Angler. Und weil er auch Gendarm war, wußte er, daß die Gerechtigkeit blind ist ...

Wenn ein einfacher Wachmann mit dem Herrn Polizeirat spricht, und noch dazu telefonisch, dann hat er es schwer. Aus einer Ecke des Zimmers schaut einen der Kommissar an, am anderen Ende des Drahtes erklingt die Stimme des gefürchteten Rats Vacátko, und man weiß nicht, wie man sich geziemend ausdrücken soll.

Der Wachmann wählte seine Worte vorsichtig und sprach deshalb recht unbestimmt.

»Ich erlaube mir zu melden, daß nach der Öffnung der Wohnung niemand gefunden wurde. Nur Geruch. Der, bitte schön, war dort ...«

»Was heißt hier Geruch, was für ein Geruch?«

»Ich melde bitte, ich weiß nicht, wie ich's anders sagen soll.«

»Wollen Sie vielleicht sagen: Gestank?« fragte zur Sicherheit der Herr Rat.

»Das wollte ich sagen, Herr Rat, aber ich hab mich nicht getraut.«

»Und woher stammte dieser Geruch oder Gestank?«

»Damit kann ich bitte nicht dienen, das ist mir selbst ein Rätsel.«

Der Herr Rat brummte etwas in seinen Bart und sagte dann: »Waren Sie im Krieg an der Front?«

»Melde ja, und zwar an der italienischen Front«, sagte der Wachmann und stand dabei in Habachtstellung. Er war stolz auf seine Kriegsjahre, deretwegen er ja übrigens zur Polizei gekommen war.

»Und erinnern Sie sich, was für ein Gestank oder was für ein, wie Sie sagen, Geruch herrschte, wenn man ein paar Tage lang die Gefallenen nicht begraben konnte?«

»Daran erinnere ich mich bitte. Das stank wie die Pest, wie wir sagten«, stimmte erfreut der Wachmann zu.

»Und ist in dieser Wohnung nicht der gleiche süßliche Gestank?«

»Jawohl, Herr Rat, so ist es. Der Herr Rat sind dort gewesen?«

Der Herr Rat seufzte nur. »Mann, sie hatten einfach keine Lust hineinzugehen, nicht wahr?«

»Ich melde, daß ich mit Rücksicht auf die Spuren ... Ich habe nur das Fenster geöffnet.«

»Und die Leiche?«

»Damit kann ich nicht dienen, Herr Polizeirat ... Aber der Geruch ist dort sehr ekelhaft, also sehr stark.«

»Na, und was soll ich da tun, Mann?« erboste sich der Herr Rat. »Wären wir die Stadtgärtnerei, dann könnten wir an Rosen schnuppern. Aber wir sind die Polizei, und da müssen wir manchmal ... Na gut, wir kommen hin.«

Dann legte der Herr Rat auf. So viele Worte um das bißchen Gestank! Meines Wissens riecht der Mensch eigentlich nie gut, dachte er. Deshalb hat er sich auch die Parfüms ausgedacht ... Dann rief er den Detektiv Mrázek und gab ihm die nötigen Anweisungen.

Zur Sicherheit fuhr er selbst mit, damit man ihm nicht nachsagen konnte, er würde sich vor der dreckigen Arbeit drücken. Er trat als erster in die Wohnung der Privatiers Adolf Zeman und stellte fest, daß der Wachmann die Wahrheit gesagt hatte. Der Gestank war entsetzlich, das offene Fenster hatte ein bißchen abgeholfen, aber nicht viel, dabei füllten die Leute das ganze Treppenhaus, so daß er als erstes die Gaffer wegjagen ließ. Die Wohnung war nicht groß, Zimmer und Küche. In der Küche die übliche Unordnung eines alten Junggesellen oder Witwers, das Zimmer hingegen tadellos aufgeräumt. Der Gestank hatte seine Quelle im Zimmer. Gut und schön, aber wo ist die Leiche? Der Herr Rat öffnete vorsichtig die Schränke. Nichts. Das Sofa war leer, unter dem Sofa auch nichts. Das aufgebettete Bett stand in der Ecke, und unterm Bett war auch alles leer, nur war gerade hier, in der Ecke, der Gestank am penetrantesten. »Herr Rat«, sagte der Detektiv Mrázek hustend, »ob vielleicht in dem Bett da ...?«

Der Herr Rat stand eine Weile schweigend davor. Das Bett war in der Tat musterhaft aufgebettet. Bevor er es anfaßte, gab er dem Fotografen einen Wink, er solle eine Aufnahme machen.

Dann hob er behutsam das Federbett und trat sofort einen Schritt zurück. Das Polster war mit Blut verklebt. Der Ermordete lag im Bett, angezogen und in Schuhen, vollkommen eingebettet in Federbetten.

»In der Küche ist ein Fleck an der Wand. Wahrscheinlich Blut«, meldete ein Mitglied der Untersuchungsgruppe.

»Bringt zuerst die Leiche weg, denn solange nicht gelüftet wird, kann hier kein Mensch arbeiten.«

Eine dicke Schmeißfliege irrte wie betrunken mit lautem Gesumm durchs Zimmer. Die Männer mit der Trage bemühten sich, den Atem anzuhalten. Die letzten Neugierigen im Treppenhaus flüchteten.

»Wie lange haben Sie den Herrn Zeman nicht mehr gesehen?« fragte der Detektiv Mrázek die Hauswartsfrau.

»Mindestens seit drei Wochen«, erklärte die Frau und wischte sich gerührt die Augen.

»Das würde dem entsprechen«, meinte Herr Mrázek und wartete, bis der Herr Rat herunterkam.

»Was sagen Sie dazu?« fragte kurz der Herr Rat.

»Bis jetzt ist alles normal. Wir werden die Spuren sichern, werden prüfen, ob uns der Täter nicht seine Unterschrift hinterlassen hat, und dann werde ich in der Umgebung herumfragen. Es ist ein Raubmord, wer würde denn einen alten Mann wegen etwas anderem ermorden? Die Hauswartsfrau, sein Stammlokal, die Verwandtschaft – wie üblich, Herr Polizeirat.«

»Richtig. Nur vergessen Sie nicht, daß dieses Bett ganz tadellos aufgebettet war. Haben Sie so etwas in Ihrer Praxis schon einmal gesehen?«

»Melde, nein. Das ist sozusagen ein neues Faktotum.«

Herr Mrázek drückte sich gelegentlich gelehrt aus. Der Herr Rat hob die Brauen, vielleicht stutzte er über dieses Wort, oder er begriff nicht, was der Herr Mrázek damit meinte. Aber er stellte keine weitere Frage, sondern fuhr zurück zur Direktion.

Herr Mrázek überwachte danach die weitere Arbeit. Sie kratzten behutsam den Fleck an der Wand in ein Reagenzgläschen, der Daktyloskop gab sich alle Mühe, Fingerabdrücke zu finden, zwei Mann forschten nach Dingen, die die ganze Geschichte irgendwie aufhellen könnten.

»Herr Mrázek, in dem Kistchen da ist Werkzeug. So wie man es in einem Haushalt hat: Zange, Schraubenzieher, eine Feile und so ... Aber ein Hammer fehlt«, meldete einer der Polizisten.

Aus dem Fenster sah man die Eisenbahnbrücke zwischen Smíchov und Vyšehrad. Falls der Täter von hier aus über die Brücke gegangen war – und das war durchaus möglich –, dann war es die leichteste Sache der Welt, den Hammer in den Fluß zu werfen. Dort würde ihn niemand mehr finden.

»Na gut, also den Hammer haben wir nicht. Schlimmer ist es, daß wir auch den nicht haben, der damit den alten Zeman totgeschlagen hat«, sagte der Herr Mrázek bekümmert.

Als feststand, daß die Wohnungsdurchsuchung nichts mehr ergeben würde, zog die ganze Gruppe ab, und um das Haus breitete sich jene sonderbare schwüle Stille aus, wie sie jeden Ort umgibt, an dem ein Verbrechen begangen worden ist. Im ganzen Viertel wußte man bereits, daß dort in der schmalen Gasse, in einem dieser ganz gewöhnlichen Häuser, von denen der Putz abbröckelt und wo sich eine große, feuchte Durchfahrt befindet, ein Mord geschehen war. Die Hauswartsfrau wußte nicht, ob sie sich angesichts dieser verwilderten Welt, die selbst aus einem so musterhaft gereinigten Hause eine Lotterhöhle machte, bekreuzigen sollte. Oder konnte sie einen gewissen Stolz darüber empfinden, daß sie so unerwartet zum Mittelpunkt der Aufmerksamkeit geworden war und den Leuten eingeweihte Informationen liefern durfte?

Relativ wenig sagte sie dem Detektiv Mrázek; nach ihren Worten hatte sich der Tote als geradezu vorbildlicher Witwer geführt: Er hatte keine Techtelmechtel mit Frauen, bekundete kein Interesse an Mädchen, empfing keine Besuche, saß zweimal in der Woche in der Gastwirtschaft »Zum Bräuhaus«, war ein Kenner und Liebhaber des Smíchover Staropramen und stellte umfangreiche Betrachtungen über dessen Qualität an, wobei er behauptete, zu der Zeit, da die Zwetschgen blühen, sei das Bier nichts wert. »Er war ein netter Mensch, es kann doch gar nicht möglich sein, daß ihm jemand ein Leid angetan hat«, behauptete der Gastwirt.

Herr Mrázek aber, der bereits den Obduktionsbefund auf dem Tisch hatte, wußte, daß dem Toten Leid angetan worden war: drei Schläge mit einem Hammer auf den Kopf, kräftige und tiefe Schläge, nicht so ein überflüssiges Herumklopfen, wenn sich das Opfer noch ein bißchen bewegt – nein, er war sauber und in aller Ruhe getötet worden, würde man fachmännisch sagen.

Herr Mrázek klapperte die Verwandten ab. Es waren zwei. Ein Cousin, der in Holešovice wohnte, den Toten gar nicht richtig kannte und niemals mit ihm verkehrt hatte, und eine gewisse Frau Králová in Kamenný Přívoz, die zuerst sachlich fragte, wer der Herr sei, der ihr die Neuigkeit vom Tode ihres Cousins Adolf überbringe. Sie versicherte sich, daß er weder vom Begräbnisinstitut noch von der Versicherung war, und brach erst dann in ein herzzerreißendes Wehklagen aus, bei dem die ganze Nachbarschaft zusammenlief.

»So hat also unseren armen Adolf der Tod ereilt«, jammerte sie. »Wer hätte das gedacht, so ein guter Mensch ...«

Dann wandte sie sich wieder dem Herrn Mrázek zu und sagte ruhig: »Ich hab ihn schon zehn Jahre lang nicht gesehen, er war ein großer Geizhals, als wir uns Geld fürs Haus von ihm borgen wollten, wollte er uns nicht kennen.«

Und wieder vergoß sie Tränen, begleitet vom Chor der Nachbarinnen, die genau wußten, daß zu einer Leiche Tränen gehören.

»Woher haben Sie gewußt, daß er Geld hat?« fragte der Herr Mrázek.

»Warum soll er keins gehabt haben, ein Mann ganz allein? Und er hat ja auch nie ein Geheimnis draus gemacht«, entgegnete Frau Králová und wischte sich die Augen. Geweint hatte sie nun offenbar genug.

Interessant, daß auch der Wirt vom »Bräuhaus« die Aussage dieser entfernten Verwandten bestätigte: Herr Zeman habe sich manchmal gebrüstet, daß er Geld auf dem Konto habe ...

»Wem gegenüber hat er sich gebrüstet?« fragte rasch der Herr Mrázek.

»Na vor den Gästen, die gerade im Lokal waren.«

»Erinnern Sie sich nicht zufällig, ob er auch kurz vor seinem Tode davon gesprochen hat?«

»Daran kann ich mich nicht erinnern, er hat des öfteren davon gesprochen.«

»War unter den Gästen einer, der für unsere Fahndung in Frage käme?«

Der Gastwirt war entrüstet: »Als Mörder? Nein, das auf keinen Fall, bei mir verkehrt nur anständige Kundschaft, ich kann für meine Herren bürgen!«

Er erschrak so über diesen Gedanken, daß seine weiteren Antworten ausnahmslos verneinend waren oder daß er behauptete, er wisse nichts, damit auch nicht der Schatten eines Verdachts auf sein Lokal und die Herren fiele, die hier verkehrten.

Da war nichts zu machen – der Detektiv Mrázek hegte bereits die schlimmsten Befürchtungen. Das Schwierigste an jedem Kriminalfall ist es, wenn ein ganz zufälliger Mensch in ihn verwickelt ist. Der alte Herr Zeman kann auf dem Heimweg von seinem Stammlokal noch irgendwo eingekehrt sein, etwas gesagt haben, ein Wort gibt das andere, vielleicht war ihm das Bier zu Kopfe gestiegen, und ein völlig Unbekannter, dem er sich anvertraut hat, geht mit ihm oder folgt ihm – und den finde jetzt mal einer!

Der Detektiv Mrázek überlegte auch so: Wenn dieser Zeman soviel Gewese um seine Ersparnisse machte, dann hatte er damit wohl seine Pläne. Daß er es abgelehnt hat, den Verwandten für einen Hauskauf Geld zu borgen, zeugt von seinem Mißtrauen.

Er hatte sein Geld lieber auf der Sparkasse ... Aber das Sparbuch war unauffindbar. Und seit wann nimmt ein Raubmörder ein Sparbuch mit? Da müßte er ja ein kompletter Narr sein.

Da kam unverhofft eine Nachricht von der Sparkasse: Herr Adolf Zeman, in der hiesigen Sparkasse bekannt, habe sein gesamtes Guthaben in Höhe von zweiundzwanzigtausend Kronen abgehoben. Er habe die Absicht geäußert, sich ein Anwesen auf dem Lande zu kaufen.

»Und so komisch gelächelt hat er dabei ... Ich wage es nicht zu behaupten, aber auf mich machte er den Eindruck, als führe er etwas im Schilde. Als wolle er dort auf dem Lande nicht allein sein ...«, sagte der Kassierer und fügte entschuldigungheischend hinzu: »Ich bitte um Verzeihung, aber dahin geht wenigstens meine Vermutung.«

»Uns bleibt überhaupt nichts anderes als Vermutungen«, sagte der Herr Mrázek mit einem Seufzer.

Eine Frau vielleicht? Aber welche? Die Hauswartsfrau wußte von keiner. Und Fräuleins ließ der Herr Zeman nicht in seine Wohnung.

Als er alles, was er wußte, dem Herrn Rat Vacátko gemeldet hatte, wiegte der den Kopf. »Mrázek, was habe ich Ihnen in der Wohnung gesagt? Sie sollen das aufgebettete Bett im Auge behalten.«

»Dieses Faktotum habe ich mir notiert«, entgegnete der Herr Mrázek und blätterte in seinem Notizbuch.

»Faktotum oder Nichtfaktotum, ich habe eine Erfahrung gemacht: Wenn eine Frau jemanden umbringt, kriegt sie nachher Angst vor ihm und deckt ihn zu. Ich sage nicht, daß das klar und einfach ist wie das Einmaleins, aber meistens ist es so. Und der Zeman war nicht nur zugedeckt, der war meisterhaft zugebettet. Können Sie zum Beispiel ein Bett aufbetten?«

»Das kann ich nicht, das ist ein Faktotum«, erwiderte der Detektiv Mrázek.

Aber wo sollte man diese geheimnisvolle Frau suchen? Und dann: Was wäre, wenn sich hier zwei Dinge verflochten haben? Sagen wir, dieser Opa hatte ein Häuschen in Aussicht und vielleicht auch eine Wirtschafterin oder überhaupt ein Weibsbild. Er hob sein Geld ab und ... Bevor er es noch schaffte, das Häuschen zu kaufen und die Frau dort einzuführen, traf er jemanden, der ihn umbrachte und ihm das Geld raubte.

Der Fall komplizierte sich immer mehr, es war wie ein Rebus, der nicht aufgehen wollte.

Herr Mrázek stand vor einem Rätsel. Er fühlte, daß er auf andere Gedanken kommen mußte, und wie jeder rechte Mann ging er ins Wirtshaus. Er bewohnte ein kleines Haus in Pankrac, in dessen Nähe eine kleine Gastwirtschaft lag; dort saß man jetzt im Sommer in einem bescheidenen Gärtchen an zwei Tischen, und als der Herr Mrázek mit seinem Hund Koki erschien, machte man ihm sogleich Platz, weil man wußte, daß er sich mit dem rätselhaften Mord in Smíchov befaßte. Mit Recht erwarteten die Gäste, daß Herr Mrázek ihnen etwas berichten würde, was noch nicht in den Zeitungen stand, obwohl die Zeitungen den Fall weidlich ausschlachteten. Der Wirt bot sogar dem Hund des Herrn Mrázek einen Käse an, was eine Auszeichnung sein sollte – Koki fraß Käse nämlich schrecklich gern. Im übrigen war er ein sehr häßliches Hundevieh, eine Mischung aus vielen Rassen, wie sie eben so auf den Prager Straßen zustande kommt: Koki hatte dünne Beine und eine sonderbar abgehackte Schnauze mit dauernd gefletschten Zähnen. Er machte den Eindruck eines bissigen Köters, obwohl er die Gutmütigkeit selber war und sich, sobald er in den Straßen einen größeren Hund erblickte, ängstlich an die Beine seines Herrn schmiegte. Desungeachtet löste sein Aussehen selbst bei rauflustigen Hunden vorsichtiges Mißtrauen aus. Herr Mrázek widmete diesem Tier seine ganze Zärtlichkeit.

An diesem Abend jedoch war der Detektiv auffallend wortkarg, er sagte nichts, was die Herren nicht schon aus den Zeitungen wußten, ja, er erklärte im Gegenteil, daß die Zeitungen faselten und daß sie bei der Polizei viel weniger wüßten als im Abendblatt stünde, weil sie eben Kriminalisten seien und keine Redakteure, die zusammendichten könnten, was ihnen gerade in den Sinn komme.

Er wurde erst dann ein wenig gesprächiger, als ihn jemand fragte, ob sie bei der Entdeckung des Mordes auch Polizeihunde verwendet hätten.

»Meine Herren, dort konnte es vor Gestank kein Mensch aushalten, geschweige denn ein Hund«, sagte der Herr Mrázek. »Können Sie sich vorstellen, wie das ist, wenn eine Leiche bei dieser Hitze fast drei Wochen unter einem Federbett liegt?«

Herr Mrázek kraulte seinem Hund die Ohren, wobei Koki die Zähne noch mehr als sonst fletschte und noch häßlicher aussah.

»Ansonsten schätze ich Hunde, meine Herren, der Hund ist der Freund des Menschen, das ist ein Faktotum!«

Die Herren nickten, und der Herr Offizial Kotrba erlaubte

sich die Bemerkung, das müsse allerdings ein dressierter Hund sein.

»Für die Polizeiarbeit ja, aber ansonsten beschützt jeder Hund seinen Herrn.«

Und Herr Mrázek kraulte seinem Hund den Rücken.

»Ja, kann denn beispielsweise ein Hündchen wie Ihres da einen Menschen beschützen?« zweifelte der Herr Offizial.

»Koki ist kein Wolfshund und kann nicht jedem Schuft an den Hals springen, aber er kann etwas anderes tun ... Da hatten wir einmal einen Fall, daß ein Hund, noch kleiner als Koki, seinen Herrn vor einem Raubüberfall rettete!«

Herr Mrázek nahm einen Schluck, und während durch das Gärtchen um die zwei Tische der laue Abendwind wehte, gab er eine seiner Erinnerungen zum besten.

»Das war ein gewisser Koudelka, ein Witwer, und der hatte es satt, sich immer allein die Socken zu waschen und das Frühstück zuzubereiten, kurzum, er sehnte sich nach Bequemlichkeit und der liebevollen Hand einer Frau. Und so machte er die Bekanntschaft einer Dame, die ganz honorig aussah, und er ahnte überhaupt nicht, daß es eine Heiratsschwindlerin war ... Er hatte zu Hause einen Hund, und zwar einen ganz gewöhnlichen Pinscher, ich hab ihn nachher gesehen, die Beine waren wie Pflöckchen, und Furcht flößte der niemandem ein. Aber er hatte ein tapferes Hundeherz. Er liebte seinen Herrn über alles, und dieser versprach ihm auch immer beim Frühstück, daß bald ein Frauchen zu ihnen kommen werde und as werde dem Hündchen Reis kochen, denn dieser Koudelka war ein guter Kerl und ein bißchen zu ihnen kommen werde und das werde dem Hündchen Reis haupt nicht bemerkt – die Art, wie sich sein Hund dieser Dame gegenüber verhielt. Der konnte sie nämlich von Anfang an nicht leiden. Wissen Sie, ich bin sicher, daß ein Hund mehr sieht als der Mensch. Wie oft schaue ich meinen Koki an: weit und breit kein Mensch, und er spitzt auf einmal die Ohren und starrt vor sich hin, als sähe er jemanden oder etwas; wie oft ist mir da schon eingefallen, daß er etwas sieht, was ich nicht sehe, eine Seele zum Beispiel, die um uns ist ... Nicht daß ich Spiritist wäre, das kann ich mir als Polizeibeamter nicht leisten, aber es steht fest, daß ein Hund einen besonderen Instinkt hat ... Und dieser besondere Instinkt befahl unserem Pinscher, die Frau, die da gelegentlich mit seinem Herrchen spazierenging, nicht zu mögen.

Diese Frau also redete dem Herrn Koudelka ein, sie hätte vor Jahren eine kleinere Landwirtschaft verkauft und suche jetzt einen Herrn, der mit ihr zusammen Geld in eine passende Liegenschaft stecken möchte. Und sie kenne ein Haus am Ufer der Elbe bei Mělník, ein sehr hübsches, an die fünfundzwanzigtausend würde es kosten.

So machten sie sich also eines Tages auf nach Mělník, um sich das Häuschen anzuschauen. Das Geld hatte Herr Koudelka bei sich, er zeigte es der Dame schon im Zuge, und auch sie hob ihre Handtasche und sagte, sie hätte dort ihren Anteil. Unterwegs sagte sie auch, daß er, wenn es nach ihr ginge, den Hund hätte zu Hause lassen müssen, weil es schade wäre, für ihn die Fahrkarte zu zahlen. Koudelka freute sich, daß sie so sparsam war, und war entschlossen, den Hund in Zukunft nicht mehr mitzunehmen. Wenn sie erst verheiratet seien, würde alles anders werden. Der arme Pinscher fühlte, wie sich das Herz seines Herrn von ihm abwandte.

Aber sein treues Hundeherz wandte sich nicht von dem Herrn Koudelka ab.

Das Frauenzimmer hatte ein Päckchen in der Handtasche, aber nicht mit Geld. Als sie am Ufer entlanggingen und an einer passenden Stelle angelangt waren, sagte sie: ›Also, Herr Koudelka, wissen Sie was, wir sollten unser Geld zusammenlegen, es sieht doch ganz anders aus, wenn Sie ein ganzes Bündel Banknoten auf den Tisch legen, da lassen sich die Leute eher etwas abhandeln.‹

›Ja, das machen wir‹, sagte der Tropf und holte sein Geld hervor.

Die Frau zog auch etwas heraus, nämlich einen Beutel mit Pfeffer, den sie dem Herrn Koudelka in die Augen schüttete. Sie hatte damit gerechnet, daß sie, bevor er zu sich käme, mit dem Geld auf und davon sein würde, genauer gesagt in dem Weidengebüsch, das dort überall wuchs und wo sie niemand mehr einholen würde.

Aber sie hatte den Hund vergessen … Als sie die erste heftige Handbewegung machte, erschrak der Hund, oder er ahnte etwas – also ich glaube ja, daß er wußte, daß hier etwas Unlauteres im Gange war –, jedenfalls schnappte er nach der Frau. Weil er klein war, biß er ihr ins Bein. Das genügte, daß sie mit dem Pfeffer nicht genau traf, und so konnte Koudelka um Hilfe rufen. Der Hund schnappte nach den Beinen der Frau, sie flüchtete, der Hund ihr nach, Koudelka schrie. Sie wissen ja, es läuft sich schlecht, wenn einem ein Pinscher zwischen den Beinen herumfuhrwerkt, und so konnte man sie in wenigen Minuten fangen.

Sie bekam wegen versuchten Raubüberfalls zwei Jahre. Wenig genug, aber sie hatte zu Hause eine kranke Tochter ...«

»Und der Hund?«

»Sie hatte ihn einige Male getreten, und das hat der Pinscher nicht vertragen, er wurde krank und ging schließlich ein, und der Herr Koudelka begrub ihn mit allen Ehren und unter vielen Tränen.«

Herr Mrázek verstummte gerührt und seufzte dann: »Ja, das war ein Hund, über den man Romane schreiben könnte ...«

»Und das Weibsbild?«

»Diese Anežka Vlková? Na ja, sie saß ihre Zeit ab, und wo sie jetzt ist, weiß ich nicht. Sie steht bei uns immer noch auf der Liste ...«

Der laue Abend schwamm über dem Garten, die Herren tranken ihr Bier und betrachteten mit großem Respekt den häßlichen Koki, denn sie hatten soeben erfahren, daß auch ein kleiner Hund sehr nützlich sein kann.

Herr Mrázek saß schweigend da, aber auf einmal riß er die Augen auf und starrte vor sich hin, als sähe er in dem dunklen Gebüsch ein Gespenst.

Seine Lippen bewegten sich stumm, und er schien zu sagen: »Ich Esel, ich Esel ...« Auf einmal erhob er sich und sagte laut: »Meine Herren, das ist doch ganz klar, und ich bin nicht draufgekommen. Anežka Vlková ... Entschuldigen Sie mich bitte ...«

Und er stand auf und ging, ohne zu bezahlen, was ihm noch nie passiert war und was der Wirt schweigend zur Kenntnis nahm, weil Herr Mrázek Stammgast war. Die Herren schauten verdutzt dem Detektiv nach, dessen Schritte immer schneller wurden, wobei es am Ende gar schien, daß er im Laufschritt rannte.

Und er rannte in der Tat, und zwar schnurstracks zur Polizeidirektion ins Archiv, wo er sich die Akten der Anežka Vlková geben ließ; er las darin bis lange nach Mitternacht. Inzwischen lag der Hund Koki auf dem Fußboden und döste vor sich hin, ohne die halboffenen Augen von seinem Herrn abzuwenden.

»Wie konnte ich Esel so lange wie ein Blinder herumtappen«, brummte der Herr Mrázek. »Und dabei hat mir der Herr Rat gesagt, daß eine Frau ihre Finger im Spiele hat, und ich grüble dauernd, welche es sein kann und wo sie hergekommen sein könnte ... Einmal versuchter Raubüberfall, beim zweitenmal Mord – hier paßt doch eins zum andern, als hätte es seit eh und je zueinander gehört. Wo wohnt dieses Frauenzimmer jetzt ...«

Und da fiel er fast vom Stuhle: Sie wohnte zwei Straßen weiter als der Herr Zeman, Gott hab ihn selig.

Kaum hatten am nächsten Morgen die Milchwagen ihre Rundfahrt beendet, kaum liefen die ersten Frühaufsteher zu ihrer Straßenbahn, da war Herr Mrázek mit seinem Hund Koki bereits unterwegs zur Wohnung der Vlková. Den Hund hatte er mit Vorbedacht mitgenommen, es sollte eine Art Probe sein.

Lange klopfte er vergeblich, immer schallte es nur von drinnen: »Wer ist da?«, aber niemand machte auf. Herr Mrázek wollte selbstverständlich nicht sagen, wer er war, und er konnte es auch nicht.

So wiederholte er nur immer das gleiche – er müsse mit der Frau Vlková ein Wörtchen sprechen, und sie wiederholte hinter der geschlossenen Tür, sie habe so früh am Morgen noch nicht aufgeräumt. Aber schließlich öffnete sie doch noch einen Spalt breit, und da hatte der Herr Mrázek schon seinen Fuß in der Tür und drängte sich in den dunklen Korridor.

»Wir kennen uns, Frau Vlková, vor mir brauchen Sie sich nicht zu genieren«, sagte er und herrschte leise seinen Hund an: »Still, Koki, kusch . . .«

Denn der Hund begann sofort drohend zu knurren.

»Und was wünschen Sie, Herr Inspektor?« wunderte sich die Anežka Vlková.

»Ich möchte Sie nur einiges fragen. Koki, bleib im Korridor!«

»Aber nein, lassen Sie das Hündchen doch hinein, das ist ja so ein liebes Hündchen, nicht wahr?« legte diese verlogene Heuchlerin los und machte die Zimmertür auf.

Die Unordnung war tatsächlich immens, im Bett lag und frühstückte ein entsetzlich blasses Mädchen. Das ist offenbar die Tochter, die an Schwindsucht dahinsiecht, dachte der Herr Mrázek.

Anežka Vlkovás Haar war noch wirr und ungekämmt, über das Nachthemd hatte sie rasch einen zerlumpten geblümten Morgenrock gezogen; sehr reizend sah sie nicht gerade aus, aber wenn man in Betracht zog, daß ihre Wahl auf einen älteren Witwer gefallen war, konnte sie noch Erfolg gehabt haben.

Sie schnitt sofort eine Scheibe Wurst auf dem Teller der Tochter ab und warf sie Koki hin, aber der fletschte nur verächtlich sein hervorstehendes Gebiß und dachte nicht daran, zu fressen. »Na, nimm schon, Koki, nimm nur, das Frauchen ist nett, sie hat Hunde gern«, sagte der Herr Mrázek süß, und als das die Anežka

Vlková hörte, wurde ihr Gesicht ernst; sie war nicht so dumm, um nicht zu wissen, worauf der Herr Inspektor anspielte.

»Na, wie steht's, Frau Vlková, wollen wir uns nicht anziehen? Wir werden uns lieber bei uns auf der Direktion unterhalten, um hier das Fräulein nicht beim Frühstück zu stören.«

Das Mädchen ging bereits auf die Zwanzig, und sie sagte, ihr sei das gleich, aber sie schaute besorgt zur Mutter hin, die ein Kleid aus dem Schrank nahm und damit in den Korridor gehen wollte.

»Ach nein, liebe Frau, ziehen Sie sich nur hier an«, sagte der Herr Mrázek, »ich dreh mich derweil um. Der Ordnung halber, wissen Sie.«

So zog sich also die Frau hinter dem Schrank an, der Herr Mrázek schaute in den anderen Winkel auf einen Wandkalender der Firma Singer, und Koki fletschte die Zähne nach dem Stück Wurst, das noch immer auf dem Fußboden lag.

»Sie haben Adolf Zeman gekannt, was?« feuerte auf einmal Herr Mrázek seinen ersten Schuß ab und drehte sich jäh zur Frau Anežka um, die sich vor dem Spiegel zu kämmen bemühte. Ihre Hand mit dem Kamm sank herab.

»Woher sollte ich ihn kennen?« wunderte sie sich.

»Wollen Sie wirklich behaupten, Sie hätten ihn noch nie gesehen?« fragte der Herr Mrázek mit so besonderer Betonung, daß die Tochter den Teller wegschob und die Mutter anschaute.

»Warum soll ich ihn gesehen haben?« sagte Anežka Vlková mit farbloser Stimme. Der Hund Koki bellte, als gefiele ihm diese Antwort nicht.

»Das ist aber ein häßlicher Hund«, sagte auf einmal die Kranke.

»Vielleicht«, sagte der Herr Mrázek mit eisiger Ruhe. »Also, wie ist's? Sie kennen ihn nicht, haben ihn nie gesehen und nie von ihm gehört?«

»Nein«, beharrte Frau Anežka.

»Dann wollen wir mal gehen. Und sagen Sie der Nachbarin, daß Sie wohl nicht so schnell wiederkommen werden. Ich meine, wegen der Tochter«, sagte Herr Mrázek so ruhig, als dächte er wirklich an nichts Besonderes.

»Aber ich hab doch ...«, stieß die Vlková hervor und schob sich aus der Tür. Der Hund rannte ihr nach, weil sich auch sein Herr zum Gehen anschickte, und geriet ihr zwischen die Beine. Da versagten ihr die Nerven, und sie hackte mit dem Fuß nach Koki. »Bestie ...«

»Der Zeman hatte keinen Hund, nicht wahr?« fragte Herr Mrázek.

»Nein«, antwortete Frau Anežka Vlková, ohne sich bewußt zu werden, daß sie sich lieber hätte die Zunge abbeißen sollen.

Vor dem Hause nahm Herr Mrázek den ersten besten Fiaker und fuhr auf Staatskosten mit der Frau Vlková direkt zur Vier, der Kriminalabteilung.

»Herr Polizeirat, ich melde, daß ich die Anežka Vlková vorgeführt habe. Das war jener Fall mit dem Pfeffer und dem kleinen Hund ... Über den Fall Adolf Zeman weiß sie etwas, das ist ein Faktotum.«

Der Herr Rat setzte gerade seine Zigarre in Brand, und das Flämmchen des Streichholzes blieb in der Luft stehen, als hätte er vor lauter Überraschung vergessen, was er hatte tun wollen. Schweigend blickte er den Herrn Mrázek an, und dieser sagte entgegenkommend: »Ich gestatte mir, darauf aufmerksam zu machen, Herr Rat – das Streichholz brennt in Ihrer Hand.«

Der Herr Rat wedelte schweigend mit der Hand, und das Streichholz erlosch.

»Da steckt eine Frau dahinter, wie Herr Rat zu sagen beliebten«, fügte Herr Mrázek hinzu.

Der Herr Rat erwachte aus seinen Überlegungen und nickte. »Richtig ... Jetzt handelt es sich nur noch darum, ob sie es gewesen ist.«

»Bestimmt. Sie hat sich versprochen«, sagte lächelnd der Herr Mrázek.

»Aber das genügt nicht.« Der Herr Rat hob den Finger.

»Sie wird sich noch einmal versprechen«, versicherte ihm der Herr Mrázek.

Die Untersuchung lief an, wie es sein soll, und das Verhör führten zwei Herren auf einmal. Auf der Stirn der Frau Anežka Vlková perlte bald der Schweiß.

Als das etwa eine Stunde gedauert hatte und sie immer noch alles abstritt, sagte der Herr Mrázek: »Dann werden wir also jetzt Ihre Fingerabdrücke abnehmen. Beim Herrn Zeman haben wir in Hülle und Fülle welche gefunden, so werden wir sie jetzt gründlich vergleichen.«

Das war ein Trick, denn sie hatten am Tatort zwar einige Fingerabdrücke gefunden, konnten jedoch nicht mit Sicherheit behaupten, daß sie identisch waren mit den Abdrücken, die sich auf der Karteikarte der Heiratsschwindlerin Vlková befanden.

Das aber konnte die Frau Vlková nicht wissen, und deshalb

wurde sie auf einmal weiß wie der Tod und seufzte: »Dann also ... Dann also gebe ich zu, daß ich bei ihm in der Wohnung war. Und zwar zweimal. Es ist gut möglich, daß Fingerabdrücke da sind. Aber das war, bittschön, ein anständiger Besuch, ich bin keine solche ...«

»Wir wissen, was für eine Sie sind«, sagte der Herr Mrázek. »Sie haben ihn also gekannt. Und warum haben Sie das geleugnet?«

»Weil ich Angst hatte. Als ich erfuhr, was mit ihm passiert war, fiel mir gleich ein, daß ich verdächtigt werden könnte. Dabei bin ich ganz öffentlich zu ihm gegangen, ich habe nichts zu verbergen.«

»Und warum haben Sie ihn besucht?«

»Er suchte eine Aufwartung, und ich ernähre mich auf ehrliche Weise, bittschön, das schwöre ich bei meiner kranken Tochter, bei dem armen Wesen, das auf den Tod krank im Bett liegt. Wenn ich lüge, ihr Herren, dann soll meine Tochter im Bett gleich sterben.«

»Und scheint es Ihnen nicht auch, daß wir uns jetzt allerhand Schlechtes denken müssen, wo Sie uns doch belogen haben?«

»Aber ich habe nicht gelogen, ich wollte nur nicht sagen, daß ich ihn gekannt habe, um nicht ins Unglück zu geraten. Ich war schon einmal im Unglück, meine Herren, ich weiß, was das ist, und ich muß doch für meine Tochter sorgen ...«

»Gut, Sie waren also bei ihm. Und wann?«

Frau Anežka zog die Stirne kraus: »Das weiß ich nicht genau auf den Tag und die Stunde, es ist ja auch schon länger her.«

»Wollen Sie nicht gleich alles gestehen, Frau Vlková?« fragte der Herr Mrázek weich, aber die erfahrene Anežka fiel auf seinen Biedermannston nicht herein. »Ich habe nichts zu gestehen, Herr Inspektor! Das schwöre ich beim Leben meiner Tochter, die krank zu Hause im Bett liegt! Soll das Kind in seinem Bett sterben, wenn ich lüge!«

Das Verhör dauerte die ganze Nacht. Ein Verhör, das völlig vergeblich war, weil die Frau Vlková alles abstritt und dies so leidenschaftlich beim Leben ihrer Tochter beschwor, die krank zu Hause im Bett liege, daß selbst dem Herrn Mrázek gelinde Zweifel kamen. Wenn die Frau es aushielt, unbeirrt weiterzulügen, könnten sie ihr nicht einmal nachweisen, daß sie den Toten gekannt hatte. Niemand im Hause hatte die Vlková mit Zeman zusammen gesehen, niemand war ihr im Hause begegnet.

»Das ist alles schwacher Kaffee, Herr Mrázek«, brummte der

Herr Rat, und in seinen Fingern brannte wieder umsonst ein Streichholz.

»Das stimmt, Herr Rat, das ist ein Faktotum. Aber in der Endkonsequenz ist mir gerade dieser schwache Kaffee verdächtig: Sie hat sich mit ihm nicht gezeigt, weil sie von Anfang an vorgehabt hat, ihn umzubringen.«

»Aber das werden wir ihr nicht beweisen können.«

»Nein, das nicht«, stimmte der Herr Mrázek zu.

»Wir müssen ihr also etwas anderes beweisen«, meinte der Herr Rat.

Der Herr Mrázek nickte, stellte sich aber begriffsstutzig. Er wußte recht gut, was das bedeutete. Suchen, suchen, wieder alle Sachen durchkramen, ob vielleicht doch irgendwo etwas nicht stimmte. Er fühlte, daß das Opfer am Angelhaken zappelte, jetzt brauchte man das Fischlein bloß noch zum Reden zu bringen! Aber das ist bekanntlich eine harte Nuß.

Der Herr Mrázek durchsuchte mit seinen Gehilfen also noch einmal die ganze Wohnung der Vlková; sie beguckten sich alte Rechnungen und vergessene Straßenbahnfahrscheine, stellten fest, wann und wohin die Frau gefahren war, schauten sich wirklich alles an, aber nirgends fanden sie etwas Besonderes. Bis sie in der Kredenz einen zusammengefalteten Streifen Papier entdeckten. Es war eine Bescheinigung der Reinigungsfirma Tyrovský und Sohn für einen Hausmantel.

Herr Mrázek fuhr sogleich hin, für alle Fälle. Der Mantel wurde gefunden, aber man bat um Entschuldigung, er sei noch nicht fertig. Sie hätten jetzt einen großen Arbeitsanfall und dazu die Urlaubszeit, so daß die Stücke, die in die chemische Reinigung müßten, liegengeblieben seien.

»Das ist genau das, was ich brauche, geben Sie den Mantel her!« rief erfreut der Herr Mrázek und lief mit dem Mantel gleich auf die Direktion ins Laboratorium. Dann begab er sich zum Herrn Rat. »Ich melde, eine Spur hätten wir. Ein Morgenrock aus der Reinigung ... Blutflecke sind drin, sie hat versucht, sie herauszuwaschen. Um aber ganz sicher zu gehen, hat sie den Mantel in die Reinigung gegeben.«

Der Herr Rat ergriff die Hand des Herrn Mrázek. »Ein Morgenrock, sagen Sie?«

»Ja, ein ganz gewöhnlicher ...«

Der Herr Rat Vacátko lächelte zufrieden. »Ein alter Fetzen, was? Ohne jeden Wert ...«

»Genau, Herr Rat geruhen etwas davon zu wissen?«

»Nein, aber das ergänzt wieder meine alte Theorie, daß Leute, die scharf aufs Geld sind, eigentlich krank sind. Krankhafter Geiz ... Hätte sie den Rock verbrannt, wären wir ohne Beweis geblieben und hätten sie, wie ich das sehe, am Ende laufenlassen müssen ... Aber sie hat gespart, zum Glück!«

Im Laboratorium war die Blutanalyse bereits durchgeführt worden: Es handelte sich um das Blut des ermordeten Zeman.

»Was ist, Vlková, wie lange werden Sie noch lügen?« donnerte sie der Herr Rat persönlich an, als man sie in seine Kanzlei gebracht hatte. Auf dem Tisch lag jener alte Mantel, tatsächlich ein Fetzen ohne jeden Wert. Die Reste des Blutes waren mit Kreide angezeichnet.

Die Vlková stand lange da, schaute den Mantel an, und ihr Gesicht wurde immer blasser und blasser. Man schob ihr einen Stuhl hin, damit sie nicht zusammenklappte. Sie erkannte, daß hinter ihr die Tür eines eisernen Käfigs zugefallen war. Zuerst brach sie in Tränen aus, und dann diktierte sie ohne jede Erregung ins Protokoll, wie sich das Ganze abgespielt hatte.

Sie hatte im wesentlichen ihren alten Trick wiederholt, hatte Zeman weisgemacht, sie besitze Geld, und so könnten sie doch gemeinsam ein Häuschen kaufen. Als er sein Geld vom Sparbuch abgehoben hatte, kam sie zu ihm. Aus Erfahrung wußte sie, daß es eine sehr unsichere Sache ist, jemandem Geld wegzunehmen, und sie wollte diese Sicherheit haben. So schlug sie ihm dreimal mit dem Hammer auf den Kopf.

An der Tür hingen doppelte Schlüssel von der Wohnung und vom Hause. Sie entschloß sich – ebenfalls zur Sicherheit –, die Nacht abzuwarten und dann erst unauffällig zu verschwinden. Damit sie der Tote nicht ängstigte, legte sie ihn ins Bett und bettete über ihm tadellos auf. Vor Mitternacht ging sie aus dem Hause, nein, in der Geisterstunde wäre sie auf keinen Fall mit dem Toten allein in der Wohnung geblieben, und als sie über die Brücke ging, warf sie den Hammer und die Schlüssel in die Moldau. Das Geld versteckte sie zu Hause im Keller unter den Kohlen.

Als das Protokoll unterschrieben war, trat der Detektiv Mrázek an die Frau heran. »Sagen Sie mal, Sie haben bei Ihrem Leugnen dauernd beim Leben Ihrer kranken Tochter geschworen: Wenn ich lüge, soll meine Tochter, die krank im Bett liegt, sterben ... Ja, hatten Sie denn nicht wenigstens ein bißchen Angst vor so einem furchtbaren Schwur?«

Da sah ihn die Anežka Vlková gutherzig, ja fast spitzbübisch an. »Warum sollte ich Angst haben, Herr Inspektor? Sie liegt doch überhaupt nicht im Bett, sie liegt doch auf dem Kanapee ...«

Und dem Herrn Mrázek verschlug es nach dieser Antwort – das war ein »Faktotum« – reineweg die Sprache.

Der Fingerabdruck

Es war wirklich nichts Besonderes – eine Kasse, wie man sie Jahr für Jahr serienweise herstellt, eine ältere Type der Firma Wertheim. So eine macht nicht viel Arbeit; sie war sauber und fachmännisch geknackt worden, sogar die Asche, die aus den Zwischenwänden gefallen war, hatte der Täter weggefegt, offenbar deshalb, um nicht hineinzutreten und so eine Spur zu hinterlassen.

Es war ein ganz gewöhnlicher Fall, aber wir dürfen nicht vergessen, daß die Kasse in einer der Seitengassen in der Nähe des Marktplatzes von Iglau stand – und so wurde gleich eine Affäre draus.

Die Neugierigen liefen von weit und breit zusammen, und wer mit dem Autobus auf dem großen, buckligen Marktplatz ankam, eilte als erstes zu dem Haus, um sich anzuschauen, wo man die einbruchsichere Kasse ausgeraubt hatte ... Hätte man von jedem Schaulustigen auch nur eine Krone kassiert, so wäre man wohl bald imstande gewesen, den Schaden zu ersetzen, ja, vielleicht hätte man sogar noch daran verdient, denn die menschliche Neugier kennt keine Grenzen, und die Leute fühlen sich immer durch ungewöhnliche Dinge angeregt. Ein Diebstahl auf dem Bahnhof kommt ihnen selbstverständlich vor, aber eine Kasse zu knacken, ein Loch hineinzuschneiden, mit der Hand hineinzulangen und sich die Taschen mit Banknotenbündeln vollzustopfen, das ist etwas, was die menschliche Phantasie reizt. Und außerdem hatte der Kassenknacker dies nachts getan, er war im Dunkel hineingeschlichen, hatte mit der Taschenlampe geleuchtet, ein Fenster eingeschlagen, und – was die Hauptsache war – er war offenbar ein Mensch, der von seinem schrecklichen Handwerk etwas verstand, und das imponierte den Leuten insgeheim, und so wünschten sie sich, den Tatort zu besichtigen. Die Gendarmen schafften es gar nicht, die Gaffer wegzujagen, und deshalb schrien sie auf sie ein, als hätten sie das Verbrechen begangen und nicht ein rätselhafter Unbekannter.

Natürlich wird in Iglau nicht jeden Tag eine Kasse geknackt, deshalb hatte die Fahndungsgruppe der Gendarmerie-Kreiskommandantur volle Bereitschaft. Sie taten, was sie konnten, sie setzten Hunde ein, aber die liefen nur eine Weile auf dem Platz hin und her, und einer strebte dann zum Grandhotel, aber das wohl nur deshalb, weil sein Herr dort täglich seinen Abendschoppen einnahm, nicht aber, weil er eine Spur erschnuppert hatte. Sie vernahmen eine Menge Zeugen, die nichts wußten, und zogen selbstverständlich einen Daktyloskopen hinzu. Dieser konnte ihnen jedoch nur bestätigen, was sie schon ahnten, nämlich daß keine Fingerabdrücke vorhanden waren. Der Täter hatte in Handschuhen gearbeitet, und soweit Abdrücke festgestellt wurden, stammten sie selbstverständlich von dem Buchhalter Fuchs.

Es war eine deutsche Firma, der die alten Büroräume mitsamt der Kasse gehörten. Der Chef fragte in gebrochenem Tschechisch, ob Hoffnung bestehe, den Täter dingfest zu machen. Als die Männer in Uniform nur die Achseln zuckten, meinte er: »Na ja, was kann man von der tschechischen Gendarmerie schon verlangen!«

Und der Kreiskommandant, Oberleutnant Patejdl, durfte mit Rücksicht auf die politische Situation nicht einmal andeuten, daß er sehr gut Deutsch verstand. Einige Male hatte er innerlich wiederholt, was er wußte: Der Täter war von außen durchs Fenster eingedrungen, indem er eine Scheibe eingedrückt und mit der Hand den eisernen Riegel gelöst hatte. Er war offenbar vertraut mit den Räumlichkeiten, er war völlig sicher gegangen. In der Nacht vom Donnerstag zum Freitag lag immer eine größere Menge Bargeld in der Kasse, weil am Freitag die Fuhrleute ausgezahlt wurden. Der Kassenknacker hatte sich ebendiese Nacht ausgesucht und das konnte darauf hindeuten, daß er ortsansässig war ... Andererseits mußte das nicht unbedingt der Fall sein, denn immerhin konnte er den Auszahlungstag in jeder Gastwirtschaft erfahren haben, wo die Fuhrleute verkehrten. Die Gendarmerie wußte allerhand, aber über die Hauptsache gab es noch immer keine Klarheit.

Ein Kassenraub in einer kleinen Stadt wirft Probleme auf: Immer handelt es sich um einen fremden Täter, denn Tresorknacker leben nicht in Kleinstädten, weil sie dort kaum ihr Auskommen finden würden. Und einen zufälligen Besucher zu erwischen, das ist immer schwer. In Prag haben sie es leichter: Sie greifen zum Archiv, schauen nach, wer gerade auf freiem Fuß ist, und können zugreifen.

Der Oberleutnant schickte seine Leute in alle Hotels und Restaurants, selbstverständlich ergebnislos, weil ein Mensch, der in der Nacht in Iglau eine Kasse knacken will, mit einem Nachmittags- oder Abendzug kommt, sich ins Restaurant setzt und dann ans Werk geht. Wenn er vor Tagesanbruch fertig ist, hat er noch die Zeit, langsam zur Bahn zu gehen. Von Iglau aus verkehren Züge in alle Richtungen; er kann nach Prag fahren und genausogut nach Brünn. Kurzum: ein blöder und gewöhnlicher Fall.

Aber wer von denen, die gerade im Büro des Kreiskommandos der Gendarmerie saßen und zuhörten, wie irgendwo monoton eine Schreibmaschine klapperte und wie die Stiefel des Herrn Oberleutnants knarrten – wer von ihnen konnte ahnen, daß dieser Fall bald eine Panik auslösen würde! Wem wäre der Gedanke gekommen, daß ausgerechnet in Iglau etwas passieren würde, was nicht nur das Kreiskommando, sondern das Wesen der Kriminalistik selbst erschütterte!

Die Dinge entwickelten sich zuerst ganz unauffällig. Als alle völlig normalen Umstände festgestellt und die ersten Protokolle verfaßt worden waren, kam auf einmal ein junger und strebsamer Mitarbeiter der Fahndungsgruppe, ein gewisser Tumpach, und meldete in höchster Erregung, er habe eine äußerst wichtige Spur entdeckt.

Der Oberleutnant, der bereits seit einer geschlagenen Stunde mit knarrenden Stiefeln in seinem Arbeitszimmer auf und ab ging, dachte, das bilde sich halt jeder ein, der an der Polizeiarbeit schnuppert, aber er erlaubte, daß der junge Mann seine Meldung hervorsprudelte.

Der Postenführer Tumpach zog anstelle weitschweifiger Erklärungen überaus vorsichtig einen eingewickelten Glasscherben der Fensterscheibe hervor und zeigte ihn in schräger Lage seinem Chef. Selbst mit bloßem Auge war darauf ein Fingerabdruck zu erkennen.

Der Oberleutnant stieß einen leisen Pfiff aus. »Menschenskind, da hatten Sie aber eine glückliche Hand! Das ändert, wie man so sagt, die ganze Situation. Damit werden wir etwas anfangen können!«

Und man konnte wirklich etwas damit anfangen – ganz übliche Maßnahmen, die aber auf ihre Art höchst aufregend waren, weil auf einmal ein Schlüssel gefunden worden war. Der Fingerabdruck wurde wunderschön und behutsam abgenommen, fotografiert, vergrößert – kurzum, man widmete sich ihm mit großer Umsicht, hatte man doch nur den einen in den Händen. Der Abdruck hatte eine besondere Form, er war an beiden Seiten scharf abgegrenzt, und der strebsame junge Tumpach hatte auch dafür eine Erklärung: »Hier ist zu sehen, daß der Bursche Handschuhe trug, die an einer Stelle aufgeplatzt waren. Er merkte das und zog Reservehandschuhe an, aber der eine Abdruck ist ihm eben doch entgangen.«

»Daß wir nicht gleich auf die Idee gekommen sind, die Scherben im Fenster zu untersuchen ...! Das heißt, untersucht haben wir sie schon, bloß wir haben nichts gefunden«, entschuldigte sich der Fachmann, der Daktyloskop von der Fahndung. »So was kommt vor, es scheint wohl so 'ne Art Absicht zu sein, daß die Hauptspur immer von irgendeinem Dussel gefunden wird.«

Das sagte er einerseits aus Wut auf sich selbst und andererseits, weil besagter Tumpach gerade nicht im Zimmer war.

Na ja, was ist schon dabei, gab er schließlich verdrossen zu, ein junger Mensch muß eben auch mal Karriere machen. Ich hab auch mal damit angefangen, daß ich als einziger bei dem ermordeten Altenteiler merkte, daß er unter den Nägeln eingetrocknetes Blut hatte. Und den dicken Kratzer an der Brust des Herrn Schwiegersohns zu finden war nicht mehr so schwer, wenngleich er auch behauptete, er sei von der Fuhre gefallen, als er Reisig holte, und habe sich an einem Zweig gekratzt ... Jetzt kommt zur Abwechslung der Name Tumpach in den Bericht, und beim nächstenmal wird ihm dann etwas Größeres anvertraut ... Und das gönne ich ihm sogar.

Dann wanderte der Abdruck mit allen Fotografien nach Prag, wo man feststellen sollte, wem er gehörte. Es war nicht zu erwarten, daß die so säuberlich ausgeräumte Kasse in Iglau von einem Anfänger geknackt worden war, von dem die Polizei bis jetzt nichts wußte. Alles sprach dafür, daß der Fall unmittelbar vor der Lösung stand. Iglau würde ganz bestimmt berühmt werden, die Zeitungen würden davon schreiben ... Der Oberleutnant rasierte sich ab sofort täglich und trug die Uniform mit noch größerer Eleganz als früher; er erwartete jeden Tag den Ansturm der Reporter.

Sie kamen. Aber nicht die Reporter. Es kamen zwei sehr unauffällige, sorgenvoll dreinblickende Herren von der Prager Polizeidirektion, beides vereidigte Sachverständige der Daktyloskopie.

Sie riefen alle zusammen, die etwas mit dem Fall zu tun hatten, hörten sich die Berichte an, betrachteten den Hof, das Fenster, das schon längst wieder verglast war, den Kassenraum, der schon lange aufgeräumt und sauber gescheuert war, und den Tresor, den man bereits im Lagerraum abgestellt hatte, weil die Arbeit nicht ruhen kann, wenn die Gendarmerie auf der Stelle tritt, wie der Herr Firmenbesitzer in seinem gebrochenen Tschechisch sagte.

»Darf ich wissen, meine Herren, was eigentlich los ist?«fragte der Oberleutnant, als die beiden bei ihm in der Kanzlei saßen. »Soweit mir bekannt ist, verlief die Untersuchung völlig normal und vorschriftsmäßig.«

»Daran zweifeln wir nicht. Übrigens steht es uns gar nicht zu, darüber ein Urteil abzugeben. Wir wollten uns nur etwas umschauen«, sagten die Herren und gebärdeten sich sehr ernst.

»Außerdem«, fuhr der Kommandant fort, »haben wir Dutzende von Fotografien, haben wir die Asche aus der Kasse, die Scherben vom Fenster, wo wir den Fingerabdruck gefunden haben, kurz, was wir an Spuren sichern konnten, das haben wir getan.«

»Herr Oberleutnant, Ihre Arbeit wurde ungewöhnlich sorgfältig durchgeführt. Nichtsdestoweniger ...«

»Was heißt nichtsdestoweniger, meine Herren?« fragte der Oberleutnant und hob die Brauen. Er hatte den höchsten Dienstrang im Kreis und war Ehrerbietung gewohnt.

»Nichtsdestoweniger sind hier bestimmte Umstände ... Wir bitten Sie jedenfalls, uns nach Prag zu begleiten, dort ist eine große, streng vertrauliche Beratung einberufen worden.«

»Aber meine Herren, haben Sie denn den Mann nicht festgestellt, dem der Fingerabdruck gehört?«

»Im Gegenteil, wir haben ihn festgestellt. Darin besteht ja gerade die Schwierigkeit«, sagte seufzend einer der Herren.

Und der andere fügte mit einem gewissen grimmigen Humor, der allerdings überhaupt nicht heiter war, hinzu: »Wir haben ihn sogar hinter Gittern. Im Zuchthaus Bory.«

»Schon? Na, das ist ja großartig!« rief der Oberleutnant und stapfte mit seinen Stiefeln über den großen Teppich in der Kanzlei.

Die beiden Prager Herren blieben ernst und bekundeten nicht die geringste Freude. Sie machten sogar recht saure Gesichter.

»Das Problem besteht darin«, sagte der eine, während der andere die Augen zur Decke verdrehte, als wollte er nicht einmal mit einem Blick an dieser betrüblichen Mitteilung teilhaben, »das Problem besteht darin, daß der Mann, dem der Fingerabdruck gehört, also der Kassenknacker, Pecháček, schon vier Jahre in diesem Zuchthaus einsitzt und noch ein Jahr dort brummen wird.«

Stille breitete sich aus. Die Stiefel hörten auf zu knarren. Die Stille war so tief, daß man draußen die Kinder schreien hörte.

»Sie wollen sagen, daß ... daß dieser Abdruck nicht echt war?«

»Im Gegenteil, im Gegenteil. Der Abdruck ist echt, und er wurde ganz klar identifiziert. Er gehört diesem Pecháček. Aber Pecháček kann es nicht getan haben, weil er sitzt. Das fünfte Jahr. Immer hinter Gittern.«

»Aber seinen Abdruck haben wir gefunden!« schrie der Oberleutnant.

»Leider Gottes ... Es ist furchtbar. Noch nie sind wir einer derartigen Sache begegnet. Wir haben die Anweisung direkt vom Ministerium, Sie unverzüglich nach Prag zu bitten. Der Zug fährt in einer Stunde.«

Beide Herren erhoben sich wie auf Befehl. Beide sehnten sich danach, endlich am Bahnhof zu sein und sich im Restaurant ein Bier zu gönnen, vielleicht auch zwei, weil das, was da geschehen war, nicht auf Iglau oder auf Prag einen Schatten warf, sondern auf die ganze Weltdaktyloskopie. An ihrer Richtigkeit zu zweifeln, das bedeutete, das ganze Polizeisystem aus den Angeln zu heben ...

Der Prager Polizeirat Vacátko lief in seiner Kanzlei auf und ab, denn die Beratung sollte in einer halben Stunde beginnen, und er bemühte sich, noch schnell alle Umstände zu überprüfen, um ganz sicher zu gehen, daß ein Irrtum ausgeschlossen war. Er ahnte, daß der Herr Polizeipräsident die verhängnisvolle Frage stellen würde, die alle Kriminalisten befürchteten. Er würde mit Sicherheit fragen: »Meine Herren, was machen wir mit unserer Daktyloskopie?«

Und der Herr Polizeirat würde es eher ertragen, wenn der Herr Polizeipräsident fragte: »Meine Herren, was machen wir mit unserem Vacátko? Hängen wir ihn auf, oder wollen wir ihn lieber langsam in der Moldau ersäufen?«

Einen einzelnen Menschen kann man bei der Polizei jederzeit ersetzen. Aber wodurch sollte man die Daktyloskopie ersetzen?

»Hört mal, Jungs«, sagte er zu seinen Untergebenen, »habt ihr nicht vielleicht doch einen Schnitzer gemacht? Habt ihr tatsächlich gemeinsame Kennzeichen der Abdrücke des Kassenknakkers Pecháček und desjenigen, den sie uns aus Iglau geschickt haben, festgestellt?«

»Wir haben sie festgestellt. Es genügt, wenn man zehn gemeinsame Kennzeichen findet, aber wir haben ihrer zwanzig gefunden.«

»So daß ein Irrtum ausgeschlossen ist?«

»Leider ja. Wenn wir die Vergrößerungen vorführen, wird es für alle ganz klar ersichtlich sein. Der die Kasse geknackt hat, hat die gleichen Fingerabdrücke wie der Kassenknacker Pecháček.«

»Das bedeutet ...«

Die Männer ließen die Köpfe hängen, als hätten sie ihr Todesurteil vernommen. Ja, das bedeutete, daß die ganze Daktyloskopie, die der Polizei schon jahrzehntelang als absolut triftiges Belastungsmaterial diente, auf dessen Grundlage Menschen zu Kerker, ja selbst zum Tode verurteilt werden, ungenau ist. Und falls sie ungenau ist, gilt sie natürlich nichts mehr ... Und falls sie nichts mehr gilt, was soll dann mit all denen geschehen, die in den Gefängnissen sitzen oder gehängt wurden?

Niemals wurde auf der Polizeidirektion so eifrig gelesen wie in jenen Tagen; es war völlig unmöglich, in der Bibliothek einen Band von Heindls ›Daktyloskopie‹ zu bekommen. Die Fachleute blätterten zum x-ten Male in dem alten Locardo und im Gross, sie lasen Fosdikes ›European Police System‹, und die besonders Tüchtigen versuchten die Daktyloskopie aus patriotischen Gründen zu verteidigen – schließlich war ihr Begründer niemand anders als unser gelehrter Purkyně!

»Meine Herren«, sagte der Rat Vacátko mit tragischer Miene, »ich habe irgendwo gelesen, daß dank der Daktyloskopie auf der Welt Menschen zu insgesamt einer Million Jahren Gefängnis verurteilt wurden. Eine Million Jahre!«

»Da hat man schon was abzusitzen!« bemerkte der Herr Rous, und der Detektiv Bouše nieste zum Zeichen, daß das stimmte.

»Nur gut, daß das der selige Herr Oberpolizeirat Knotek nicht erlebt hat, der mit dem Titel eines Ministerialrats in Pension gegangen ist«, sagte er seufzend. »Der hätte das bestimmt nicht überlebt.«

»Ich werde es auch nicht überleben«, brummte der Rat Vacátko und sah auf die Uhr.

Dann begab sich die ganze Kriminalabteilung zu jener denkwürdigen Sitzung, bei der der Polizeipräsident persönlich den Vorsitz führte.

Es sprachen dort die verschiedensten Fachleute, aber was nützte das alles, wenn aus jedem Wort unverhohlen die Befürchtung durchklang, daß mit der guten alten Daktyloskopie wirklich etwas nicht in Ordnung war.

»Wie ich bei Robert Heindl gelesen habe«, sagte ein vereidigter Sachverständiger, »beschäftigte sich bereits der alte Galton mit der Frage, ob es nicht möglich sei, daß der gleiche Fingerabdruck zweimal auf der Welt vorkommt. Er rechnete aus, daß man mit 64 Milliarden Papillarlinien rechnen könne, deren Unterschiede sich klar bestimmen lassen. Da die Anzahl der Menschen, die sich auf der Erde ablösen, von Galton auf 16 Milliarden geschätzt wurde, geht daraus hervor, daß die Möglichkeit von nur eins zu vier besteht, daß – seit der Erschaffung der Welt, bitte schön! – der Abdruck einer bestimmten Person überhaupt mit dem einer anderen übereinstimmt. Bekanntlich haben nicht einmal die Kinder die gleichen Fingerabdrücke wie ihre Eltern, ja nicht einmal Zwillinge, die einander zum Verwechseln ähnlich sind, haben die gleichen Linien an den Fingerkuppen. Wir stehen hier also vor einem einzigartigen Rätsel. Ich würde sagen, meine Herren, daß sich auf Prag in diesem Augenblick die Augen der ganzen Welt heften, denn falls wir diese Entdeckung veröffentlichen ...«

»Nichts werden wir veröffentlichen«, knurrte der Herr Polizeipräsident, und die Beratung ging weiter.

»Galdino Ramos hat in seinem Buch über die Identifizierung, herausgegeben 1906 in Rio de Janeiro, in Ergänzung von Galton berechnet: Wenn wir zwanzig charakteristische Züge an einem Finger berücksichtigen und die Zahl der Menschen auf der Erde in Betracht ziehen, dann können zwei gleiche Fingerabdrücke nur in 466 Millionen Jahren einmal vorkommen! Deshalb glaube ich, daß wir entweder soeben bei diesem unglückseligen Datum angelangt sind – und das ausgerechnet in Iglau – oder daß das alles nicht möglich ist.«

Im Zimmer herrschte eine schwüle Stille. Dann wurden die beiden Fingerabdrücke projiziert: der erste, der auf dem fatalen Glassplitter der Fensterscheibe gefunden worden war, und daneben ein Abdruck aus dem Polizeiarchiv, der dem Kassenknacker Pecháček gehörte, zur Zeit Insasse der Strafanstalt Bory. Sie waren identisch.

Dann entspann sich erneut eine Debatte, die in einen Streit ausartete. Würdevolle Wissenschaftler und Kriminalbeamte schrien aufeinander ein, vergaßen Dienstrang und Dienstalter, beschimpften sich gegenseitig. Ärzte und Biologen, Detektive und Daktyloskopen brüllten einander an, es schrien auch der Polizeirat Vacátko und der Polizeipräsident.

Zu dieser Zeit wurde in Prag der berühmte Film ›Die letzten Tage von Pompeji‹ gespielt, aber das war nichts gegen die letzten Tage der Prager Polizeidirektion, die unterzugehen drohte.

Aber weil die Polizei niemals untergehen darf und auch nicht kann, entschied am Ende der Herr Polizeipräsident: »Über alles

Stillschweigen bewahren, nichts veröffentlichen! Falls die Zeitungen auch nur einen Mucks darüber bringen, laß ich sie beschlagnahmen! Warum sollten sich diese 466 Millionen Jahre gerade jetzt erfüllen, da ich Polizeipräsident bin? Ich schließe die Versammlung, und merken Sie sich eines: Es hat gar keine stattgefunden. Die Fahndung geht selbstverständlich weiter.«

So kam es, daß die letzten Tage der Prager Polizeidirektion nicht kamen, weil sie laut Entscheidung des Herrn Polizeipräsidenten auf eine spätere Zeit verlegt wurden. Nur wußte niemand, auf welche.

Eines Tages trat in das Arbeitszimmer des Iglauer Gendarmeriekommandanten der junge Postenführer Tumpach, schlug die Hacken zusammen und ersuchte auf militärische Art seinen Vorgesetzten: »Herr Oberleutnant, ich bitte um Urlaub, um mich erschießen zu können.«

Der Oberleutnant sagte zuerst bedächtig, daß der Postenführer sich von ihm aus auch ertränken könne, ihm sei nach dem Skandal mit dem Fingerabdruck schon alles egal, aber dann brüllte er: »Sie sind wohl schon völlig verblödet ...! Herrgott, was haben Sie schon wieder?«

»Ich habe nur einen Ausweg, nämlich mein Leben zu beenden«, sagte Tumpach finster. »Ich bin auf eine weitere wichtige Spur gestoßen.«

»Warum sollten Sie sich in diesem Falle selbst erschießen, Tumpach? Ich werde Sie eigenhändig erschießen, und das mit Herzenslust, falls Sie wieder mit so etwas kommen wie neulich.«

»Ich komme mit einer noch schlimmeren Sache«, sagte mit dem Mute der Verzweiflung der junge Mann und legte vor den verdutzten Kommandanten zwei Glasscherben hin.

»Auf diesem da war der Abdruck ... Und das dort, das ist einer von den übrigen Scherben. Mir gab es keine Ruhe, und so fing ich noch einmal an, in diesen Scherben herumzukramen. Und ich melde, daß ich einen sehr wichtigen Umstand entdeckt habe, der ... Kurz und gut, es ist entsetzlich. Dieser Glassplitter, auf dem der Abdruck war, ist um anderthalb Millimeter dicker als die übrigen. Und wenn Sie durch den Splitter schauen, auf dem der Abdruck war, dann sehen Sie, daß das Glas eben ist, man kann einwandfrei hindurchsehen. Während Sie durch die anderen Splitter – und Sie können jeden beliebigen nehmen – alles gewellt sehen, und zwar deshalb, weil es minderwertiges Glas ist. Kurzum – das Fenster war aus gewöhnlichem, nicht sehr gutem Glas, aber der Splitter, auf dem der Abdruck war, ist von bester Qualität. Bitte überzeugen Sie sich selbst, Herr Oberleutnant ...«

Der Oberleutnant war während der Worte Tumpachs so überrascht, daß man von ihm mit Fug und Recht sagen konnte: Er war völlig getumpacht ... Dann blickte er schweigend durch die Glasscherben und konnte nichts anderes feststellen als das, was bereits der strebsame junge Gendarm festgestellt hatte. Er legte die Glassplitter auf den Tisch und begann seiner Gewohnheit gemäß, im Zimmer auf und ab zu gehen. Jedesmal, wenn das Telefon klingelte, hob er den Hörer ab, sagte: »Moment ...« und legte ihn wieder auf. Er wollte in seinen Überlegungen nicht gestört werden.

Der junge Tumpach lauschte ehrerbietig dem Knarren der Kommandantenstiefel.

»Hören Sie, Menschenskind ..., wissen Sie eigentlich, was das bedeutet?«

»Ich melde, daß ich es weiß. Deshalb habe ich mich bereits einleitend dazu erboten, mich zu erschießen.«

»Ihnen wird auch nichts anderes übrigbleiben, denn nachdem Sie zuerst die ganze Daktyloskopie aus den Angeln gehoben haben, stellen Sie sie jetzt wieder an ihren richtigen Platz, und solche Erschütterungen einer derart geschätzten Wissenschaft kann sich ein unbekannter Mitarbeiter eines Kreiskommandos nicht erlauben. Das kann sich nur einer von ganz oben erlauben, und der auch nicht sehr oft ... Jesus Maria, Tumpach, was stehen Sie da wie eine Salzsäule? Machen Sie, daß Sie zum Bahnhof kommen, daß Sie nach Prag fahren, zum Herrn Rat Vacátko und zum Herrn Polizeipräsidenten persönlich, und dann sollen die Sie erschießen oder zu Nudeln zerhacken, mir ist das schnuppe, aber ich möchte nicht noch einmal erleben, was ich erlebt habe. Wegtreten – und ab im Schweinsgalopp!«

Tumpach trabte aus dem Arbeitszimmer des Kommandanten, und dann ging sein Trab in einen Galopp über, so daß es ihm gelang, in den bereits anfahrenden D-Zug zu springen, wobei ihn nur seine Uniform vor der Geldstrafe rettete.

Der unglückliche Tumpach wand sich auf dem weichen Polstersitz der ersten Klasse in bangen Vorahnungen, denn er konnte sich überhaupt nicht erklären, wie das Stück Glas mit dem Fingerabdruck unter die Scherben der Scheibe geraten sein konnte, die der unbekannte Kassenknacker eingedrückt hatte. Wie konnte sich der den Fingerabdruck eines anderen Tresorknackers besorgt haben, der in Bory einsaß?

Der Herr Polizeirat Vacátko sprang fast von seinem Stuhl auf, als ihm der junge Gendarm zeigte, was er mitgebracht hatte.

»Junger Mann, Sie sind einfach ein helles Köpfchen! Falls Sie kein Dummkopf sind, weil es Ihre Pflicht gewesen wäre, das schon früher zu bemerken. Auch wenn ... auch wenn ich zugeben muß, daß das ein anderer vielleicht auch nicht gesehen hätte. Na also, die Daktyloskopie haben wir wieder im trockenen. Gott möge es Ihnen vergelten, es sah nämlich schon schlimm aus mit ihr. Wie man sieht, ist es eben doch eine solide Wissenschaft, wenn sie auch das überlebt hat... Na, und jetzt wollen mal wir in die Sache einsteigen!«

Der Herr Rat barst von Tatendrang, und Tumpach begriff, daß er überflüssig war. Er trat hinaus auf die Straße, guckte eine Weile nach den Mädchen und wurde sich dann bewußt, daß er am Leben bleiben würde, und so kehrte er voller Freude nach Iglau zurück. Während seiner Heimfahrt klingelte auf dem Tisch seines Kommandanten das Telefon, und der Herr Polizeipräsident persönlich geruhte seiner Meinung Ausdruck zu geben, daß der junge Mann offenbar ein heller Kopf sei und daß er deshalb das Landeskommando der Gendarmerie ersucht habe, in seinem Namen dem jungen Mann zu danken. So daß Tumpach, bevor er noch in Iglau den Bahnhof verließ, bereits seine Beförderung auf dem Tisch liegen hatte.

Und die Dinge nahmen in der bekannten und festgelegten Weise ihren Lauf.

Der Herr Oberpolizeirat Vacátko ließ sich zuerst alles vorlegen, was über den Kassenknacker Pecháček bekannt war. Der Strafgefangene Nummer 64876 in Bory ahnte nicht, daß er zum Mittelpunkt der Aufmerksamkeit geworden war. Er ging weiter durch den langen, kalten Flur, stand aufrecht an der Tür seiner Zelle, wartete, bis der Wärter sie aufschloß, tauschte mit den Kalfaktoren Zigarettenkippen und widmete sich dem Rauchen, wenn ringsum alles still war, genauso wie alle anderen erfahrenen Häftlinge, die sich mit dem Gefängnis schon lange abgefunden hatten.

Er ahnte nicht, daß ein unauffälliger Herr ihn beim Hofrundgang aufmerksam beobachtete und daß der gleiche Herr danach lange beim Gefängnisdirektor saß.

»Sie sagen also, daß vor kurzem der Kassenknacker Kamil Novák von hier entlassen wurde?«

»Ja, bestraft mit drei Jahren wegen Mittäterschaft bei der Ausraubung einer Kasse in Rakovnice. Er führte sich wie alle Tresorknacker – vernünftig. Er wurde am Elften entlassen.«

Der unauffällige Herr aus Prag blätterte in seinem Notizbuch. »Die Kasse in Iglau wurde am Achtzehnten aufgebrochen, das bedeutet, daß sich der Novák eine Woche Zeit nahm, wohl um wieder die alte Form zu erreichen.«

»Er wird wohl eher die Woche gebraucht haben, um sich die Kasse anzuschauen – natürlich falls er der Täter war!« wandte der Direktor ein.

»Sie werden sich wundern, aber er brauchte sich überhaupt nichts anzuschauen ... Er wußte genug von der Kasse. Gestatten Sie mir eine weitere Frage: Wie können die Häftlinge hier miteinander verkehren?«

»Soweit sie nicht gemeinsam in einer Zelle sind, nur bei der Arbeit«, erklärte der Direktor.

»Wo arbeitet Pecháček?«

»Unten in der Schlosserei, er ist ein geschickter Handwerker.«

»Und wo hat dieser Novák gearbeitet?«

»Auch dort. Diese Tresorknacker sind allesamt sehr geschickt, und deshalb lassen wir sie gern als Reparaturschlosser arbeiten. Sie haben goldene Hände, machen nur schlechten Gebrauch von ihnen.«

Der unauffällige Herr aus Prag lachte. »Dann ist ja alles klar! Sie haben zusammen gearbeitet und alles vereinbart.«

Der Gefängnisdirektor tat, als wollte er schlucken, könne dies aber nicht. »Sie meinen ...«

»Ich meine nichts, ich stelle nur Tatsachen fest. Und wenn ich feststelle, daß sie zusammen verkehren konnten, dann nehme ich an, daß sie sich auch verabreden konnten.«

»Aber daß der Pecháček ... Er ist bescheiden und kommt mir vor wie vom Schicksal mißhandelt. Er hat hier fünf Jahre abzusitzen, das ist doch keine Kleinigkeit.«

»Pecháček war mal eine Berühmtheit! Und dabei, wie man so sagt, ein harter Bursche. Als er seine zweite Strafe bekam, es waren zweieinhalb Jahre, da belehrte ihn der Herr Senatsvorsitzende pflichtgemäß, daß er Berufung einlegen könne. Da stellte sich der Pecháček hin, winkte ab und sagte wörtlich: ›Zweieinhalb Jahre, Herr Rat, das ist doch ein Spaß, das sitz ich in Pankrac auf der Treppe ab und dazu noch auf einer Arschbacke ...‹ Damals stand das in allen Zeitungen.«

Der berühmte Pecháček ahnte nicht, daß bei dem Herrn Direktor über ihn gesprochen wurde.

Er verrichtete schweigend jede Arbeit, die man ihm auftrug, hielt gern Werkzeug in der Hand, stellte sich gern an die Werkbank und spannte eine Stange in den Schraubstock ein, um dann zu versuchen, sie herauszubrechen, so wie er es gewohnt war, wenn er eine Kasse knackte. Denn es ist im Knast die Hauptsache, daß man dort nicht aus der Übung kommt.

Er wandte sein längliches, pickliges Gesicht dem kleinen Fenster zu. Es war verstaubt, aber noch fiel genug Licht in die Werkstattzelle, zuweilen sogar ein Sonnenstrahl. Er konnte ein Dach sehen und dahinter, in der Ferne, den Kamm der blauen Berge. Wer weiß, was das für Berge sind, aber er hatte geträumt, daß er dort eines Nachmittags dahinschlenderte, sich ins Moos setzte und dem Summen der Fliegen über einer Waldlichtung lauschte. Schön war das, so etwas braucht der Mensch, um sich von der nächtlichen Arbeit auszuruhen. Aber wo sind die Berge und die Waldlichtungen, wo ist jener Sommer, da er zuletzt draußen Fliegen summen hörte und die Augen vor der grellen Sonne zukniff? Da kann einer selbstverständlich im Gerichtssaal den starken Mann markieren, weil das seinen Ruf unter den Kameraden und den Leuten vom Fach festigt, aber wenn man so ein Pflaster kriegt wie er, dann vergeht einem der Humor. Ja, eine Woche oder zwei, einen Monat oder gar zehn, das geht, man schafft sogar drei Jahre. Aber fünf, das ist schon sehr viel ... Da fühlt man auf einmal, wie furchtbar weit die Welt draußen ist. Alles ist fern, die Kameraden sind fern, und Marka, die ist völlig verloren. Herrgott, sie ist vierzig, wenn ich hier rauskomme, da hat eine Frau wie sie schon das meiste hinter sich ...

Der Kassenknacker Pecháček kam sich nach der letzten Strafe vor wie ein Tier, hinter dem die Falle zugeklappt ist. Sie hatten ihn durch einen albernen Zufall erwischt, mit dem er nicht gerechnet hatte. Sie hatten keinen Beweis in der Hand, und er war sicher gewesen, daß er sich herauswinden würde; darüber hinaus war die Kasse ganz großartig gewesen, sie hatte etliche Scheinchen abgeworfen, und er rechnete damit, daß er sich bald zur Ruhe setzen würde, denn es herrschte eine Krise, und in den Kassen war nicht mehr viel geblieben. Und dennoch war es schlecht ausgegangen, sehr schlecht sogar, sagte er sich und schaute durch das verstaubte Fenster der Gefängniswerkstatt. Wegen eines Blödsinns ... Wegen eines Fingerabdrucks!

Verdammt noch eins, das ist aber eine krumme Tour, einen Menschen wegen so eines Blödsinns zu schnappen, das sollte gar nicht erlaubt sein. Wenn die Polizisten solche Pfuscher sind und einen nicht erwischen können, wenn man gerade rausklettert, wenn sie einem Einbrecher nicht nachweisen können, daß er die

Kasse mit dem Werkzeug geknackt hat, das sie bei ihm gefunden haben, dann dürften sie ihn auch nicht mit so etwas hereinlegen. Er, Pecháček, hatte hartnäckig geleugnet, auch wenn ihm der Herr Rat zuredete, er solle doch dessen eingedenk sein, daß die Kassenknacker noble Leute seien und den Gerichten keine Schwierigkeiten bereiteten und daß dafür der Gerichtshof gewiß ein Auge zudrücken werde. Pecháček war sich seiner ganz sicher, und deshalb stritt er standhaft alles ab, bis sie am Ende mit dem Fingerabdruck herausrückten ...

Wie viele Male seit dieser Zeit hatte Pecháček in seiner Zelle seine Fingerkuppen betrachtet und den Kopf geschüttelt: Verdammt noch eins, das ist aber ein fauler Trick, das ist doch gar nicht möglich, daß ein paar Linien fünf Jahre kosten sollten!

Es war eine ungewöhnlich stürmische Verhandlung gewesen, Pecháčeks Verteidiger hatte gedonnert, daß die Daktyloskopie allein nicht ausreichen könne für die Verurteilung eines Menschen, obwohl sie selbstverständlich auch für den Galgen ausreichte, aber ein Advokat kann eben vor Gericht sagen, was er will. Er war ja auch teuer genug gewesen, und dennoch hatte er nicht mehr für ihn herausgeholt als das höchste Strafmaß.

Wie oft hatte Pecháček seitdem seinen geschwärzten Daumen auf die weiße Wand abgedrückt und sich den Abdruck angeschaut. Ja, das hat mich hier hereingebracht ... Selbstverständlich hätte ich in Handschuhen arbeiten sollen, aber dann hat man nun einmal nicht das richtige Gefühl und auch nicht die nötige Sicherheit. In Zukunft passe ich aber auf, ohne Handschuhe gehe ich nicht aus der Bude! Falls diese Äser nicht auch den Abdruck eines Handschuhs erkennen! Heutzutage ist alles möglich, heute setzt sich niemand für den kleinen Mann ein ...

Und wenn ich ... Wenn ich dieses Mistvieh, das nicht einmal einen ordentlichen Namen hat, an der Gurgel packte ... Wenn ich bewiese, daß all diese Tricks mit den Fingern großer Quatsch sind ... Wenn sie einen Abdruck fänden, aber von jemand anderem ... Wenn sie jetzt irgendwo meinen Abdruck fänden ...

Pecháček erschrak selbst vor diesem Gedanken. Er konnte es selbst nicht fassen, wie er darauf gekommen war; er war nie sehr klug gewesen, dafür hatte er Kräfte für zwei. Aber auf einmal überkam es ihn wie eine Erleuchtung, ihm war, als ginge er über eine Lichtung und fühle auf dem Kopf etwas Heißes. Das war nicht die Sonne, das war jener Gedanke ...

Wenn jetzt jemand meinen Fingerabdruck hätte! Dann müßten sie mich selbstverständlich freilassen. Das wäre ein toller

Spaß, und der Name Pecháček würde wieder durch die Welt fliegen. Ein glänzender Gedanke! Eine zauberhafte Idee! Er spielte mit ihr, freute sich an ihr mehr als an einer Frau. Und dann eines Tages verwirklichte er sie ...

Auf dem Gang hörte man Schritte. Pecháček tat, als arbeite er. Der Aufseher rief von der Tür: »Pecháček, mitkommen!«

Pecháček schlurfte langsam über den Gang, und als ihm klar war, daß sie allein waren, beugte er sich vertraulich zu dem Wärter. »Herr Janoušek, was gibt's?«

Der zuckte nur die Achseln und deutete leise an: »Besuch ...«

Pecháček blieb vor Schrecken stehen. »Eine Frau?«

»Nein, nein, keine Angst, nur ein Mann.«

Dann gingen sie weiter und überquerten den Hof – es ist für jeden Häftling ein Feiertag, anders über den Hof zu gehen als in dem armseligen Kreis bei der täglichen Freistunde –, und schließlich traten sie beim Direktor ein. Der war nicht da. An seinem Tisch saß nur der Herr Rat Vacátko, und er blickte dem Kassenknacker Pecháček fast heiter entgegen.

»Na, sieh an, da haben wir uns etwas früher getroffen, als Sie erwartet haben, nicht wahr?«

Pecháček schwieg. Der Besuch eines so hohen Herrn aus Prag, das stinkt immer irgendwie.

»Rauchen Sie? Stecken Sie sich eine an«, sagte der Herr Rat.

Pecháček hätte am liebsten abgelehnt, aber etwas in ihm sträubte sich dagegen, und er konnte nicht ablehnen, er mußte sich eine Zigarette nehmen, auch wenn er wußte, daß sie ganz gottverdammich teuer sein würde. Aber er stand da und saß danach im Sessel und zog den Rauch mit so einem Appetit und solcher Gier ein, daß der Herr Rat eine Weile keine Fragen stellte.

Dann wunderte er sich. »Sie kommen hier nicht mal zu einem Zug Tabak?«

»Das ist etwas anderes«, sagte Pecháček. Wäre es ihm erlaubt gewesen, die Beine auszustrecken, dann hätte er sich fast wie bei seiner Marka gefühlt.

»Na, dann rauchen Sie nur, rauchen Sie ... Ich habe Zeit.«

Der Herr Rat spazierte im Zimmer auf und ab. Pecháček rauchte und dachte voller Bangen: Wieder werden sie mich mit etwas hineinlegen. Ich bin nur neugierig, mit was. Ob es mit dem Novák nicht geklappt hat?

»Kennen Sie den Kamil Novák?« fragte in diesem Augenblick der Herr Rat und schaute Pecháček scharf an.

»Den kenne ich«, antwortete Pecháček hüstelnd. Ich hab's ja

gewußt, daß mich die Zigarette verraten wird, dachte er traurig. Sie haben den Esel erwischt!

»Sie wollten durch seine Vermittlung unsere Daktyloskopie erschüttern, was?«

Pecháček hob den Blick und senkte ihn gleich wieder. Er schwieg. Er hatte die Erfahrung gemacht, daß das die beste Verteidigung war.

»Den Tip mit der Kasse haben Sie ihm gegeben, nicht wahr?«

Nach langem Schweigen fuhr der Herr Rat Vacátko ruhig fort: »Sie haben dort alles ausbaldowert, bevor Sie damals geschnappt wurden, was? Sie haben sich alles gut gemerkt, so daß der Novák völlig sicher gegangen ist.«

»Sie haben ihn schon ...?« entfuhr es dem verblüfften Pecháček.

»Ja, schon. Was soll ich Sie anlügen. Zuerst hat uns das alles ein bißchen verwirrt, aber dann sind wir dahintergekommen. Ihr Fingerabdruck auf der Scheibe hat den Novák verraten. Die reinsten Zauberkunststücke, was?«

Der Herr Rat steckte dem alten Kassenknacker eine neue Zigarette zu und ließ zum Schluß das ganze Päckchen auf dem Tisch liegen.

»Pecháček, Sie sollten eigentlich schon begriffen haben, daß die Polizei eben doch ein gewaltiger Apparat ist. Sie an der Nase herumzuführen, das geht immer nur eine gewisse Zeit. Früher oder später kriegen wir alles raus.«

Der Herr Rat war ein bißchen in Feuer geraten, und der Kassenknacker Pecháček blickte zu Boden.

»Die Daktyloskopie ist eine Wissenschaft, Pecháček, verstehen Sie, mit der ist nicht zu spaßen. Ich bin nur hergekommen, um Sie zu sehen und um Ihr Geständnis zu hören. Also, wie ist's? Wollen wir das Protokoll schreiben?«

Sie schrieben es, es war kein sehr langes Protokoll, und als Pecháček abgeführt wurde – die Schachtel Zigaretten auf dem Tisch verschwand natürlich mit ihm –, schaute ihm der Herr Rat nach und fragte sich: Ob dieser Mann weiß, daß er auf eine einzigartige Sache gekommen ist ...? Einzigartig in der Hinsicht, daß sie sich niemals wiederholen kann? Ob er ahnt, daß man über ihn dereinst in den daktyloskopischen Lehrbüchern schreiben wird?

Kamil Novák kehrte wieder nach Bory zurück und arbeitete wieder mit Pecháček in der gleichen Werkstatt. Sie hatten beide genügend Zeit, um alles zu durchdenken und über alles zu sprechen, was ihnen zugestoßen war, und sich zu wundern, wie lausig das ganze Leben eigentlich ist. Sie hatten genügend Zeit, um zu begreifen, daß die blinde Dame mit dem Schwert und der Waage nichts verzeiht. Einen Angriff auf ihre Unfehlbarkeit erst recht nicht!

Die Lady Macbeth aus Weinberge

Es geschah auf dem Wenzelsplatz, an einem Frühlingstag, da die Linden längs der Gehsteige dufteten und die Liebespaare an der Rampe des Museums standen und dem Rauschen der Fontänen lauschten. Es war eine schöne Zeit, aber der hochgewachsene, finster dreinblickende Herr im hellen Anzug mit den Glacéhandschuhen nahm davon offensichtlich keine Notiz. Er blieb stehen, schaute sich um, als begänne die Welt vor seinem Blick zu verschwinden, und griff sich mit dem Ausdruck des Schmerzes an die Brust. Dann sank er langsam, wie erschöpft zu Boden.

Die übliche Verwirrung brach aus, die Leute scharten sich um ihn, einige bereitwillige Hände trugen ihn in die nächste Toreinfahrt.

»Das ist ein Herzschlag«, sagte ein älterer, kräftiger Mann. »Das ist es, ich kenne das.«

Und er seufzte, als zweifele er nicht daran, daß auch ihn eines Tages das gleiche ereilen werde.

»Er hat's hinter sich, aber auf uns wartet das noch«, erklärte eine Dame inmitten der Menge, die neugierig in die Passage spähte.

Endlich tauchte der Helm eines Wachmanns auf, und alle fühlten sich erleichtert, als eine strenge, amtliche Stimme sagte: »Bitte, gehen Sie auseinander!«

Die Leute gingen natürlich nicht auseinander, die Menge nahm im Gegenteil immer mehr zu. Der Wachmann telefonierte nach dem Rettungswagen und zog dem Bewußtlosen – oder Toten? – die Brieftasche heraus, um festzustellen, um wen es sich handelte. Fast salutierte er, denn die Dokumente wiesen den Unbekannten als Sektionschef im Ministerium für Öffentliche Arbeiten aus. Der Wachmann schritt streng zum Haustor, worauf die Neugierigen ein wenig zurückwichen. Zum Glück brauchte er sich nicht lange mit den Leuten zu streiten, denn der Rettungswagen traf ein, und die Männer mit der Trage wußten sich mit dem Bewußtlosen zu helfen, genauso wie mit denen, die ihnen im Wege standen. Als das Auto klappernd in Richtung Krankenhaus abgefahren war, begab sich der Wachmann aufs Polizeirevier in die Krakovská-Straße, um den Vorfall zu melden.

Von dort schickte man ihn zur Wohnung des Herrn Sektionschefs nach Weinberge, um der Gattin mitzuteilen, was passiert war, denn ein Sektionschef ist nun mal eine so hochgestellte Persönlichkeit, daß er kein Telefon zu Hause haben muß.

Der Wachmann tat dies nicht gerade gern, außerdem wußte er nicht genau, was mit dem Mann los war, vielleicht fühlte er sich längst wieder ganz gesund, vielleicht aber war er schon tot. Er überlegte, was er eigentlich sagen sollte – sakra, das ist ein elendiger Dienst ... Wenn ich sage, daß ihm nichts weiter passiert ist, werden sie sich über mich beschweren, weil ich ihnen das Ableben des Herrn Sektionschefs verschwiegen habe. Und sage ich der Dame, sie sei Witwe, und er kehrt nach Hause zurück, dann ist meine Karriere im Eimer, denn so ein Sektionschef ist eben doch ein hohes Tier!

Der Wachmann suchte zur Sicherheit erst einmal die Hauswartsfrau auf, die für die Polizei immer die erste und wichtigste Instanz ist.

»Das ist ja 'ne schöne Bescherung«, rief die gute Frau und faltete die Hände. »Hat's ihn tüchtig erwischt?«

Ihre Frage klang so, als zöge sie es vor, wenn es den Herrn Sektionschef so tüchtig wie nur möglich erwischt hätte.

»Ich weiß nicht, Frau Hausmeisterin, ich will nur wissen was seine Gattin für eine ist und ob sie Kinder haben ...«

Die Hauswartsfrau gab dem Wachmann im Nu eine ausführliche Information, wonach der Herr Sektionschef ein sonderbarer Kauz sei, ein Brummbär, der einem Angst einflöße und der kaum ein Wort mit seiner Frau gesprochen habe, und wenn doch, dann nur in strengem Tone. Die Frau sei jung und sehr zart, genau wie aus einem Roman, das betonte die Hauswartsfrau besonders, weil sie eine Kennerin der diversen Frauenlektüre war; sie huldigte ihr in heimlicher Leidenschaft und kannte alle Werke der »Lasterhaften Naiven« und alle Geschichten der Gräfin Casals, wobei sie allerdings des elften Bandes nicht habhaft werden konnte, was aber in den Gesamtschicksalen der Gräfin nicht viel zu bedeuten hatte. Der Wachmann gewann den Eindruck, daß der vom Herzschlag getroffene Mann eigentlich vom Schicksal selbst dafür bestraft worden war, weil er sich zu seiner zarten Gemahlin grob verhalten und den Gruß der Hauswartsfrau nie beachtet hatte.

Mit diesem Bescheid stieg er in den ersten Stock hinauf und läutete.

Die junge Dame, die ihm öffnete, trug einen extravaganten violetten Morgenrock, und als sie den Mann im Helm erblickte, schlug sie die Hände vor den Mund, als wolle sie einen Schrei ersticken.

»Ich melde, gnädige Frau, daß Ihr Gatte, der Herr Sektionschef, auf der Straße von einem schweren Unwohlsein befallen wurde und in bewußtlosem Zustand in das Allgemeine Krankenhaus gebracht werden mußte. Über seinen Zustand können Sie sich ebendort informieren!«

Er sprudelte diese Meldung in Habachtstellung heraus, und wenn die Dame vor Freude gejauchzt hätte, wäre er nach allem, was er von der Hauswartsfrau erfahren hatte, nicht verwundert gewesen. Aber die Dame bewegte nur stumm die Lippen, gab keinen Laut von sich, und ihre runden Augen – richtige Kulleraugen, erklärte später der Wachmann auf dem Revier, als er schilderte, was ihm begegnet war – weiteten sich noch mehr, und die liebe Dame fiel wie vom Blitz getroffen in Ohnmacht, so daß der Wachmann sie gerade noch in den Armen auffangen konnte.

Wenn ein Mann im Dienst ist, muß er auf alles gefaßt sein. Der Wachmann hielt also das Dämchen fest, damit sie nicht zu Boden fiele, dann warf er sie sich über die Schulter und trug sie hinein. Mit einem Fußtritt stieß er die nächste Tür auf und legte das zarte Wesen auf ein Kanapee mit hoher Plüschlehne. Dann entschloß er sich, die Hauswartsfrau herbeizurufen, weil ihm niemand anderes einfiel, aber unterwegs blieb er in der Küche stehen und füllte ein Glas mit Wasser aus der Leitung, das würde für eine Ohnmacht das beste sein. Schlimmstenfalls würde er ihr den Morgenrock aufknöpfen müssen.

Als er ins Zimmer zurückkehrte, hatte sich die Dame schon aufgerichtet und rieb sich die bleiche Stirn. Im Zimmer herrschte ein sonderbares Halbdunkel. Das machen die dunklen Vorhänge, dachte der Wachmann, und er stellte das Glas Wasser auf den Tisch und sagte: »Na also, da ist Ihnen ja schon besser, dann kann ich wohl gehen.«

Die Dame sagte nichts, als habe sie vor lauter Gram nichts gehört, aber dann richtete sie ihre Kulleraugen auf den Wachmann und wunderte sich. »Sind Sie aber stark! Sie haben mich auf den Armen getragen wie eine Feder!«

Der Wachmann errötete sichtlich, schließlich freut so ein Lob einen Mann immer, und sagte, so etwas müsse man bei einem Polizisten voraussetzen.

Die Dame stand auf, öffnete das Büfett, schenkte ein Gläschen Likör ein und reichte es ihm. Der Wachmann goß es hinunter und salutierte. Es war Schokoladenlikör.

»Mein verstorbener Mann trank ihn gern«, sagte sie mit besonderer Zärtlichkeit.

»Was heißt, ›verstorbener‹, gnädige Frau, heute kurieren die Ärzte alles«, versuchte er sie zu trösten und konnte nicht umhin, zu bemerken, daß ihn die Gnädige anschaute, als habe sie nicht begriffen.

»Sie glauben, die Ärzte ... Nein, die können in einem solchen Fall auch nicht helfen.«

Der Wachmann hielt es für das beste, sie in ihrem Kummer allein zu lassen. Er salutierte noch einmal und marschierte dann energisch über den Söller auf den Flur.

Als er durch die Toreinfahrt ging, schaute – er hatte es nicht anders erwartet – die Hauswartsfrau heraus. »Na, was hat sie gesagt?«

»Sie ist vor Schreck ohnmächtig geworden«, sagte der Wachmann und ließ die verblüffte Hausmeisterin mit weit aufgerissenen Augen auf dem Flur stehen.

Sie war deshalb so überrascht, weil sie etwas wußte, was der diensthabende Wachmann nicht wissen konnte. Ganz oben, unterm Dach, in einem Zimmerchen, das erst kürzlich auf Anweisung des Hausbesitzers in einen Wohnraum umgewandelt worden war – früher war dort nur der Trockenboden –, wohnte nämlich ein junger Mann, ein Postoffizial, was an sich kein schlechter Beruf ist, soweit der Betreffende eine reiche Partie macht. Die Frau Hausmeisterin war bereit, in diesem Sinne mit dem jungen, unerfahrenen Mann Kontakte anzuknüpfen und ihm nach Möglichkeit ein für diesen Zweck geeignetes Mädchen zu vermitteln. Aber wie sie bald erkannte, dachte der junge Mann überhaupt noch nicht ans Heiraten, und zwar aus einem ganz einfachen Grunde: Er war bezaubert von der Frau Sektionschef aus dem ersten Stock.

Die Hausmeisterin allerdings hatte die Gewohnheit, sich vieles dazuzudenken, sonst hätte sie es ja auch nicht so leicht verschmerzt, daß ihr der elfte Band der Geschichten der Gräfin Casals fehlte. So verwandelte sich also in ihrem Geist der Postoffizial kurzerhand in einen jungen Kavalier, der Tag und Nacht an seine Liebste denkt und zarte Nachstellungen ersinnt, von einem Stelldichein unter dem Balkon bis zu Briefchen mit leidenschaftlichen Liebeserklärungen, die er ihr im dämmerigen Beichtstuhl des Doms zusteckt. Ihr machte es nichts aus, daß besagter Postbeamter konfessionslos war und daß zur Wohnung im ersten Stock nur der überdachte Söller, nicht aber ein Balkon gehörte.

Weil die Frau Sektionschef ziemlich oft getragene Mäntel und Kleider ablegte und sie der Hauswartsfrau gab, die damit tun sollte, was sie für richtig hielte, hing die Hausmeisterin sehr an der edlen Dame und wünschte ihr alles Gute. Die meisten der geschenkten Kleidungsstücke verkaufte sie, und für den Erlös kaufte sie sich Allasch. Wenn sie davon trank, fühlte sie sich geradezu verpflichtet, diesen Unhold von einem Sektionschef zu hassen, der als Gruß nur irgend etwas in seinen Bart brummte und bei dem die junge Frau sich als Sklavin fühlen mußte. Um wieviel wohler würde sie sich in den Armen des bescheidenen Kavaliers aus der Dachkammer fühlen!

Die galanten Träume der Hausmeisterin hatten allerdings, wie man so sagt, eine reale Basis.

Sie beobachtete nicht selten, daß sich im ersten Stock die Wohnungstür gerade in dem Augenblick öffnete, da der junge Mann vorbeiging. Das war natürlich ein Zufall, nichtsdestoweniger ein genau berechneter Zufall.

Er pflegte stehenzubleiben und höflich zu grüßen, und die junge Frau zog sich erschrocken zurück, als handelte es sich um einen Irrtum. Dann aber lächelte sie ... Solche Szenen werden nicht einmal in den Abenteuern der Gräfin Casals beschrieben, und deshalb verschlang die Frau Hausmeisterin sie geradezu mit den Augen. Zuweilen wechselten die beiden einige Worte ... Einmal, und dessen war sich die Hauswartsfrau ganz sicher, küßte der junge Mann der jungen Frau feurig die Hand. Das ist schön, und das ist erhaben, so soll die Liebe sein, genau so und nicht anders. Man sollte nicht auf der Treppe schnaufen wie der Sektionschef, von dem man sich gar nicht vorstellen konnte, daß er einer Frau die Hand küßt, geschweige denn der eigenen.

Und wenn dieser Polizist gesagt hatte, sie sei vor Schreck in Ohnmacht gefallen, dann zeugt das nur von ihrem Zartgefühl ...

Als der Wachmann die Frau Sektionschef allein auf dem Sofa zurückgelassen hatte und gegangen war, goß sie sich auch einen Schokoladenlikör ein, und während sie ihn schlürfte, überlegte sie, was sie unternehmen sollte. Sie schaute auf die Uhr, und als sie feststellte, daß die Zeit nahte, da der junge, liebe Herr nach Hause käme, legte sie ein enganliegendes dunkles Kostüm an, setzte sich einen modernen, topfförmigen Hut mit einer großen Masche auf, so wie es die neueste Mode vorschrieb, und stellte sich in den Korridor, wo sie so lange an ihren Handschuhen herumknöpfte, bis sie draußen Schritte hörte.

Der Herr Postoffizial hatte an diesem Tag keine Begegnung

erwartet, er hatte eben ein Päckchen mit geschnittener Salami geöffnet und gedachte auf dem Weg zum vierten Stock einige Scheiben zu verspeisen. Postbeamte sind nie auf Rosen gebettet, auch wenn Damen aus besseren Kreisen ihnen ein wohlwollendes Lächeln schenken.

»Oh, bin ich aber erschrocken!« sagte die junge Frau, und ihre Kulleraugen schauten den jungen Mann mit so aufrichtiger Verblüffung an, daß er rasch die Wurst in die Tasche steckte und hervorstieß: »Küß die Hand ...«

Die junge Dame sah ihn an, schaute sich um, ob sie allein im Treppenhaus seien, und dann winkte sie dem jungen Mann, er möge ihr folgen.

»Sie schauen mich immer so an ...«, sagte sie mit unüberhörbarem Vorwurf und schloß hinter ihm die Tür. »So unersättlich.«

Er machte nur eine kraftlose Handbewegung. »Ich bin nämlich ...«

»Sagen Sie nichts. Ich weiß, was Sie mir sagen wollen.«

Der Postoffizial war froh, daß die Dame das wußte. Er selbst wußte es nicht ganz genau.

»Mein ganzes Leben schon sehne ich mich danach, mein Haupt in die Blüten des Asphodills zu legen und die Augen zu schließen, zu fühlen, wie uns beide das körperlose Ahnen der Ewigkeit durchweht. Kennen Sie dieses Gefühl, da die Seele sich vom Körper löst und emporschwebt?«

Dem jungen Mann schwitzten die Hände, und er sagte mit gepreßter Stimme: »Ja ...«

Um der Wahrheit die Ehre zu geben – er hätte ebensogut sagen können: nein ...

Die Dame streichelte ihm auf einmal mit ihrer dunklen, behandschuhten Hand das Gesicht. Weil sich der junge Mann bereits am Morgen rasiert hatte und auch das recht flüchtig, knisterte unter dieser Berührung sein Bart. Er lief rot an und versuchte, die Hand der jungen Frau zu ergreifen, aber die zog sie zurück. »Nein, nein ... Meinem Mann ist ein Unglück zugestoßen ... Ich komme abends zu Ihnen!«

Dann öffnete sie die Tür, und er mußte auf den Flur treten, wohin ihm die junge Dame wortlos folgte; dann lief sie die Stiegen hinab, um zu ihrem Gatten ins Krankenhaus zu eilen ...

Der massige Mann mit der behaarten Brust und den behaarten Armen lag völlig kraftlos und noch immer ohne Bewußtsein im Krankenhausbett. Man behandelte ihn, wie man solche Fälle immer behandelt, man gab ihm Injektionen und wartete. Die tiefe Ohnmacht wich von Zeit zu Zeit von dem Kranken, aber der diensthabende Arzt gab dem Patienten keine großen Chancen. Es war ein Herzschlag, und dagegen war nichts zu machen. Vorsorglich ordnete er an, eine spanische Wand vor das Bett zu stellen.

Am Nachmittag kam die junge Gattin. Der Doktor erinnerte sich nachher, wie sehr er von ihrem ersten Besuch überrascht war – sie erschien nämlich ganz in Schwarz wie zu einem Begräbnis. Er geriet sichtlich in Verlegenheit, als er ihr mitteilen mußte, daß ihr Gatte noch lebte.

Zu dem Kranken ließ er sie nicht, dafür fragte er sie in seinem Zimmer nach der Familie des Patienten und nach seinen Kinderkrankheiten aus, als könne die um zwanzig Jahre jüngere Frau dies alles wissen. Dann begleitete er als galanter Kavalier die charmante Witwe hinaus. Aber warum nenne ich sie eigentlich Witwe? erschrak er. Diese Frau zwingt einen ja, den Ereignissen vorauszueilen.

Abends rief man ihn ins Laboratorium. Ein junger Famulus, also der Keim eines Doktors, der gerade sein Praktikum absolvierte und den brennenden Ehrgeiz hatte, zu beweisen, was er schon alles konnte, schob ihm einige Papiere hin. Die Ergebnisse der Untersuchungen ...

»Na ja, lieber junger Kollege, das ist in Ordnung, nur kann man leider einen Herzschlag nicht unter dem Mikroskop erkennen«, sagte lächelnd der Doktor.

»Einen Herzschlag nicht, Herr Oberarzt«, entgegnete der langaufgeschossene Jüngling, dem noch nicht einmal der weiße Kittel paßte. »Hier handelt es sich jedoch um etwas anderes, ich weiß nur nicht, ob ich mich da wirklich nicht irre. Mir scheint, ich habe im Blut bazophyle Punktierung gefunden.«

»Wissen Sie überhaupt, was das ist?«

»Das weiß ich«, erwiderte gekränkt der junge Mann.

Während sich der Doktor über das Mikroskop beugte, trat eine schicke Laborantin mit einem Reagenzgläschen voller Urin ein.

»Ist es drin?« fragte der junge Famulus begierig.

»Ja, Sie hatten recht«, sagte das Mädchen und bedachte das magere, langaufgeschossene Greenhorn mit einem bewundernden Blick. »Blei ist drin.«

Im Laboratorium breitete sich Stille aus.

»Blei ...«, sagte schließlich der Arzt. »Aber das würde doch bedeuten ...«

Was es bedeuten würde, sagte er nicht. Sie saßen danach beide, der Famulus und der Oberarzt, über der Toxikologie und lasen nach, was sie entweder nicht wußten oder bereits wieder vergessen hatten. Sie wiederholten alles über Bleivergiftungen, die heutzutage so selten sind.

Der Doktor hob schließlich den Blick. »Na gut, nehmen wir an, es sei so ... Aber wie kommt ein Mann aus dem Ministerium in Kontakt mit einer tödlichen Dosis Blei?«

Der Famulus zuckte nur die Achseln.

»Wir werden allerdings nicht lange danach fragen, wie das Blei in seinen Körper hineingelangt ist, sondern werden uns bemühen, es so schnell wie möglich wieder aus ihm herauszukriegen. Von diesem Augenblick an ist er natürlich ein Fall für die Polizei«, sagte der Oberarzt und ging zurück auf die Abteilung, um eine völlig andere Heilbehandlung dieses rätselhaften Patienten anzuordnen.

Zur gleichen Zeit stieg die junge Frau ins vierte Stockwerk hinauf und klopfte dort, ihre Erregung niederkämpfend, leise an. Als der junge Mann versuchte, sie sofort in die Arme zu nehmen, sagte sie: »Ich möchte, daß unsere Seelen in einem gemeinsamen Akkord erklingen. Die Liebe ist wie der Tod, ihr Hauch ist in gleicher Weise berauschend. Setzen Sie sich, wir werden der Stille unserer Herzen lauschen.«

Natürlich erlebt jeder die Nacht anders. Im Krankenhaus, in seinem weißen Bett, atmete schwer der massige Mann und lauschte dem Rauschen der Ewigkeit. Seine Blutkörperchen hatten sich auf der Oberfläche mit Bleiphosphat überzogen.

Als am nächsten Morgen der Herr Brůžek den Bericht des Krankenhauses über die Vergiftung dem Herrn Rat übergab, sagte er: »Belieben Herr Rat selber hinzugehen, oder soll ich das übernehmen?«

»Wissen Sie, Herr Brůžek, das kann auch ein großer Unsinn sein, ich traue den Ärzten nicht allzusehr, außer unseren Herren von der Gerichtsmedizin«, sagte der Herr Rat bedächtig. »Bleivergiftung. So etwas war doch nur im Mittelalter üblich.«

»Wenn der Herr Rat gestatten – also ich erinnere mich an einen Fall von Bleivergiftung, aber das war ein Drucker aus Libeň, und dann einer in Prošek, der vom Krieg her einen Granatsplitter aus Blei unter dem Schulterblatt hatte.«

»Na eben. Seien Sie also vorsichtig, Brůžek, er ist Sektionschef. Es wird wohl nichts Interessantes sein.«

Und so kam dieser uninteressante Fall zur Polizei, und man behandelte ihn ohne sonderliches Interesse. Herr Brůžek war außerdem gerade voll eingedeckt, zwei Raubüberfälle an der Libeňer Brücke, ein Einbruch in Kobylise, das Blei mußte also einfach warten. Obwohl er sich so ganz nebenbei wunderte, wie ein Sektionschef aus dem Ministerium für Öffentliche Arbeiten dazu kommt, irgendein bleihaltiges Zeug zu trinken ... Herr Brůžek hätte nämlich einmal zu Hause beinahe Lysol getrunken, das seine sparsame Gattin in eine leere Sodawasserflasche gefüllt hatte, und deshalb hielt er sich in seinen Überlegungen zuerst an die üblichen Zufälle.

Dann fiel ihm – mitten in anderen Arbeiten – ein, daß das Ministerium für Öffentliche Arbeiten große Bauaufträge vergab. Dazu gehörte die Bearbeitung der Offerten, und ein Sektionschef hatte dabei schon etwas zu bedeuten ... So gesehen, konnte man eine zweite Möglichkeit einkalkulieren, nämlich Rache. Aber wenn es Rache wäre, hätte man ein Gift verwendet, das schnell wirkt. Blei dauert schrecklich lange; Herr Brůžek hatte sich schon darüber informiert, daß man es monatelang aufnehmen muß, ehe die Wirkung eintritt.

Und wenn eine Frau dahintersteckte? Die Gedanken ließen ihn nicht ruhen, und er fuhr ins Ministerium. Ihn interessierte die Sekretärin des Herrn Sektionschefs.

Zu seiner Enttäuschung begrüßte ihn eine ältere Dame mit stechenden Augen.

»Was wünschen Sie?« fragte sie routiniert-höflich.

»Mich nur mal umschauen, wenn Sie gestatten. Ich bin von der Polizei.«

Herr Brůžek trat ins Arbeitszimmer, das mit einem dicken Teppich ausgelegt war. Junge, Junge, die haben es hier schöner als bei uns der Präsident! dachte er wehmütig. Sieh mal einer an, auf dem Tisch liegen in einer noblen Kassette sogar Zigarren zur freien Verwendung ...

»Woher sind diese Zigarren?«

»Woher sollen sie sein?« wunderte sich die Sekretärin. »Ich kaufe sie gegenüber in der Trafik.«

»Was kaufen Sie noch?«

»Wein.«

»Zeigen Sie ihn mir.«

Die Sekretärin öffnete mit sichtlichem Mißbehagen ein

Schränkchen. Herr Brůžek pfiff durch die Zähne. Der Schrank war voller Flaschen, lauter gute Marken, von denen ein kleiner Polizeibeamter nur träumen kann.

»Das alles nehme ich mit«, sagte er kurz.

»Ich dachte, Sie wollten sich nur informieren«, sagte die spitzige Person.

»Ich möchte mich informieren, liebe Frau, was der Herr Sektionschef gegessen und getrunken hat.«

»Er war sehr bescheiden ... Dieser Herzschlag ist mir unbegreiflich«, sagte sie mit einem tiefen Seufzer.

»Noch unbegreiflicher ist die Tatsache, daß es kein Herzschlag war, sondern eine Vergiftung. Also packen Sie mal die Flaschen ein.«

Danach setzte sich Herr Brůžek in einen ledernen Klubsessel, bedeutete der Sekretärin durch einen Wink, ihm gegenüber Platz zu nehmen. Ohne sich daran zu kehren, daß die Frau vor lauter Überraschung nach Luft schnappte, fragte er sie nach vielen bedeutsamen Dingen aus. Und je mehr er sie ausfragte, um so sonderbarer und interessanter kam ihm alles vor, es war überhaupt kein langweiliger Fall mehr, es genügte, die Frau hier anzuschauen, die so liebevoll berichtete, daß ihr Chef in der letzten Zeit dauernd über Unwohlsein und Schmerzen geklagt habe, daß er geradezu vom Fleisch gefallen sei. Er habe angefangen, mehr Wein zu trinken, jawohl, diesen Wein hier ...

»Ihm war dauernd schlecht ... Er war ja zu Hause so unglücklich!«

Die Tränen, die ihr über die Wangen rannen, hinterließen Spuren. Sieh an, dachte Brůžek, sie ist schon in den Jahren, aber sie achtet noch auf sich und schminkt sich. Wem will sie gefallen?

Aus dem Ministerium kehrte Herr Brůžek erst spät zurück. Er kam mit einem Dienstauto und schleppte ein Paket mit herauf wie zur Weihnachtsbescherung. Als er all die Flaschen und Zigarren auf den Tisch gestellt hatte, nickten die Herren, die gerade dienstfrei hatten, anerkennend mit den Köpfen.

»Die Zigarre Regalia media, das ist eine prima Sorte«, sagte Herr Bouše und schnupperte daran, als könne er bei seinem ewigen Schnupfen überhaupt etwas riechen.

»Und der Wein!« staunte Herr Rous. »Glauben Sie, daß das alles vergiftet ist?«

»Ich hoffe nicht ... Die Zigarren sind bestimmt nicht vergiftet, wenigstens habe ich nie gehört, daß man Blei rauchen kann ... Bedienen Sie sich, die hat mir die Sekretärin als Zugabe verehrt.

Eine angenehme Frau, ihrem Chef restlos ergeben. Sie hat schwer daran getragen, daß er in der Ehe nicht glücklich war.«

»Ei verflixt«, sagte der Herr Mrázek.

»Ja, das ist ein verflixter Fall«, bestätigte der Herr Brůžek und steckte sich auch eine Zigarre an.

Der Raum füllte sich mit duftendem bläulichem Rauch, in dem es sich gut nachdenken ließ.

Am nächsten Tag ergab die Untersuchung im Laboratorium, daß der Wein einwandfrei war, also negativ. Herr Brůžek brachte eine dieser negativen Flaschen dem Herrn Rat.

»Das ist aus dem Fonds des Ministeriums, das wird nicht abgerechnet«, sagte er zur Entschuldigung. »Ein ganz ausgezeichneter Tramin.«

Der Herr Rat schnupperte daran und nickte anerkennend. »Und was sonst?«

»Ansonsten schält sich, wenn ich es so nennen darf, eine romantische Geschichte heraus. Jemand muß ihn vergiftet haben, aber wer und warum und wie, das wissen wir vorläufig noch nicht. Er selbst kann nirgends an das Blei herangekommen sein. Ich hab hier auch seine Krankheitsbeschreibung, sie sagten im Krankenhaus, das Ganze sei ein komplettes Schulbeispiel: Appetitlosigkeit, Schmerzen in der Bauchgegend, Schmerzen in den Gelenken, hauptsächlich nachts, Schüttelfrost, Sehstörungen ... Ja, und hier noch eine unangenehme Sache, man sollte nicht glauben, was für ein verdammtes Zeug dieses Blei ist: Störung der Geschlechtstätigkeit.«

Der Herr Rat hob den Kopf. »Und die Gattin?«

»Mit der habe ich bereits gesprochen, ich sagte, ich käme von der Versicherung. Nebenbei bemerkt: Er hatte keine Lebensversicherung, so daß dieses Motiv wegfällt. Im übrigen ist die Dame jung, sie redet wie ein Buch, ungeheuer gebildet. Ich würde sagen, sie schreibt Gedichte. Heutzutage sind die Frauen zu allem fähig.«

»Das stimmt«, seufzte der Herr Rat. »So daß Sie jetzt zwei haben. Die Ehefrau und die Sekretärin ... Aber die beiden können doch auch in einem Zusammenhang miteinander stehen, nicht?«

»Daran habe ich auch schon gedacht. Im Falle der Sekretärin wäre das also Eifersucht auf die Ehefrau. Sie hat nicht sehr schön über sie gesprochen. Im Falle der Ehefrau ... Nein, die kann nicht eifersüchtig gewesen sein, dazu ist sie zu hübsch. Da müßte etwas anderes dahinterstecken.«

»Kurzum, Sie können es drehen, wie Sie wollen – es kommt immer das gleiche heraus«, sagte der Herr Rat und zeichnete mit dem Bleistift ein großes Dreieck auf ein Blatt Papier.

»Übrigens – wie geht's dem Vergifteten?«

Herr Brůžek schwieg unsicher. Der Herr Rat hob tadelnd die Brauen. »Sie haben also die Hauptperson aus den Augen gelassen! Ein Fehler!«

»Ich schau gleich mal vorbei«, erbot sich der Detektiv eifrig, aber der Herr Rat lehnte ab. Nein, er werde dem Herrn Sektionschef persönlich einen Besuch abstatten. Das würde besser aussehen.

Der Kranke war – wenigstens behauptete er das – sehr erfreut über die Fürsorge, die die ärztliche Wissenschaft und die Polizei seinem Fall widmeten. Er halte es jedoch für überflüssig, nachzuforschen, woher dieses Blei in seinen Körper gekommen sei. Wenn der Herr Polizeirat wüßte, wieviel Untersuchungen man mit ihm durchgeführt habe, so würde er erkennen, daß sich die weise Medizin mit dieser Angelegenheit selbst keinen Rat wisse. Rätselhafte Sache. Für ihn persönlich sei es die Hauptsache, daß er das Schlimmste überstanden habe, und er werde sicher einen Weg finden, sich bei dem Arzt und auch bei dem jungen Famulus zu revanchieren.

»Mir wäre es gar nicht lieb, Herr Polizeirat, wenn über meinen Fall zu viel gesprochen würde. Sie müssen begreifen, hier liegen bestimmte politische Rücksichten vor. Meine Position, unsere gesamte Behörde ...«

»Seien Sie beruhigt, Herr Sektionschef«, versicherte ihm der Herr Rat, »außer Ihrer Sekretärin weiß niemand, daß kein Herzkollaps vorlag.«

Der Kranke richtete sich auf. »Da bin ich aber froh. Meine Sekretärin ist nämlich eine ausgezeichnete Mitarbeiterin, sie kann schweigen wie das Grab. Sie ist schon bei Jahren, mit den jungen Sekretärinnen ist nicht viel los.«

Der Herr Rat nickte. Da sehen wir es klar: Eine Spur des Herrn Brůžek ist damit im Eimer.

»Ihre Gattin besucht Sie oft?«

»Zu jeder Besuchszeit. Warum fragen Sie?«

»Ich glaube, das muß ein schwerer Schlag für sie gewesen sein ... Sie ist jung, sie hätte ganz allein dagestanden. Wo haben Sie Ihre Frau Gemahlin kennengelernt?«

»Meinen Sie, es sei wichtig, das zu wissen, wenn sich ein Mensch mit Blei vergiftet?« sagte mit einem Seufzer der massige

Mann in seinem Bett. »Meine Frau ist ... sie ist ein romantisches Wesen. Sie ist viel jünger als ich und hat sich in mich verliebt. Das klingt für Sie vielleicht unglaubwürdig ...«

»Ganz und gar nicht«, versicherte ihm eilends der Herr Rat. »Was die Liebe betrifft, so sind dagegen auch Polizeibeamte nicht gefeit.«

Der Sektionschef seufzte noch einmal. »Wissen Sie, sie ist als Waise bei einem Onkel aufgewachsen, und der war sehr gegen unsere Verbindung. Er war ein Sonderling, aber sehr reich. Wir heirateten erst, als er gestorben war.«

»Das dauerte lange, ich meine dieses Warten?«

»Etwas über ein Jahr. Dann stand unserem Glück nichts mehr im Wege.«

»Eine traurige Geschichte mit einem guten Ende«, meinte mit einem Kopfnicken der Herr Rat. »Eben die Liebe.«

»Ja«, sagte der massige Mann, doch seine Stimme klang auf einmal nicht mehr so überzeugend.

Der Herr Rat dankte für das Gespräch und empfahl sich. In der Tür blieb er noch einmal stehen. »Und dieser Onkel ... Wie hieß er doch gleich?«

»Jan Tučný.«

»Dieser Herr Tučný hat sein Vermögen gewiß seiner Nichte vermacht, so daß Ihre Gattin finanziell unabhängig ist.«

Der Kranke nickte. »Ja. Aber ich bitte Sie, wozu dies alles?«

»Seien Sie beruhigt, das ist das normale Vorgehen. Jede Vergiftung muß untersucht werden. Und Sie sind obendrein noch ein hochgestellter Beamter, da wollen und müssen wir ganz sicher gehen. Ich wäre Ihnen sehr dankbar, wenn Sie Ihrer Frau gegenüber meinen Besuch nicht erwähnten. Wozu sollen wir sie unnütz aufregen.«

»Selbstverständlich«, sagte der Sektionschef. »Sie ist ja noch ein halbes Kind.«

»Eine eigenartige Frau«, erzählte der Oberarzt dem Herrn Rat. »Wie oft war ich im Zimmer, wenn sie kam. Ihr Mann hat Angst vor ihr oder etwas Ähnliches, jedenfalls schaut er sie so ergeben an, daß man sich für das ganze männliche Geschlecht schämt. Und sie siezt ihn und nennt ihn ›mein Freund‹!«

»Aber im übrigen soll sie ein fesches Weibchen sein«, bemerkte der Herr Rat.

Der Doktor schaute ihn aufmerksam an, und seine Stimme

wurde weich. »Das ist sie. Man hat Ihnen wohl schon gesagt, daß ich sie immer hinausbegleite.«

»Das hat man mir nicht gesagt, und ich halte es auch nicht für wichtig. Vielleicht wollen Sie ihr nur andere Umgangsformen mit ihrem Mann beibringen ...«

Dann lüftete der Herr Rat den Hut und ging.

In der Direktion ließ er den Herrn Brůžek zu sich kommen. »Also erstens habe ich festgestellt, daß der Herr Sektionschef unter dem Pantoffel steht ...«

»Wem geht es anders?« sagte weise der Herr Brůžek.

Der Herr Rat nickte schweigend.

»Zweitens scheint mir, daß wir Ihre Theorie von der Sekretärin fallenlassen können. Zum Ausgleich interessiert sich für die Ehefrau bereits der behandelnde Arzt. Und schließlich – wußten Sie, daß sie reich ist? Sie hat ihren Onkel beerbt, weil sie mit ihrer Heirat folgsam gewartet hat, bis er tot ist.«

»Ich sag ja schon dauernd, daß alles ziemlich verwickelt und romantisch ist«, sagte der Herr Brůžek. »Ich fange also noch einmal von vorne an, diesmal bei der Hausmeisterin.«

Nach den Aussagen der Sekretärin soll der Herr Sektionschef also mit seiner jungen und reizenden Frau unglücklich gewesen sein. Was wußte eine solche Kennerin menschlicher Schicksale, wie es eine Hauswartsfrau ist, von dieser Sache?

Zur Verblüffung des Herrn Brůžek kam aus dem Gespräch heraus, daß es sich ganz anders verhielt. Diese zarte Dame war im Gegenteil unglücklich mit ihrem brummigen und lieblosen Mann.

»Herr Inspektor, das ist eine Frau, die ein anderes Schicksal verdiente. Sie ist für die Liebe geschaffen, daran ist nicht zu rütteln.«

»Und hat sie die denn nicht, wenn sie verheiratet ist?« fragte verständnislos der Herr Brůžek.

»Verheiratet!« sagte verächtlich die Hausmeisterin. »Graf Besançon hat immer gesagt, daß Liebe und Ehe nicht das gleiche sind.«

»Wer ist das?« Der Detektiv witterte eine neue Spur.

»Der Liebhaber der Gräfin Casals. Sie kennen doch das Buch, von dem immer neue und neue Teile erscheinen?«

»Das kenne ich nicht ... Aber das macht nichts. Übrigens – vielleicht hat die junge Ehefrau irgendwo eine Liebschaft, die sie vor ihrem bösen Mann verheimlicht?«

»Das möchte ich meinen«, rief triumphierend die Hausmeisterin. »Und das hat sie verdient, denn sie ist eine feine Dame. Schauen Sie nur hier den Rock an, den hab ich von ihr.«

Und so erfuhr der Herr Brůžek von dem jungen Postoffizial, und er hatte genügend Zeit, ihn hinter dem Schalter für den Verkauf von Postwertzeichen zu betrachten. Selbstverständlich kann man nach dem Äußeren eines Menschen kein Urteil fällen, aber wo er auch im Postamt nach ihm fragte, hörte er nur lobende Worte.

Konnte man also tatsächlich ein Dreieck zeichnen: der Ehemann, die junge Frau, der Postoffizial? Und wenn man es zeichnete, konnte man dann annehmen, daß dieser junge Mann insgeheim dem Herrn Sektionschef Blei in den Kaffee streute? Und konnte man das von der jungen Frau annehmen? Und wenn ja – war es vorstellbar, daß der Herr Sektionschef diesen Kaffee mit Appetit und ohne jeden Verdacht Monate, ja vielleicht Jahre hindurch getrunken hat?

Jede Fahndung gerät nach einer bestimmten Frist auf einen toten Punkt. Herr Brůžek spürte, daß er diesen Punkt erreicht hatte.

Im Laboratorium der Polizeidirektion belehrte man ihn, daß zum Zwecke einer Bleivergiftung am günstigsten Bleiazetat benützt wird, also das bekannte Bleiweiß, das man in jeder Drogerie kaufen kann. Waren vielleicht in der Wohnung des Herrn Sektionschefs die Wände mit diesem Teufelszeug gestrichen?

Herr Brůžek ging zum Herrn Rat und bat ihn um zwei Mann. Diese schickte er in die Wohnung des Herrn Sektionschefs. Sie sollten offen zugeben, daß sie von der Polizei seien, und dann ein paar Proben von den Wänden und von den Lacken nehmen ... Bei dieser Gelegenheit hatten sie selbstverständlich auch die Aufgabe, sich ein bißchen in der Wohnung umzusehen.

Die junge Frau empfing sie in einem violetten Morgenrock, sie rauchte aus einer langen Zigarettenspitze, und in ihren Kulleraugen lag ungläubiges Staunen. Lange konnte sie nicht begreifen, was die beiden Männer wollten.

»Die Wände? Na bitte, aber zerkratzen Sie sie nicht zu sehr. Glauben Sie, daß mein Mann von diesen Wänden herzkrank geworden ist?«

Dann aber sagte sie, als habe sie endlich begriffen: »Tja ... wissen Sie, daß das wirklich möglich wäre? Ich fühle auch manchmal so eine Beklemmung, so eine Last. Auf der Seele ... Wenn Sie eine Probe von meiner Seele nehmen könnten, meine Herren!«

Die Herren schauten ein bißchen unsicher drein, aber dann gingen sie ans Werk. Sie kratzten ein bißchen Farbe im Korridor ab und dann in den Zimmern und in der Küche, die Dame stand immer bei ihnen. Als sie im Speisezimmer waren, öffnete sie das Büffet und füllte zwei Likörgläschen.

»Bedienen Sie sich, Sie sind gewiß müde.«

»Bedaure«, stammelte der eine. »Bedaure, wir sind ... wir sind im Dienst, und da dürfen wir nicht ...«

Ihr Lachen klang silbern wie ein Glöckchen. »Alles, was man nicht darf, ist schön.«

Da erklärte der andere, der mehr Geistesgegenwart besaß, er sei noch nicht im Bad gewesen und müsse da noch hinein.

Der andere blieb mit der Dame allein und rekapitulierte im Geiste alles, was er über Bleivergiftung wußte. Vor allem fiel ihm ein, daß es sich bei Blei um ein langsam wirkendes Gift handelt und daß er nicht gleich sterben würde, falls er gezwungen war, das Glas zu leeren. Das erfreute ihn allerdings nur unwesentlich. Er trank also mit dem Mute der Verzweiflung den Schokoladenlikör und tat, als schmecke er ihm.

Als sein Kollege aus dem Bad zurückkehrte, bot er ihm hämisch an: »Trink dein Glas auch aus, damit wir die gnädige Frau nicht länger aufzuhalten brauchen.«

Die Dame füllte die Gläser noch ein zweites Mal. Dann erst entließ sie die beiden.

»Wir sind nicht gleich dran, Kamerad«, sagte der andere.
zum anderen. »Wir werden beide zugleich sterben.«

»Wir sind nicht gleich dran, Kamerad«, sagte der andere.

»Guck mal, ich habe etwas, was du nicht hast!« Und er holte eine Zahnbürste hervor, die er in sein Taschentuch gewickelt hatte.

»Sie ist irgendwie dreckig.«

»Eben. Mir ist nämlich etwas eingefallen ... Bleiweiß dunkelt nach einer gewissen Zeit nach.«

Im Laboratorium stellte man fest, daß all die Farbproben ungefährlich waren. Dafür fand man auf der Zahnbürste starke Spuren von Bleiazetat.

Nun brauchte der Herr Brůžek nicht mehr zu zögern. Er nahm ein Auto und fuhr in Begleitung des Herrn Rous zu der jungen Frau, ausgestattet mit einer Genehmigung zur Hausdurchsuchung.

»Guter Mann«, sagte die Dame, die immer noch ihren Morgenrock trug, »guter Mann, Sie müssen ja wohl den Verstand verloren haben. Was wollen Sie von mir?«

»Zum Beispiel wollen wir wissen, woher Sie erfahren haben, welch schöne Eigenschaften Bleiweiß hat. Aber bevor Sie sich daran erinnern – können Sie mir sagen, womit sich Ihr Mann die Zähne geputzt hat?«

»Was weiß ich«, stieß sie scharf hervor, und ihre Kulleraugen wurden so dunkel vor Zorn, daß Herr Brůžek unwillkürlich zurückwich.

»Wer hat Ihnen geraten, Bleiweiß zu verwenden? Der Herr aus dem vierten Stock?«

Die Dame lächelte. »Aber nein, das ist doch ein sehr lieber Junge. Bleiweiß ist doch eine altbekannte Sache. Wir haben es zu Hause seit eh und je verwendet.«

Sie sagte das so ruhig, daß der Herr Brůžek erschauerte. Auf einmal erinnerte er sich, was er von ihrem Onkel wußte. Sie hatte geduldig auf seinen Tod gewartet ...

»Würden Sie sich bitte anziehen, Sie müssen mit!«

Während sie sich ankleidete, brachte Herr Rous aus dem Bad drei Schächtelchen mit Zahnpulver.

»Schlämmkreide, da läßt sich gut Bleiweiß hineinmischen.«

Die junge Frau war bereits angekleidet, sie trug ein enganliegendes grünes Kostüm und war so ruhig wie vordem. Als sie sich ins Auto setzte, sagte sie: »Ich weiß nicht, was Sie von mir wollen. Der Mensch kommt doch zur Welt, um zu sterben.«

»Das ja«, entgegnete der Herr Brůžek. »Aber nicht dann, wenn es Ihnen beliebt.«

Zu Mittag holte man noch den jungen Mann von der Post auf die Vier. Erbleichend ließ er das Schalterfenster herab und folgte den beiden Herren unter unaufhörlichen Beteuerungen, es handele sich um einen Irrtum, denn seine Abrechnungen seien vorbildlich in Ordnung.

Als sie ihn bei der Vernehmung fragten, ob er die reizende Dame aus dem ersten Stock kenne, leugnete er.

»Sie haben sich niemals mit ihr getroffen?«

»Nein.«

»Sind nie bei ihr gewesen?«

»Nein.«

»Haben niemals ihren Besuch bei sich empfangen?«

»Nein.«

»Und wissen Sie, daß sie lügen und sich damit schrecklich schaden? Hören Sie auf, den edlen Ritter zu spielen, und sagen

Sie die Wahrheit. Sonst holen wir sie, und sie wird Ihnen ins Gesicht sagen, was sie schon uns gestanden hat. Wie viele Male war sie nachts bei Ihnen?«

Der blasse Jüngling erzitterte und sagte mit verzweifelter Stimme: »Ich versichere Ihnen, es war alles ganz harmlos. Ich habe sie nicht einmal angerührt. Sie hat niemals die eheliche Treue gebrochen. Sie ist wirklich ein Engel. Sie sprach immer nur von der Verschmelzung unserer Seelen. Von der Ewigkeit ...«

»Wenn wir schon mal bei der Ewigkeit sind: da haben Sie ihr das Gift besorgt?«

Der junge Mann stand auf, als wolle er einem schrecklichen Feind trotzen, dann aber sank er auf seinen Stuhl zurück und starrte den Vernehmer fassungslos und voller Angst an.

Das Verhör wurde unterbrochen.

Unter anderem aus dem Grunde, weil endlich der Bericht über den Tod des Herrn Jan Tučný eintraf, des Realitätenbesitzers aus Vinohrady, des Onkels der Frau Sektionschef. Er war an Herzschlag und Gehirnblutung gestorben.

»Da haben wir's«, sagte der Herr Rat. »Gehirnblutung ist nämlich das letzte Stadium der Bleivergiftung. Nur werden wir ihr das nie beweisen können, weil der Herr Onkel feuerbestattet wurde. Sicherheitshalber.«

Zur Verblüffung aller leugnete die junge Frau überhaupt nicht. Nicht im Falle des Onkels, nicht im Falle ihres Mannes. Wer weiter hartnäckig leugnete, war der junge Liebhaber, der nach seinen eigenen Behauptungen niemals ihr Liebhaber gewesen war.

Am nächsten Morgen klopfte der Herr Brůžek an die Tür des Herrn Rat. Ohne das »Herein« abzuwarten, stürzte er ins Zimmer. In der Hand hielt er eine Zahnbürste.

»Herr Rat, die gehört dem jungen Mann! Die gleichen Spuren von Bleiazetat!«

Er mußte sich setzen, die Feststellung hatte ihn völlig erschöpft.

Der Herr Rat nahm die Zahnbürste in die Hand und nickte. »Na ja, sie war eben doch eine zärtliche Liebhaberin. Sie fing bei ihm gleich am ersten Tage an, damit er nicht so lange leiden mußte.«

Die Dame lebte noch einige Jahre in einem Privatsanatorium für Geisteskranke, wo sie einmal im Monat von zwei Herrn besucht wurde. Sie schaute sie immer ganz überrascht an, als sei es ihr unbegreiflich, daß sie immer noch am Leben waren.

Der Kleine und der Große

Die blasse Frau, die plötzlich aus dem Juweliergeschäft des Herrn Rynholec gelaufen kam, aus jenem kleinen Laden auf dem Karlsplatz gegenüber vom Gerichtsgebäude, riß den Mund weit auf. Aber sie schrie nicht, sie gab überhaupt keinen Laut von sich, das grenzenlose Entsetzen, das in ihren Augen lag, schnürte ihr die Kehle zu.

Vom Sims des Gerichtsgebäudes flogen Tauben auf. Eine kreiste über dem Haupt der verstörten Frau, und sie hatte das Gefühl, es handele sich um die Seele des Herrn Rynholec, die ihr dafür dankte, daß sie die Ladentür geöffnet und es so der Seele ermöglicht hatte, ungestört zum Himmel aufzusteigen.

Die Frau jedoch sank gleich darauf zu Boden, denn sie wurde ohnmächtig, wie vom Blitz getroffen.

Der erste, der sie erblickte, war ein Gerichtsauskultant aus dem zweiten Stock, der sich seit dem Morgen die Zeit verkürzte, indem er auf die Straße schaute. Er hatte eben Augenblicke, da es ihm nicht den geringsten Spaß bereitete, endlose Akten abzuschreiben.

Er schrie: »Dort ist etwas passiert!« und stürzte hinaus, gefolgt von dem Pförtner, der einen galoppierenden Auskultanten nicht so ohne weiteres aus dem Gerichtsgebäude lassen darf, ohne zu wissen, wohin er eilt.

Um die ohnmächtige Frau hatte sich schon eine Menge von neugierigen Pragern geschart, aber der Mann in der Uniform eines Pförtners befahl ihnen streng, sofort auseinanderzugehen, und weil es dahin am nächsten war, trug er die ohnmächtige Frau zusammen mit dem Auskultanten in das Juweliergeschäft des Herrn Rynholec.

Aber gerade in diesem Augenblick kam die Frau zu sich, wurde sich bewußt, wo sie sich befand, stieß einen entsetzlichen Schrei aus und fiel zum zweitenmal in Ohnmacht. Beinahe wäre auch der Auskultant ohnmächtig geworden, weil er entdeckte, daß hinter dem Pult ein menschlicher Körper in einer Blutlache lag.

Für den kleinen Laden war das Durcheinander groß, und mitten in das Durcheinander hinein schlugen mehrere große und kleine Uhren der verschiedensten Formen, Marken und Stimmen die Zeit, und die elf Schläge klangen wie das Läuten von Sterbeglocken.

»Kruzifix, das ist ja 'ne schöne Bescherung!« sagte geistesgegenwärtig der Pförtner, denn ihm war bereits klar, warum die Frau so entsetzt aus dem Laden gelaufen war und warum sie keinen einzigen Laut hervorgebracht hatte. Schließlich hatte auch der Auskultant den Kopf verloren, er war fast schlimmer dran als die Frau, die langsam wieder zu sich kam. Der Pförtner stürzte hinaus, rannte hinüber ins Gerichtsgebäude und rief die Polizei an. Weil es nicht weit war und weil vom Gericht aus angerufen wurde, stellte sich die Polizei umgehend ein, an ihrer Spitze der Herr Rat persönlich.

Ein Mord direkt vor dem Gerichtsgebäude – das ist allerdings ein Fleck, den die Polizei so rasch wie möglich abwaschen möchte; Gericht und Polizei, das ist eins, und ein Polizeirat und ein Gerichtsrat sind auf besondere Art Kollegen und erweisen sich gegenseitig die allergrößte Hochachtung. Es lag offen zutage, daß der Herr Polizeirat Vacátko den Herrn Gerichtsrat Ponáhlo am besten dadurch ehren konnte, daß er prompt den Räuber fand und vor Gericht stellte.

Bis jetzt sah es damit allerdings nicht gerade rosig aus.

Die Frau wurde zusammen mit dem Auskultanten ins Gerichtsgebäude gebracht und in einem besonderen Raum sofort vernommen. Im Laden mühten sich inzwischen die Herren von der Vier ab, zusammen mit dem Polizeiarzt, der nur das sagen konnte, was ohnehin klar war: Jemand hatte Rynholec durch einen Schlag auf den Kopf getötet, also auf die gewöhnlichste Weise, auf die Juweliere und Uhrmacher schon seit langen Jahren umgebracht werden. Etwas Besonderes war nicht festzustellen.

Und doch: Wie genau mußte der Täter wohl alles berechnet haben, daß er es gewagt hatte, am hellichten Tage zu morden, bei vollem Geschäftsbetrieb, da jederzeit irgendeiner den Laden betreten konnte, so wie es der armen Frau beschieden war, die ihren Wecker von der Reparatur abholen wollte. Sie hatte recht lange gewartet, bis sie rief: »Kundschaft im Laden!«

Aber auch auf diesen Ruf hatte sich nichts gerührt, bis ein Mann die Tür öffnete, den Kopf hineinsteckte und fragte: »Ist Herr Rynholec nicht da?« »Er wird wohl rasch mal irgendwohin gegangen sein«, sagte die Frau, und der Unbekannte rief, er werde nach einer Weile wiederkommen, er hätte es ja nur über die Straße.

Der Mann wurde gleich darauf ermittelt, das war der erste Erfolg der Polizei, und der Herr Gerichtsrat Ponáhlo sagte: »Na, meine Herren, wenn das bei Ihnen so fix weitergeht, dann können wir den Täter übermorgen vor die Geschworenen stellen.«

Die Herren vom Gericht erlauben sich zuweilen auch dort Scherze, wo nicht der geringste Grund dafür besteht.

Besagter Mann war ein Gemüsehändler aus der Myslik-Gasse, und er konnte nicht mehr sagen als das, was schon die Zeugin berichtet hatte, die er mit Sicherheit wiedererkannte, genauso wie sie ihn. Er war nur deshalb in den Laden gekommen, um zu fragen, ob Herr Rynholec bereits eine Feder für seine alte Uhr besorgt hätte, und als die Kundin sagte, der Uhrmacher sei wohl eben mal weggegangen, war er in seinen Laden zurückgekehrt. Er hatte keinen Verdacht geschöpft und nicht einmal die Schwelle überschritten, deshalb hatte er auch nichts gesehen.

»Und was war dann, Frau Zeugin?« fragte der Herr Rat ziemlich verdrossen, denn die Zeit eilte dahin, und bis jetzt war nichts Wesentliches entdeckt worden.

»Dann war nichts, nur daß ich immer noch wartete und mit der Tasche aufs Pult klopfte, um den Herrn Uhrmacher auf mich aufmerksam zu machen ... Dann kam mir die Sache doch sonderbar vor, denn wenn jemand bloß mal um die Ecke springt, dann schließt er doch ab – immerhin hat er den Laden voller Ware. Lauter teure Sachen, nicht wahr? Und da sagte ich mir, ich werde mal den grünen Vorhang zur Seite schieben, der hinten im Laden ist. Und wie ich hinters Pult gehe ... Jesus Maria, Herr Polizeipräsident!« schluchzte die Frau auf und zitterte. »Da lag er da!«

Der Herr Rat seufzte. Einerseits über diesen Titel und dann darüber, daß er den klassischen Zeugen vor sich hatte, der einen Mord entdeckt, aber nichts Weiteres weiß, so daß er für die Polizei völlig überflüssig ist. Die Polizei hat lieber solche Zeugen, die etwas bemerkt haben. Die Frau hatte, als sie hinter das Pult trat, nur die Blutlache bemerkt und dann die Leiche, was für die Polizei uninteressant war.

»Ist nicht vor Ihnen jemand aus dem Laden gekommen?«

Die Frau schüttelte den Kopf.

»Haben Sie hinten, im Laden, ein verdächtiges Geräusch gehört?«

Die Frau schüttelte wieder den Kopf. Die Tür nach hinten, die in den Hausflur führte, war darüber hinaus von innen verschlossen, so daß der Täter sie nicht benutzt haben konnte. Er war durch die Haupttür gekommen und gegangen, durch die Tür, über der eine Glocke hing. An jenem Tage war die Glocke ausgeschaltet. Offenbar hatte das Herr Rynholec selbst getan, weil er ununterbrochen im Laden war. Sicherheitshalber wurden die Fingerabdrücke am Hebel der Glocke abgenommen, obwohl man sich nicht viel davon versprach.

Fingerabdrücke fand man im Laden genug, überall, vor allem auf der Glasplatte des Pults, aber es war höchst unwahrscheinlich, daß sich der Täter ausgerechnet hier verewigt haben sollte.

Der Herr Rat seufzte erneut. Das war ein Fall, der sehr schwer zu lösen war, weil es kaum verdächtige Umstände gab, auf die man sich stützen konnte. Zur Sicherheit schickte er seine Detektive los, um alles über die Familie des Herrn Rynholec zu eruieren, weil die Tat ja auch von dort ausgegangen sein konnte; ein alter Junggeselle kann Verwandte haben, die einen Grund haben, auf seinen Tod zu warten. Außerdem konnten auch gewisse Fräuleins in Frage kommen; vielleicht war Herr Rynholec in Nachtlokalen bekannt, ältere Herren haben Neigungen zu solchen Abenteuern, und vielleicht wehte gerade von dort der gefährliche Wind ... All das ordnete der Herr Rat an, aber er war insgeheim überzeugt, daß diese Maßnahmen nicht zum Ziele führen würden. Warum, das wußte er nicht. So ist es nun mal mit dem Gespür eines Polizisten.

Ohne die geringste Freude erblickte er am Tatort den jungen, lebhaften Redakteur, der ihm oft ins Handwerk pfuschte.

»Ergebener Diener, Herr Oberrat«, rief dieser und schwirrte mit seinem Notizbuch wieselflink umher, wobei er den Laden von außen und innen fotografieren ließ.

»Was denn, was denn, Redakteurchen, wollen Sie etwa wieder eine eigene kriminalistische Theorie entwickeln?« brummte mürrisch der Herr Rat.

»Gott bewahre, Herr Oberrat, von meinem Detektivtalent bin ich schon lange kuriert ... Aber es ist Mittag, und unsere Druckerei hat gerade freie Kapazität, und da bringen wir eine Extraausgabe heraus«, sagte lächelnd der Redakteur.

»Die werde ich mir nachher auch kaufen, dann werde ich wenigstens etwas erfahren«, grinste der Herr Rat von oben herab, aber der Redakteur war keineswegs beleidigt. Er wußte, daß eine echte Zeitungssensation dann am wirkungsvollsten ist, wenn man nichts weiß, denn in solchen Fällen kann sich der Leser alles mögliche dazudenken. Wenn aber schon viel bekannt ist, hat man es verdammt schwer, einen ordentlichen Artikel zu schreiben.

»Herr Oberrat, Sie können mir wohl auch nichts sagen, nicht wahr?« versuchte er für alle Fälle sein Glück.

»Sie haben die richtige Intuition, Redakteurchen«, sagte der Herr Rat, »aus Ihnen wird noch mal was!«

Der Redakteur ließ eine Aufnahme von der unfreiwilligen Zeugin machen, und diese lächelte vor lauter Aufregung kokett ins Objektiv.

»Von den beiden Männern, die aus dem Laden kamen, von denen weiß die Polizei noch nichts?«

Der Herr Rat wollte sich gerade eine Zigarette anzünden, aber nun steckte er die Streichholzschachtel wieder in die Tasche und ließ die unangebrannte Zigarette zwischen den Lippen stecken.

»Wo haben Sie zwei Männer gesehen?« brummte er und sah dabei den Herrn Brůžek an, der in der Nähe stand und ebenfalls die Achseln zuckte.

»Der Herr vom Gericht, der junge Auskultant ...«, flüsterte der Redakteur diskret.

Der Herr Rat sagte sich im stillen, daß dieser Bursche von der Zeitung eben doch Talent hatte, und sofort stürzte er sich auf den armen Auskultanten, der einem Redakteur mehr gesagt hatte als der Polizei.

»Aber Herr Rat, mich hat doch keiner Ihrer Herren danach gefragt«, verteidigte sich der unglückliche Jüngling. »Außerdem, wenn Herr Rat zu begreifen belieben, ist es mir ziemlich peinlich ... Da schweige ich lieber.«

»Sie haben nicht zu schweigen, Sie haben zu sprechen!« donnerte ihn der Herr Rat an.

»Freilich, aber da könnte unser Herr Rat daraus schließen, begreifen Sie doch bitte ...«

»Ich verstehe«, sagte der Rat Vacátko, »er könnte daraus schließen, und das ganz zu Recht, daß Sie nichts zu tun haben und während der Dienststunden aus dem Fenster gucken, was sich nicht gehört. Aber wir sind die Polizei, und uns interessiert jede, auch die geringste Beobachtung ... Was für Männer gingen aus dem Laden?«

»Na zwei, bitte. Zwei Männer.«

»Kamen sie heraus, kurz bevor die Frau hineinging? Waren sie die einzigen Besucher des Ladens?«

»Das, bitte, weiß ich nicht, ich schau doch nicht fortwährend zum Fenster hinaus, sondern blicke nur gelegentlich von der fleißigen Arbeit auf, um den ermüdeten Augen eine Ruhepause zu gönnen«, flüsterte ehrerbietig der Auskultant, und an seinem dürren Hals hüpfte aufgeregt der Adamsapfel auf und ab.

»Von mir aus können Sie sich den ganzen Tag ins Fenster legen und überhaupt nichts machen, mir ist das egal, im Gegenteil, mich würde es nur freuen, wenn Sie mir sagen könnten, wer alles vom Morgen an in diesem Laden gewesen ist. Ich werde Sie für eine Belobigung vorschlagen, verstehen Sie?«

»Ich verstehe ... Aber ich weiß wirklich nicht, wer dort vom Morgen an gewesen ist. Ich habe nur so durch Zufall ... Übrigens, ich beobachte doch nicht, was da in einem einzigen Laden vorgeht, ich schau nur ganz allgemein auf die Straße. Und da hab ich gesehen, daß heute vormittag, die genaue Uhrzeit weiß ich nicht, zwei Männer aus dem Laden kamen. Wie sie aussahen, weiß ich nicht, und ich weiß auch nicht, wo sie hingegangen sind ... Na, und für die Zeitung – ich dachte eben, das könnte vielleicht interessant sein.«

»Aber warum haben Sie die beiden denn bemerkt, junger Mann?« sagte freundlich der Herr Brůžek, als er merkte, daß der Herr Rat nicht fragen würde, weil er nachdachte. »Etwas muß Ihnen doch an ihnen aufgefallen sein, nicht? Vielleicht trugen sie einen kleinen Koffer oder eine Aktentasche.«

»Meinen Sie?« wunderte sich der Auskultant. »Warum sollen sie so was gehabt haben? Ach so, Sie meinen, daß die beiden ... Aber das kann ich nicht behaupten, das nicht. Ich weiß nur, daß der eine kleiner und der andere wiederum größer war.«

»Das ist meistens so«, sagte der Herr Brůžek gelangweilt. »Das ist alles?«

Der Auskultant nickte, und es war zu sehen, daß ihm das leid tat.

Als die Herren von der Polizei gegangen waren, sagte der Herr Auskultant zu dem Herrn Redakteur: »Aber sie waren wirklich verschieden groß. Der Kleine war sehr klein, und der Große ...«

»... war sehr groß«, ergänzte der Redakteur, als wüßte er genau Bescheid. »Seien Sie unbesorgt, ich hab schon alles durchtelefoniert. Ein Weilchen noch, und Sie können sich die Extraausgabe kaufen, Sie werden eine Berühmtheit.«

Und mit diesen Worten ging auch der Redakteur, und der Auskultant kehrte in seine langweilige Kanzlei zurück, wo er an diesem Tag allerdings im Mittelpunkt des allgemeinen Interesses stand; sogar die Blondine aus der Posteingangsstelle kam, um ihn anzuschauen, und sie spitzte ihr schön geschminktes Mündchen. Dann ließ ihn der Herr Rat zu sich rufen.

»Junger Mann, wenn Sie schon aus dem Fenster gucken, dann machen Sie das gefälligst ordentlich. Ich habe gehört, daß Ihre Beobachtungen für die Polizei wertlos sind.«

Der Herr Auskultant gelobte für die Zukunft Besserung und wich rückwärts, unter vielen Bücklingen aus der vornehmen Kanzlei des Herrn Gerichtsrats.

Die Polizei hatte zwar den Tatort verlassen, hörte aber nicht auf, fleißig zu arbeiten. Die ersten Berichte brachten nichts Neues. Die Verwandtschaft des Uhrmachers und Juweliers Rynholec wohnte nicht in Prag, sondern in Kardašová Řečice und bestand aus einer Schwester sowie einigen Neffen und Nichten, sehr ehrenhaften Leuten.

Was das Nachtleben betraf, so war nichts Beweiskräftiges festgestellt worden. So etwas läßt sich ja auch erst nachts feststellen.

»Da haben wir's«, bemerkte der Herr Rat düster.

»Ich erlaube mir zu bemerken, daß sich die Ware, die im Laden gestohlen wurde, gut überwachen läßt. Uhren, Ringe ... Sobald etwas im Verkauf auftaucht, packen wir zu.«

Herr Mrázek hatte recht, und die Herren Detektive erhielten auch sofort die entsprechenden Instruktionen, und das war auch richtig. Die Schwierigkeit bestand nur darin, daß noch immer nicht feststand, was alles verschwunden war, weil Herr Rynholec seine Bücher nicht gerade sorgfältig geführt hatte. Übrigens saßen zur genauen Feststellung seiner Vorräte zwei Fachleute in dem kleinen Laden. Außer der traurigen Einsamkeit und den Blutflecken war dort nichts Interessantes zurückgeblieben, abgesehen von den Uhren, die unablässig die Zeit schlugen und dadurch die beiden traurigen Herren an den weit traurigeren Umstand gemahnten, daß alle Menschen sterblich sind.

Der Herr Rat Vacátko billigte zwar alle Maßnahmen, die in der Prager Unterwelt getroffen wurden; er wußte, daß die Herren Detektive alle Hehler genau kannten, und er wußte auch, daß diese Leute diesmal der Polizei helfen würden, denn Mord ist etwas, was ihnen nicht in den Kram paßt. Jeder, der irgendwo etwas von der heißen Ware loswerden wollte, konnte sich also das Ergebnis schon vorher ausrechnen.

»Aber, meine Herren, was tun wir, wenn der Täter in weiser Voraussicht mit dem Verkauf wartet? Wenn er ein halbes Jahr wartet – und warum sollte er nicht warten, es geht bei ihm letzten Endes um Kopf und Kragen. Das wird für uns eine unsterbliche Blamage. Ein Mord vor dem ehrwürdigen Gerichtsgebäude bleibt unaufgeklärt ... Ich ahne schon, was dieser Federfuchser schreiben wird!«

Dann schnalzte der Herr Rat mit den Fingern und befahl dem

Diensthabenden, ihm das Extrablatt zu bringen. Er war neugierig, was man über einen Mord schreiben kann, über den die Polizeidirektion nicht einmal eine dürftige amtliche Nachricht zusammenschustern kann.

»Aber Tempo ist das, Herr Rat, wenn ich mir die Bemerkung erlauben darf«, sagte Herr Brůžek, während er über die Schulter des Herrn Rat in die Zeitung blickte. »Es ist zwar nur ein Blatt, und man erfährt auch nichts daraus, aber fix ist der Bursche, alles, was recht ist!«

Der Herr Rat legte die Sonderausgabe auf den Tisch und überlegte laut: »Was meinen Sie, Herr Brůžek, was dieser Fall braucht?«

Es war still, und der Herr Brůžek dachte nach. Der Herr Rat ging in der Kanzlei auf und ab und wartete, bis das Kaffeewasser kochte. Ein bißchen nervös und völlig überflüssigerweise goß er seinen Gummibaum.

»Herr Brůžek, dieser Fall braucht einen Einfall! Nichts anderes ...«

Und beide wußten, daß das ungewöhnlich gescheit war, aber auch ungewöhnlich schwierig.

Dann meldeten sich die zwei Beamten, die die Ware in dem Laden des ermordeten Juweliers auf einer Liste erfaßt hatten. Nach ihren Feststellungen und zum Teil auch Schätzungen war sehr viel gestohlen worden. Das Geschäft war nicht schlecht ausgestattet gewesen, Herr Rynholec hatte einen ausgedehnten Kundenkreis, er hatte erstaunlich viele Wertsachen aus Silber und Gold verkauft und sich verhältnismäßig wenig den Uhrenreparaturen gewidmet. Nichtsdestoweniger war ein Beleg über die Lieferung von fünfzig Stück Armbanduhren vorhanden, die nicht gefunden werden konnten.

»Auch nicht bei ihm zu Hause?« fragte der Herr Rat.

Die Herren schauten sich verständnislos an.

»Wer hat die Wohnungsdurchsuchung gemacht?«

»Die Wohnung werden wir erst durchsuchen ... Er hatte nämlich keinen Schlüssel bei sich, so daß unsere Leute erst einen Schlosser holen mußten«, gestand der Herr Mrázek zögernd.

»Wieso hatte er keinen Schlüssel?«

»Na, er hatte eben keinen. Mir kam das auch gleich komisch vor. Weder einen Schlüssel vom Laden noch einen von der Wohnung – nichts. Vor dem Laden mußte ich einen Wachmann postieren, denn die Tür läßt sich nicht zuschließen.«

»Das kann nur eines bedeuten: Die Schlüssel hat jemand gestohlen«, sagte der Herr Rat, und sein Blick wanderte über die Reihe der Detektive. An ihrem Ende stand der Herr Bouše und nieste. »Gebe Gott, daß das wahr ist.«

Und es war wahr. Als sie in dem düsteren Mietshaus in Vyšehrad die Wohnung öffneten, stellten sie fest, daß schon jemand vor ihnen dagewesen war. Die Kleidungsstücke waren an Ort und Stelle, der Täter hatte offenbar etwas Kleineres und Wertvolleres gesucht.

»Das wird ja immer besser«, brummte der Herr Rat, als man ihm Bericht erstattete. »Keine Fingerabdrücke, nicht wahr, keinerlei Spuren ...«

»Keine«, bestätigte mit Genugtuung Herr Brůžek. »Wie immer geruhen Herr Rat recht zu haben.«

»Das einzige Glück ist«, sagte der Herr Rat, »daß das nicht in die Extraausgabe gekommen ist. Ich habe solche Extraausgaben gar nicht gern.«

Aber in diesem Punkt irrte sich der Herr Rat. Es gibt Fälle, da auch eine Extraausgabe nützlich sein kann.

Der Herr Rat begab sich nach Vyšehrad, um sich die ausgeraubte Wohnung ebenfalls anzuschauen. Der Täter hatte offenbar mit dem Schlüssel aufgeschlossen, und als er gegangen war, hatte er den Schlüssel innen im Schloß steckenlassen und die Tür hinter sich zugeworfen. Eine sehr unangenehme Vorstellung, dachte der Herr Rat: Während wir in den Laden liefen, arbeitete hier jemand ungestört und ruhig.

Soll mir ja niemand sagen, daß das keiner vom Fach war!

Falls es nicht sogar zwei waren oder sogar mehrere!

Der Herr Rat erinnerte sich wieder an die zwei Männer, die der spindeldürre Auskultant gesehen und von denen der kleine Redakteur geschrieben hatte.

Als er in die Direktion zurückkehrte, erwartete ihn dort ein Mann. Stämmig, in einer abgewetzten kurzen Joppe, so daß ihn der Herr Rat nur anzuschauen brauchte, um zu wissen, daß es sich um einen Taxichauffeur handelte.

»Was bringen Sie mir?«

»Bringen tu ich nichts, Herr Rat, aber ich hab Erfahrung, und so bin ich gekommen, um Ihnen zu sagen, was ich weiß ...«

Der Mann holte die Extraausgabe des Abendblatts hervor.

Ich hab's ja gleich geahnt, daß mir dieser Kerl von einem Redakteur Unannehmlichkeiten bereiten wird, sagte sich der Herr Rat und forderte den Chauffeur mit einem Seufzer auf, Platz zu nehmen.

»Hier steht geschrieben, daß zwei Männer aus dem Laden kamen, ein großer und ein kleiner ... Ich möchte melden, daß ich zwei solche Männer gefahren habe, einen großen und einen kleinen. Nach Beroun, bitte sehr, jetzt eben bin ich zurückgekehrt und hab mir die Zeitung gekauft.«

»Und sind gleich zu uns gekommen ... Das ist sehr richtig von Ihnen«, lobte ihn der Herr Rat. »Aber wissen Sie etwas über die beiden? Wie sahen sie aus? Daß der eine größer und der andere kleiner war, daran ist doch nichts Besonderes.«

»Das ist es an sich nicht, aber sonderbar ist es schon, daß der eine sehr groß und der andere sehr klein war. Als sie in meinen Wagen stiegen, mußte ich gleich denken, Herrgott, die sehen ja aus wie Pat und Patachon, falls Sie die beiden Komiker kennen, es gibt immer viel Spaß mit ihnen.«

Der Herr Rat überlegte. Eigentlich hatte dieser Redakteur gut getan, als er das Extrablatt herausgegeben hatte!

»Sie sagen, die beiden sind nach Beroun gefahren? Und wo sind sie eingestiegen?«

»Am Taxistand an der Palacký-Brücke.«

»Und woher sie gekommen sind, haben Sie nicht gesehen?«

»Das bitte nicht ... Aber von vorn auf keinen Fall. Sie kamen von hinten, also von der Trojan-Gasse her.«

»Kurz – sie kamen von Vyšehrad.«

»Bestimmt. Sie müssen aus der Nähe gekommen sein, denn sonst hätten sie ja woanders ein Taxi genommen.«

»Ist Ihnen an den beiden etwas aufgefallen?«

»Ja, das ist es. Mir ist aufgefallen, daß sie sich ein Taxi bis Beroun genommen haben. So was passiert doch nicht jeden Tag. Und wenn, dann eher nachts, wenn einer bummeln war. Da hatte ich mal eine Fahrt bis nach Mláda Boleslav, bitte, drei völlig besoffene, noble Herren ...«

»Bleiben wir bei Beroun. Hatten die beiden ein Paket bei sich? Koffer? Aktentasche?«

Der Taxifahrer schüttelte betrübt den Kopf.

»Wie spät war es, als sie sich ins Taxi setzten?«

»Es war genau halb zwölf, ich sah auf die Uhr, weil ich wissen wollte, wie lange ich fahren würde.«

»Wo haben Sie den Wagen.«

»Draußen, ich bin geradewegs hierhergefahren. Warum?«

»Wir schauen ihn uns mal ein bißchen an. Vielleicht ist ihnen was aus der Tasche gefallen!«

Der Chauffeur eilte begeistert mit dem Herrn Rat und einem

weiteren Kriminalbeamten hinaus, um die Türen seines alten Praga mit der zerschlissenen Polsterung zu öffnen. Die Herren nahmen die Sitze heraus und stocherten in allen Ritzen herum. Sie wollten auch die Fingerabdrücke abnehmen.

»Ja, Moment, meine Herren, da brauchen Sie sich nicht zu bemühen, die beiden trugen Handschuhe.«

»Wissen Sie das ganz bestimmt?«

»Ja, das weiß ich. Was soll man die ganze Fahrt machen, nicht wahr, da guckt man sich von Zeit zu Zeit seine Fahrgäste im Rückspiegel an.«

»Waren sie elegant gekleidet?«

»Na, das würde ich nicht sagen ... Schofel waren sie wieder auch nicht, mehr so 'ne halbgewalkten Dschentelmänner, falls Sie wissen, was ich meine.«

»Warum fuhren sie nach Beroun?«

»Tja, das weiß ich nicht, aber einer sagte unterwegs: ›Hübsch ist es heute, es wird prima sein, wenn wir einen Ausflug nach Karlstein machen.‹ Viel gesprochen haben sie nicht, ich auch nur so übers Wetter, und als sie mir keine Antwort gaben, habe auch ich geschwiegen. Ich muß noch sagen, daß ich sie gleich anfangs aufmerksam gemacht habe: Herrschaften, nach Beroun, das wird ein schönes Geld kosten ... Und der Große, Dicke sagte darauf, ich soll mir keine Sorgen machen.«

»Und jetzt beschreiben Sie uns die beiden mal schön. Zuerst den Kleineren«, sagte freundlich der Herr Rat und führte den Taxifahrer wieder in seine Kanzlei. Im Auto wurde übrigens nicht das geringste gefunden.

Bei der Personenbeschreibung waren noch andere Herren im Zimmer, und so ist es kein Wunder, daß in dem Augenblick, als der Chauffeur schilderte, daß der Kleinere eine bräunliche oder gelbliche Gesichtsfarbe hatte und Schlitzaugen, als wäre er kein Tscheche, der Herr Bouše sagte: »Tschum-Sem!«

Der Taxifahrer stutzte, aber Herr Bouše forderte ihn auf fortzufahren. Er fügte hinzu, daß man diesen Mann in der Prager Unterwelt »Tschum-Sem« nannte, was einerseits »Glotz her« hieß und andererseits die Nachahmung eines chinesischen Namens sein sollte, weil er wirklich wie ein Chinese oder Japaner aussah, in Wirklichkeit aber Božek hieß.

Als der Taxifahrer den Großen, Dicken beschrieb, sagte einer der Herren Detektive sofort, das könne niemand anders als der Valínek sein, und Herr Brůžek eilte sogleich ins Archiv, um die Karteikarten der beiden zu holen.

Dann entließ der Herr Rat den Taxifahrer freundlichst und bat ihn, wenigstens heute nicht in sein Lokal zu gehen und keinem zu erzählen, was er der Polizei mitgeteilt hatte. Er schreckte ihn damit, daß dieser Valínek ein Räuber erster Klasse sei und daß es gefährlich werden könne, wenn er etwa witterte, bevor ihn die Prager Polizei schnappe.

»Falls es allerdings wirklich diese beiden sind, die den Laden des Herrn Rynholec ausgeraubt haben«, sagte seufzend der Herr Rat, als der Taxifahrer, überglücklich, daß er der Polizei hatte helfen können, gegangen war.

»Dem Valínek ist das zuzutrauen, der hat schon zwei Raubüberfälle auf dem Kerbholz«, sagte Herr Brůžek, als er die Karten brachte.

»Mich irritiert dieser Božek, der war doch nie in so eine Sache verwickelt!«

»Tschum-Sem ist der Hehler«, sagte Herr Bouše. »Aber möglich ist es schon, daß er sich von dem Valínek überreden ließ und sich an dem Überfall beteiligte. Die Wohnung zum Beispiel würde auf ihn hinweisen, so was sieht ihm ähnlich. Ich würde ihn mal, mit Ihrer Erlaubnis, herholen.«

Herr Bouše wartete nicht auf die Erlaubnis und verschwand.

Der Herr Rat dachte laut nach: »Ihn herholen zu wollen ist Blödsinn, denn wenn er der Täter ist, dann ist er nicht zu Hause. Und wenn er zu Hause wäre, dann sind unsere Indizien im Eimer, meine Herren!«

Der Herr Rat schaute den Herrn Brůžek an. »Vor einer Weile haben wir uns gesagt, daß die Sache einen Einfall braucht. Und jetzt besonders. Also erstens, warum sind die beiden nach Beroun gefahren?«

»Um zu verstecken, was sie gestohlen haben«, meinte der Herr Mrázek.

»Aber warum gerade nach Beroun? Warum nicht nach Říčany, beispielsweise?« fragte der Herr Rat zweifelnd.

»Sie hatten dort einen Bekannten«, schlug Herr Mrázek vor.

»Und warum sollten sie zu einem Bekannten mit dem Taxi gefahren sein? Warum hatten sie es so eilig?«

»Um aus unserem Gesichtskreis zu verschwinden«, versuchte Herr Brůžek eine Erklärung zu finden.

»Und warum sollten sie verschwinden, da sie doch ganz sicher waren, daß wir nichts von ihnen wissen? Nein, nein, das muß einen anderen Grund haben.«

Der Herr Rat sah auf die Uhr und stellte fest, daß die Zeit

verrann, während sie untätig herumsaßen und auf einen Einfall warteten.

»Zeit ... Ja, die Kerle wollten Zeit gewinnen! Aber wozu? Und ausgerechnet in Beroun ... Hätten sie sich in Prag auf einen Bahnhof bringen lassen, bitte sehr, sie wollten einen bestimmten Zug erreichen, aber ...«, dachte der Herr Rat laut.

»Einen Zug in Beroun? Und wohin?« wunderte sich der Herr Mrázek, der nicht begriffen hatte.

Aber der Herr Rat hatte begriffen. Er hob auf einmal den Kopf und rief: »Verdammt, Mrázek, das ist der Einfall! Ein Zug in Beroun ... Sie fuhren nach Beroun, um dort einen Zug zu erreichen!«

»Um Gottes willen, Herr Rat, was für einen Zug denn?« entsetzte sich der Herr Mrázek, weil er auf keinen Fall seinen hochverehrten Chef auf eine falsche Fährte bringen wollte. »Nach Beroun fährt doch nur eine Lokalbahn.«

»Aber über Beroun, Mrázek, über Beroun fährt der internationale D-Zug Prag – Paris! Was heißt fährt – er kreuzt dort! Ich habe da mal eines Sonntags mit meiner Familie eine geschlagene Stunde festgehangen, weil der D-Zug Verspätung hatte und sie es nicht wagten, einen anderen Zug auf die Strecke zu lassen ... Brůžek, rufen Sie sofort den Bahnhof an!«

Ja, der Fall bedurfte eines Einfalls, und der Einfall war auf einmal da! Ein Einfall wie ein Blitz – falls er nicht danebenging.

»Tschum-Sem ist nicht zu Hause«, sagte in der Tür der Herr Bouše. Er erschien in einem Augenblick, da es im Arbeitszimmer des Herrn Rat lebhaft zuging. Die Telefone schrillten. Der Herr Rat rief Beroun an, dann wieder Smíchov, dann Pilsen.

»Nicht zu Hause ist er?« rief der Herr Rat dem Herrn Bouše in diesem Krawall zu. »Um so schlimmer für ihn!«

Der Einfall des Herrn Rat war ganz einfach: Die zwei hatten die ganze Sache gründlich durchdacht. Sie mieteten sich ein Taxi und fuhren nach Beroun. Dadurch sicherten sie sich für die erste Zeit erst einmal die nötige Ruhe. Vielleicht hatten sie in Beroun einen Platz, wo sie ihren Raub versteckten. Aber nicht deswegen hatten sie sich Beroun ausgesucht, sondern um sich dort gefahrlos und unauffällig zu trennen. Selbstverständlich flüchteten sie nicht nach Paris, gar nicht dran zu denken! Sie stiegen in Beroun einfach in zwei verschiedene Züge. In die beiden internationalen D-Züge, die sich dort begegnen und für einen kleinen Moment halten. Der eine setzt sich in den Zug nach Prag und trifft also mit dem internationalen D-Zug über Smíchov auf dem Wilsonbahnhof ein ... Und der andere fährt in die andere Richtung, nach Pilsen oder noch weiter. Und so werden die Spuren gründlich verwischt, und obendrein haben sie noch ein Alibi: Wir waren nicht in Prag, hier sind die Fahrkarten, bitte.

Klar?

Allen Herren war es klar, und allen erschien die Sache zugleich unglaubhaft. Aber das ist das Schicksal großer Ideen. Sie sind so einfach, daß sie auf Anhieb befremdlich erscheinen.

Alle wurden von großem Eifer gepackt, denn jetzt ging es um jede Minute. Ein neues Telefonat nach Smíchov mit der Anweisung, den internationalen D-Zug aus Paris vor der Station Smíchov zu stoppen.

Und ein Telefonat mit Pilsen ... Posten der Staatspolizei am Bahnsteig aufstellen! Nach Valínek und Božek fahnden, Beschreibung wie folgt ...

»Herrschaften, worauf warten Sie noch?« wandte sich der Herr Rat an seine Untergebenen. »Herr Brůžek, Sie nehmen alles mit, was Beine hat, und riegeln den Zug ab, so daß nicht mal eine Maus durchschlüpfen kann, geschweige der dicke Valínek oder dieser Božek, der wie ein Chinese oder Japaner aussieht. Alle Waggons durchsuchen und die beiden verhaften! Wegtreten!«

Der Herr Rat glich in diesem Augenblick einem Armeebefehlshaber, ja er erinnerte an Napoleon bei der Befehlsausgabe an seine Generale. Die Generale, genauer gesagt die Herren Detektive, trabten von dannen und kamen eigentlich erst auf der freien Strecke vor dem Bahnhof Smíchov zum Stehen. Befehlsgemäß sank der Arm des Semaphors, und der D-Zug Paris – Prag, der schon von Radotin heranschnaufte, begann mit langgezogenem Pfeifen zu bremsen.

Der Herr Rat hatte inzwischen wieder Pilsen am Telefon und überzeugte sich, daß auch dort alles in Ordnung war, daß einige Beamte mit dem Zug mitfahren und auf allen Stationen aufpassen würden.

»Jeder Mensch, der wie ein Japaner aussieht, wird durchleuchtet, Herr Rat geruhen sich darauf zu verlassen. Der Zug wird in fünfzig Minuten hier sein«, meldete Pilsen.

Der Herr Rat atmete auf. Selbstverständlich muß man auch damit rechnen, daß die Rechnung nicht aufgehen wird. In diesem Falle ...

Wieder läutete das Telefon, und der Herr Rat nahm ungeduldig den Hörer ab. Aber der Anrufer war nur der Herr Gerichtsrat Ponáhlo, der wissen wollte, wie weit die Fahndung gediehen sei, denn bei Gericht habe man natürlich großes Interesse daran.

»Natürlich«, sagte der Herr Rat Vacátko. »Aber wir haben vorläufig noch nichts Bestimmtes. Eine Spur verfolgen wir, das ist ja selbstverständlich, wozu wären wir sonst Polizei, wenn wir nicht immerfort eine Spur verfolgen würden ...«

Als er den Hörer aufgelegt hatte, brummte er: »Tja, mein Lieber, Guter, das ist kein Gericht, wo wir dir alles schön vor die Nase setzen und du nur in Büchern zu blättern und den richtigen Paragraphen zu suchen brauchst. Wir müssen zuvor diesen Lumpen fangen ...«

Der Zug blieb vor der Station Smíchov stehen. Der Dampf zischte zwischen den Waggons in weißen Wölkchen hervor. Die Schaffner schauten aus den Türen, warum man denn auf einmal halte, und voller Überraschung sahen sie, wie einige Herren in steifen Hüten stolpernd an der Strecke entlangliefen.

Herr Brůžek schwang sich in den ersten Waggon hinter der Lokomotive.

Er trat in den Gang und schickte sich zur Durchsuchung an, als er plötzlich erstarrte.

Am anderen Ende des Waggons öffnete sich ein Coupé, ein kleiner Mann mit auffallend gelbem Gesicht steckte den Kopf heraus, aber als er den Herrn Brůžek gewahrte, zog er ihn sofort wieder zurück.

Herrn Brůžek überlief es heiß. Um Himmels willen, es ist wirklich so, wie der Herr Rat gesagt hatte. Der Božek ist hier, und ausgerechnet gleich im ersten Waggon!

Herr Brůžek beugte sich zur Wagentür hinaus und pfiff auf seiner Trillerpfeife. Die Herren begriffen sofort, denn es waren erfahrene Kriminalisten. Sie ließen ihre Waggons sein und umzingelten den ersten Wagen, denn dort saß der, den sie suchten.

Herr Mrázek drang behende von der anderen Seite in den Waggon ein. Beide Herren zwinkerten einander auf dem schmalen Gang zu. Herr Brůžek griff entgegen seiner Gewohnheit in die Tasche, wo der Revolver steckte.

Aber da öffnete sich eine andere Abteiltür, und wieder lugte das bereits bekannte gelbe Gesicht des kleinen Mannes heraus, und wieder verschwand es; Herr Brůžek hatte den Eindruck, daß es sogar lächelte. Wie kommt's, daß der Kerl jetzt hier ist, er war doch eben noch in dem anderen Coupé? fragte er sich. Konnte er in dem kurzen Moment, da ich Verstärkung heranrief, das Abteil wechseln? Der Bursche ist ja verdammt schnell!

Da sah er, daß ihm Herr Mrázek am anderen Ende des Waggons ein Zeichen gab und auf das Coupé deutete, vor dem er stand. Und nicht nur das – er zog den Revolver aus der Tasche. Hatte er also den Božek dort?

Schon schickte sich Herr Mrázek an, die Tür des Abteils aufzureißen, als in der Mitte des Waggons wieder der kleine Mann mit dem gelben Gesicht herausschaute, zuerst nach rechts zu Herrn Mrázek und dann nach links zu Herrn Brůžek. Er lächelte freundlich und verschwand wieder.

Herr Brůžek starrte Herrn Mrázek fassungslos an und stürzte in das betreffende Coupé. Dieser Mrázek spinnt wohl, der Gesuchte ist doch hier! Aber was heißt der Gesuchte! Hier gibt's doch gleich zwei! Beide klein und beide gelb ...

»Hier ist er!« rief Herr Mrázek vom anderen Ende des Waggons. Denn auch er war in ein Coupé gestürzt und hatte dort den gesuchten Božek entdeckt, und zwar gleich in dreifacher Ausfertigung!

In diesem Augenblick öffneten sich wie auf Befehl alle Türen im Waggon, und aus jeder schauten Männer heraus, die allesamt haargenau der von der Polizeidirektion ausgegebenen Personenbeschreibung entsprachen.

Ein Waggon voller Doppelgänger.

»Hier sind ja lauter Tschum-Sems!« rief Herr Mrázek entsetzt, und Herr Brůžek konnte nur nicken. In den Waggon drangen weitere Detektive ein, beunruhigt, weil immer noch nichts geschehen war. Sie füllten den Gang, und zwischen ihnen wimmelte es von kleinen Männern mit gelber Hautfarbe. Einige von ihnen begannen in einer sonderbaren Sprache zu zwitschern.

Da tauchte in der Mitte des Waggons ein großer Herr mit grauen Schläfen auf und brüllte auf tschechisch: »Sakrafix, was geht hier vor?«

»Das möchte ich auch gern wissen«, sagte der Herr Brůžek und drehte unauffällig sein Revers um, um sein Abzeichen zu zeigen.

Der Herr mit den grauen Schläfen erschrak: »Was denn, was denn, ist was passiert?«

»Bis jetzt nichts«, sagte der Herr Brůžek. »Wer sind Sie, bitte?«

»Ich bin Funktionär des Tennisklubs Grün-Weiß und begleite eine japanische Tennismannschaft nach Prag.«

»Eine japanische Tennismannschaft ...«

»Ja. Davispokal, den kennen Sie doch, nicht wahr?«

»Ja, den kenne ich«, sagte der Herr Brůžek. »Alles in Ordnung.«

Dann gab er seinen Leuten einen Wink, und alle stiegen aus. Der Zug fuhr langsam an, und aus den Fenstern winkten den Herren in den steifen Hüten lächelnd die gelben Männer zu, einer wie der andere ein Ebenbild des Herrn Božek.

»Davispokal«, flüsterte der Herr Brůžek, und ihm war, als habe er soeben den Pokal der Bitterkeit bis auf den Grund geleert. Es war ein sehr großer und sehr bitterer Pokal.

Der D-Zug fuhr fröhlich schnaufend der Station Smíchov entgegen, und niemand merkte in diesem Durcheinander, daß sich im dritten Waggon ein kleiner Mann mit gelblicher Haut auf die Toilette zurückzog, denn er hatte genau beobachtet, was da vorgegangen war, und ihm war aus unbegreiflichen – oder besser gesagt, aus ganz begreiflichen – Gründen so schlecht geworden, daß er die völlige Einsamkeit aufsuchen mußte. Während er seinen Eingeweiden Erleichterung gewährte, flüsterte er Worte des Dankes für seine Rettung.

Die Herren Detektive begaben sich zu Fuß nach Smíchov. Sie hatten keine Eile.

Der Herr Rat wartete am Telefon auf ihren Bericht, der Apparat war jedoch beängstigend stumm.

Inzwischen näherte sich der D-Zug Prag – Paris dem Bahnhof Pilsen. Auf dem Bahnsteig spazierten drei Herren von unauffälligem Äußeren auf und ab. Die Eisenbahner grüßten sie von weitem: »Guten Tag, Herr Inspektor!«

Als der Zug auf dem Bahnhof einfuhr, hatten sich die drei so aufgestellt, daß sie jeden beobachten konnten der ausstieg.

Vielleicht hätten auch sie nicht den richtigen gefunden, aber der große, kräftige Mann, der aus einem der mittleren Waggons stieg, erblickte sie. Er war ein erfahrener Mann und hatte einen Riecher für Spitzel. Er begegnete ihnen nicht zum erstenmal. Als er sah, daß sich einer ihm zuwandte, wich er zurück in den Waggon, sprang auf der anderen Seite auf die Gleise hinab und rannte am Zug entlang.

Aber auch der Geheime war kein heuriger Hase, er kroch flugs unter dem Waggon hindurch, mit einer Behendigkeit, die ihm niemand zugetraut hätte.

Der große Mann ergriff die Flucht.

Als er den Bahnhof hinter sich hatte, blieb er stehen und drehte sich um. Der Mann im steifen Hut war schon sehr nahe.

Da langte der Große in die Tasche, und der Detektiv konnte gerade noch die schwarze Waffe erblicken, als schon der Schuß krachte. Der Detektiv schrie auf und griff sich an den Bauch. Er schoß ebenfalls, aber nur als Alarmzeichen.

Der Mann flüchtete.

Der Schuß hatte den Eisenbahnern auf den Bahngleisen klargemacht, daß etwas im Gange war; außerdem erklangen die bekannten Schrilltöne der Polizeipfeifen.

Der Mann rannte weiter und schoß noch einmal. Die Eisenbahner, die ihn verfolgen wollten, hielten inne.

»Fangt ihn! Fangt ihn!«

Diese Rufe erschallten hinter dem Bahnhof, aber niemand beeilte sich, ihn zu fangen, weil alle wußten, daß der Flüchtende gar nicht daran dachte, seine Haut so billig zu verkaufen.

Das Gellen der Trillerpfeifen alarmierte alle Polizisten der Umgebung, sie wußten jedoch nicht, worum es ging.

Und so zeigte das Rufen und Pfeifen nur die ungefähre Richtung an, in die der Täter flüchtete.

Er lief weiter an der Strecke entlang, dann den Bahndamm hinunter und ließ auf diese Weise binnen kurzem die Stadt hinter sich. Sicherlich würde er es hier in den Feldern, wo bereits die letzten Häuschen standen, leichter haben.

Er atmete keuchend und drehte sich immer wieder um. Hinter ihm war niemand. Die fernen Schreie »Fangt ihn!« erschreckten ihn nicht. Soll mal jemand versuchen, ihn zu fangen. Wenn er schon mal drin sitzt in der Patsche, dann sollen sie ihn lebendig nicht kriegen!

Hinter ihm war also alles in Ordnung. Aber vor ihm ...

Vor ihm breitete sich ein Wäldchen aus, es gab Gärten und Häuser. Aber dort war auch eine Straße, und auf dieser marschierte soeben ein Zug Soldaten, geführt von einem jungen Leutnant. Die Truppe kehrte vom Schießstand zurück und sang befehlsgemäß: ›Am Morgen, wenn die Hähne kräh'n ...‹

Der Flüchtende blieb unentschlossen stehen.

Die Rufe »Fangt ihn!« verstärkten sich.

Der Leutnant hörte etwas und bedeutete den Soldaten mit einer Handbewegung, das Singen einzustellen. Aber eine solche Handbewegung ist kein Befehl, und Soldaten gehorchen nur Befehlen.

»Lied aus, verdammt noch mal!« brüllte der Offizier und starrte verdutzt auf den einsamen Mann, dessen Hand einen Revolvergriff umklammerte.

Zwischen den Gärten im Hintergrund tauchten Menschen auf.

Der Mann setzte sich erneut in Trab.

»Jungs, schnell!« schrie der Leutnant und vergaß völlig das Kommandieren. »Na los, schnell, sag ich! Schwarmlinie, schneidet ihm den Weg zum Wald ab! Und die Bajonette! Die Bajonette!«

Der Leutnant wußte natürlich, daß der Zug laut Dienstvorschrift keinen Schuß scharfe Munition hatte und daß er bereits auf dem Schießstand vorschriftsmäßig eine Gewehrkontrolle durchgeführt hatte, um sich zu vergewissern, daß in keinem Verschluß eine vergessene Patrone zurückgeblieben war.

Die Soldaten pflanzten also ohne jede Ordnung und mit zitternden Händen die Bajonette auf, während sie auf den Wald und die Gärten zutrabten, damit der flüchtende Mann nicht durchbrechen konnte.

Der Verdächtige schlug die Richtung zur Straße ein.

»Hinlegen!« brüllte der Leutnant, als sei das irgendwie von Nutzen. Aber er konnte doch seine wehrlosen Soldaten nicht auf einen Menschen hetzen, der bewaffnet war! Um Gottes willen, hat man so etwas je gesehen – ein Zug Soldaten mit aufgepflanztem Seitengewehr, aber der Kerl hatte mehr Kraft als alle zusammen!

Der Mann feuerte in diesem Augenblick noch. Er zielte überhaupt nicht; er hatte einfach Angst und wollte zeigen, daß er sich mit der Waffe in der Hand den Weg bahnen würde.

Der Gefreite, der mit seiner Gruppe am anderen Ende lag, lud in ohnmächtiger Wut sein Gewehr mit Platzpatronen und feuerte.

Da begann der Mann verzweifelt zu rennen. Die Soldaten lagen auf der Erde und harrten der kommenden Dinge. Der Mann kam immer näher.

Nun konnte der Leutnant nicht mehr warten. Er als einziger hatte eine geladene Waffe, seine Pistole.

»Halt!« schrie er, weil er an die Vorschriften dachte.

»Halt!« wiederholte er.

Der Flüchtende schoß erneut. Da drückte auch der Leutnant ab.

Der Mann stürzte zu Boden, brüllte und hielt sich das getroffene Knie. Er schoß nicht mehr, denn er hatte keine Patrone mehr im Lauf. Und der Schmerz betäubte ihn völlig.

Von hinten kamen die Polizisten gelaufen. Der Leutnant näherte sich dem Liegenden und stieß dessen Trommelrevolver mit dem Fuß weg. Das war zwar überflüssig, aber ihm fiel in diesem Augenblick nichts anderes ein.

Die Soldaten erhoben sich langsam, sie beschauten sich verlegen ihre Gewehre, auf denen dunkel die Bajonette blinkten, und den jammernden Dicken, der sich auf der Erde krümmte.

So wurde Valínek gefangen, der Mörder und Räuber, der nun auch noch einen schwerverwundeten Polizeibeamten in Zivil auf seinem Konto hatte.

Seinen Komplizen Božek fanden sie noch am gleichen Abend in einem Lokal in Žižkov. Er wußte nicht, wohin er sonst hätte flüchten können.

Der Redakteur gab eine neue Extraausgabe heraus, und der Herr Polizeirat selbst lieferte ihm dazu reichliches Material. Über die japanische Tennismannschaft fand sich darin allerdings kein Wort.

Als sich der Herr Souhrada – wir meinen jenen Souhrada aus Pilsen, der kürzlich mit dem Titel eines Oberwachmanns der nichtuniformierten Staatspolizei in den Ruhestand getreten war – auf dem morastigen Weg nach Štahlavice befand, fühlte er, daß die Aufgabe, die er sich vorgenommen hatte, über seine Kräfte ging. Wieder wurde er sich mit einem Seufzer bewußt, daß er eine reine Privatperson war, ein ganz gewöhnlicher Pensionär – ja, nur keine Angst vor diesem Wort: ein alter Opa, der nichts in der Hand hatte, was ihn zu so einem Ausflug berechtigte. Da hilft eben alles nichts, es ist doch ein anderes Gefühl, wenn man unter dem Rockaufschlag das Dienstabzeichen und in der Tasche einen Ausweis trägt, der den Leuten die Zunge löst und ihnen Angst einjagt, auch wenn der Herr Souhrada niemals einer von jenen gewesen war, die jemandem Angst einzujagen versuchen. Er hatte lange Jahre beim uninteressanten Dienst in der Abteilung Verluste und Funde verbracht, das ist der niedrigste Posten, den ein nichtuniformierter Wachmann, in den Romanen Detektiv genannt, versehen kann. Dann war er doch ein wenig befördert worden, er hatte Dienst auf dem Bahnhof zu leisten, hatte auch gute Erfolge zu verzeichnen, weil er so bieder und gutmütig aussah, daß keiner der Taschendiebe, die nach Pilsen kamen, in ihm einen Geheimen vermutete. Und einmal, als der Detektiv Brožik krank war, hatte er sogar Aushilfsdienste in der Mordkommission geleistet, und das ist das Höchste, was einem zuteil werden kann.

Über den herbstlichen Feldern schwebte bereits der Rauch des brennenden Kartoffelkrauts. Der Herbst fängt aber zeitig an, sagte sich der Herr Souhrada, überhaupt fängt der Herbst zeitig an, das seh ich an mir. Wo sind meine jungen Jahre geblieben, die ich bei Musik durchtanzt habe ... Jesus Maria, es ist doch gar nicht möglich, daß sie so völlig und unabwendbar dahin sind ...

Er ging und schaute sich um. Ja, hier haben wir damals unsere Untersuchungen geführt, es ist schon über zwei Jahre her. Die Zeit rast überall dahin, in der Jugend und im Dienst, und auf einmal ist der Herbst da. Und der blaue Brief, mit dem man in Pension geschickt wird, und ein paar Worte in der Direktion, daß mich die übrigen beneiden würden, weil ich nun den ganzen Tag frei habe und in meinem Garten werkeln kann ... Aber mir hat das nie sonderlich Spaß gemacht, und wenn meine Alte nicht unbedingt Hühner halten wollte, würde ich seelenruhig in einem Mietshaus wohnen.

Er schaute sich um. Ja, hier war es, jetzt erinnere ich mich genau, aber damals fuhren wir im Auto her, tja, die Aufklärung eines Mordes ist immer eine große Sache.

Und jetzt gehe ich allein dahin und habe nichts in der Tasche, keine Bestätigung und keine Empfehlung, jetzt geht einfach ein alter pensionierter Opa seines Weges und denkt nach ... Ich denk überhaupt nicht nach, ich mache eigentlich nur, was mir der Herr Doktor empfohlen hat.

Das war so: Als vor einiger Zeit der alte Herr Souhrada nach Hause kam und sagte, er sei seit heute im Ruhestand, da erschrak seine Frau: »Vater, du bist ja ganz blaß, du mußt dich hinlegen!«

Er schaute sich im Spiegel an, und wirklich – er sah aus wie das Leiden Christi.

Frau Souhradová lief rasch zur Nachbarin, bat sich Kräuter aus und kochte einen Tee, der durchs ganze Haus stank. Dann packte sie den Herrn Souhrada ins Bett und streichelte ihm die Wangen, was sie seit Jahren nicht mehr getan hatte. Er schloß die Augen und hatte das Gefühl, sterben zu müssen.

Weil er tags darauf nicht zum Dienst gehen würde, in der Straßenbahn nicht seine Legitimation zeigen, sich nicht auf den Bahnsteig stellen und nachschauen würde, wer heute wieder angekommen ist und auf wen man ein wachsames Auge haben muß ... Und wenn er auch hinginge, dann würden ihn höchstens ein paar Eisenbahner aus alter Bekanntschaft ansprechen, aber sonst nichts, reineweg nichts, und da kann sich auf dem Bahnsteig selbst der alte Taschendieb Burjan herumtreiben – dem Herrn Souhrada würde das völlig gleichgültig sein. Und vielleicht würde ihn dieser Burjan absichtlich grüßen und dabei höhnisch feixen, weil es sich nämlich in der ganzen Unterwelt mit Windeseile herumgesprochen hat, daß er in Pension gegangen ist, weil sie ihn nun aus der Liste derer streichen können, vor denen man sich in acht nehmen muß.

Tags darauf stand er wieder auf, weil ihm eigentlich nichts fehlte, es war mehr Kummer und Sehnsucht als eine wirkliche Krankheit. Und dann eigentlich fing es erst richtig an.

Er saß tagelang zu Hause und schwieg. Er schwieg hartnäckig, grübelte und wußte nicht, worüber. Gesichter tauchten vor ihm auf, die nirgends hingehörten, vielleicht die Gesichter von Menschen, die in die Abteilung Verluste und Funde kamen. Manchmal waren es lächerliche Bagatellen, man stelle sich nur vor, jemand hat eine Kaffeemühle verloren! Sie wird bei der Kirche gefunden, und die Leute geben sie ab, und was das Seltsamste ist: Es kommt auch derjenige, der sie verloren hat, um nach ihr zu fragen ... In einer als gefunden abgegebenen Tasche befindet sich die Leiche eines Neugeborenen. Aber diese Tasche holt niemand ab.

»Ich bitte dich, was sitzt du dauernd so herum?« sagte seine Frau und tat erzürnt, weil sie sich keinen Rat mit ihm wußte. »Sitz doch nicht dauernd da!«

Er saß also nicht da. Stand da und starrte die Wand an. Er dachte über viele Leute nach, die vielleicht gar nicht mehr am Leben waren. Auch ich werde einmal nicht mehr dasein, und vielleicht wird sich jemand an mich erinnern. Aber wer?

»Ich bitte dich, was stehst du da herum wie ein plump geschnitzter Heiliger hinterm Dorf? Mich macht das ganz verrückt! Er steht und steht. Geh doch raus in den Garten!«

Er ging. Nicht weil er allzu folgsam sein wollte, sondern weil er überhaupt keinen Willen mehr hatte. Er stand im Garten und dachte wieder über völlig überflüssige Dinge nach.

So fand ihn seine Frau: mitten im Garten, in der Hand einen Spaten und mit den Gedanken sonstwo.

Sie jagte ihn wieder ins Haus, er solle sich lieber setzen. Und so wiederholte sich das in einem fort. Nachts schlief er nicht, wälzte sich hin und her und seufzte. Seine Frau schrieb einen Alarmbrief an die verheiratete Tochter, daß es dem Vater im Kopf spuke.

Schließlich ging sie zum Doktor, zu dem alten Polizeiarzt Rumprecht, weil sie ihn kannte und weil sie hoffte, daß er am besten begreifen würde, was ihrem Mann fehlte.

Der Doktor bestellte den Herrn Souhrada in seine Ordination und schimpfte ihn zuerst tüchtig aus. Er war dieserhalb auf der ganzen Direktion berühmt, man sagte von ihm, er bringe es auch fertig, den Polizeipräsidenten auszuschimpfen, wenn dieser sich von ihm behandeln ließ.

»Na also, Vater, was soll das? Er glaubt wohl, daß mit Ihm die Welt steht und fällt, was? Er glaubt wohl, daß die Leute aufhören werden, zu stehlen und zu rauben, bloß weil Er in Pension gegangen ist, was? So nicht, mein Lieber, das Leben geht weiter, und Er ist ein alter Esel. Und jetzt das Hemd runter!«

Herr Souhrada zog das Hemd aus und schaute den Doktor mit einem kläglichen Blick an. »Ich bin nicht krank, Herr Doktor. Ich bin nur so ...«

»Ein verhätschelter, widerlicher, brummiger Opa ist Er, ich wundere mich nur, daß Ihn seine Alte nicht packt und aus dem Hause schmeißt! Und tief atmen, sakrafixlaudon?«

Der Doktor wußte, worum es sich hier handelte. Auch wenn er häufiger mit Toten als mit Lebenden zu tun hatte, erkannte er genau, was dem Detektiv Souhrada fehlte.

»Die Pension ist eine schöne Sache, das schreib Er sich hinter die Ohren!« sagte er dann und schrieb ein Rezept aus. »Das hol Er sich und nehm es fleißig ein. Nicht daß es Ihm helfen würde, das nicht, denn Ihm hilft kein solches Dreckzeug, verstanden?«

»Verstanden, Herr Doktor.«

Der Doktor stieß ein kurzes Lachen aus und strich sich seine struppigen grauen Haare. »Ich werde Ihm jetzt mal was sagen, Souhrada, aber nur so privat. Weiß Er, was ich tun werde, wenn ich in Pension bin? Studieren werde ich! Ich werde mich über die Tropenkrankheiten hermachen ... Blödsinn, nicht wahr? Tropenkrankheiten bei Pilsner Polizisten! Aber ich hab mich als Junge schrecklich danach gesehnt, nach Afrika zu fahren, auf eine Insel im Stillen Ozean, in die Dschungel Asiens ... Auch Blödsinn, nicht wahr, wo ich doch am Ende in Pilsen gelandet bin? Souhrada, hat Er nie eine Sehnsucht gehabt?«

Der pensionierte Detektiv schüttelte den Kopf: »Nein ... Nur eine, aber die hat sich mir nicht erfüllt, Herr Doktor. Ich hab mich danach gesehnt, große Fälle zu bearbeiten. Aber ich hab bei den Verlusten und Funden gesessen und bin gelegentlich auf den Bahnhof gegangen, um nach den Taschendieben zu gucken.«

»Na also! Dann kann Er sich doch jetzt denken, Er sei in der Mordkommission.«

»Ich war einmal drin, ein einziges Mal!«

»Und hat Er dort, wie man so sagt, Erfolg gehabt?«

»Nein, Herr Doktor, das kann man leider nicht sagen. Das war der unaufgeklärte Mord in Štahlavice, falls Sie sich zu erinnern belieben.«

Der Doktor überlegte eine Weile: »Eine Frau, was? Mit dem Hammer. Zwei Schläge ins Genick. Und der Mörder ...«

»Den Mörder haben wir nicht gefunden, das heißt ... Was heißt wir? Ich bin nach einer Woche aus der Kommission ausgeschieden, weil der Brožik aus dem Krankenhaus zurückkam, und der ließ sich nicht gern in seine Angelegenheiten hineinreden. Aber er hat auch nichts gefunden. So daß ich also nur ein einziges Mal oben war – und das endete mit einer Blamage.«

Der Doktor warf Souhrada einen kurzen Blick zu und stand

auf. »Was heißt Blamage? Ein unaufgeklärter Fall! Wenn ich in Pension wäre, so würde ich mir gerade diese Geschichte mal anschauen. Nur so, aus Langeweile. Ich weiß, Souhrada, Er wird den Mörder nicht fangen, vielleicht ist der Kerl auch schon tot, in zwei Jahren passiert so mancherlei. Aber geht es denn hier um etwas Wirkliches? Hier geht's um ein Spiel ... Versuch Er's doch!«

»Danke, Herr Doktor, und bleiben Sie schön gesund!«

»Ihm kann ich das nicht wünschen, Souhrada, denn Er ist gesund wie ein junger Stier!«

Doktor Rumprecht verstand immer, zur richtigen Zeit das richtige Wort zu finden. Souhrada lächelte sogar draußen auf der Treppe.

Na, und jetzt geht er also durch dieses Štahlavice, und da ist auch schon das Haus, wo es damals geschehen war. Wer wohnt wohl jetzt drin, die Frau hatte doch keine Verwandten ... Auf dem Hof war eine Stimme zu hören, und als er über das Brettertor lugte, erblickte er einen Jungen, der einen noch kleineren Knirps auf wackligen Beinchen an der Hand führte. Sieh da, das Leben! Als ich das letzte Mal hier war, gab es nur den Tod.

Ein Spiel, hat der Doktor gesagt. Na gut, dann soll das Spiel beginnen.

Eigentlich nicht, eigentlich hatte es schon früher begonnen, als er zu Hause den ganzen Fall in seinem Kopf noch einmal gründlich durchnahm und sich erneut erzürnte, weil der Brožik damals eine so überflüssige Hast an den Tag gelegt hatte. Oder vielleicht hatte der Hauptfehler auch darin gelegen, daß sich Brožik an einem entfernten Neffen der Ermordeten festgebissen hatte, der dann am Ende ein Alibi nachweisen konnte.

Unaufgeklärte Fälle sind unangenehm, und niemand brüstet sich gern mit ihnen. Brožik hatte zwar damals gesagt, mit der Zeit würde sich alles aufklären, aber wie man sieht, hat sich nichts aufgeklärt.

»Liest du? Das ist gut, immer liest du nur«, sagte seine Frau, als er zu Hause in den alten Akten blätterte, die man ihm aus alter Bekanntschaft auf der Direktion geborgt hatte.

Würde ich rauchen oder trinken, so würde sie das mit der gleichen Begeisterung gutheißen. Sie ist eine brave Frau, eine bessere hätte ich nie gefunden. Sie ist froh, daß ich nicht mehr ins Leere starre und daß ich nachts schlafe.

Er kramte mit Freuden in den alten Papieren ... Na sieh mal einer an, diese Meldung habe ich geschrieben. Die Vernehmung der Nachbarin Otáhalová aus der Hausnummer 34 ...

Als er noch einmal las, was er damals aufgeschrieben hatte, wurde er sich bewußt, daß die Vernehmung damals längst nicht beendet war. Er erinnerte sich, eine besondere Notiz zu den Akten gegeben zu haben, wonach die betreffende Nachbarin noch einmal verhört werden sollte ... Aber Brožik hatte das anscheinend nicht getan. Oder er hatte es getan, aber nichts Wesentliches von ihr erfahren.

Der Doktor hat leicht reden – sich aus Langerweile über einen alten Fall hermachen. Würde er das tun, so müßte er zuerst noch einmal diese Frau vernehmen. Aber das ist ja lächerlich, seit wann kann ein Pensionär jemanden vernehmen?

Und nun stand er in Štahlavice vor dem Haus Nummer 34 und versuchte, den Riegel der kleinen Hoftür zurückzuschieben.

Es handelt sich eben nicht um ein Verhör, sondern nur um eine kleine Unterhaltung. Warum sollte ein pensionierter Detektiv nicht eben mal vorbeikommen und nach zwei Jahren mit der Frau plaudern, die etwas von der Geschichte weiß? Es ist doch schließlich nur ein Spiel.

Der Riegel gab nach, die Tür ging auf. Unter dem Schuppendach bellte ein Hund. Eine Frauenstimme schrie ihn an, nach einer Weile trat die Frau vors Haus.

»Frau Otáhalová, wenn ich mich nicht irre ... Ich war damals bei Ihnen, als nebenan die Sache passiert war ... Von der Polizei.«

Das Gesicht der Frau verfinsterte sich unmerklich.

»Ich bin nicht mehr bei der Polizei«, fügte mit einem wehmütigen Lächeln der Herr Souhrada hinzu. »Ich bin schon in Pension. Ich möchte mich nur noch einmal ein wenig mit Ihnen darüber unterhalten.«

»Was ich wußte, habe ich gesagt«, entgegnete die Frau schroff.

»Das weiß ich.«

»Sie wollten dauernd was von diesem Neffen wissen, den sie eingesperrt hatten, dann aber wieder laufenließen. Aber ich hab nicht viel von ihm gewußt. Und wer hat es denn nun eigentlich getan?«

»Das wissen wir nicht, liebe Frau.«

Sie standen auf dem Hof. Sie bat ihn nicht ins Haus, sie rechnete wohl damit, daß er bald wieder gehen würde.

»Einen schönen Garten haben Sie! Und heuer gibt's eine gute Ernte, was? Die Apfelbäume hängen voll.«

Sie lächelte. »Wenn's der Herrgott will. Aber bis es nicht unter Dach und Fach ist, darf man nichts loben.«

Lange sprachen sie über die Ungewißheiten des Wetters.

Erst dann sagte sie: »Aber was stehen wir herum, kommen Sie doch hinein. Es wird schon kühl.«

Er nahm die Einladung an, weil er mit der Frau so lange wie nur möglich sprechen wollte. Er erfuhr unter anderem, daß der Sohn beim Militär diene, als Längerdienender, »das ist eine gute Stellung, besonders heute, wo die Arbeit knapp ist«.

»Sie erinnern sich nicht an mich?« fragte Herr Souhrada, als er zu Worte kam.

Sie schüttelte den Kopf. »Ach wo, ich war doch damals vor Aufregung ganz außer mir. Das ist schließlich keine Kleinigkeit, immer wieder den Herren von der Polizei etwas erzählen zu müssen. Das ist nicht so wie mit Ihnen reden! Und warum wollten die damals dauernd nur von der ihrem Neffen hören?«

»Weil er sie des öfteren besucht hatte. Sie lebte recht einsam.«

»Ach was! Die und einsam! Was ich bei der für Menschen gesehen habe!«

»Die häufiger zu ihr kamen?«

»Nein, das nicht. Sie wollte nämlich das Haus verkaufen, und da kamen eben Käufer. Einer kam ein paarmal her, einer ja!«

»Aber davon haben Sie damals vor zwei Jahren nichts gesagt!«

»Ja, Herr, wenn man beim Verhör ist, darf man nicht sagen, was einem gerade so einfällt. Ich weiß ja nichts weiter von ihm, habe ihn nur ein paarmal hier gesehen.«

»Auch kurz vor dem Mord?«

»Ja. Er war ein paarmal hier, immer gegen Abend.«

»Und wie sah er aus?«

»Das weiß ich nicht, es war doch jetzt um diese Jahreszeit, und da wird's zeitig dunkel. Und dann – warum sollte ich mir einen Mann anschauen, der die Nachbarin besucht, nicht wahr? Ich weiß nur, daß es ein Eisenbahner war. Ein gewöhnlicher Eisenbahner.«

Herr Souhrada schaute die Hausfrau verblüfft an. Sie hielt sein Schweigen für einen Ausdruck des Unglaubens. »Wirklich! Und er kam immer zur gleichen Zeit.«

»Würden Sie ihn wiedererkennen?«

»Wohl kaum.«

Herr Souhrada seufzte. Der Doktor hat leicht reden, er kann diese seine Tropenkrankheiten, wenn er will, zu Hause im Bett studieren, aber ich kann doch nicht einen Eisenbahner fangen, von dem ich nicht einmal weiß, wie er aussieht.

»War es ein jüngerer Mensch?«

»Das würde ich nicht sagen. Eher nein ... Aber ich kann mich erinnern, daß sein Mantel irgendwie komisch saß.«

Herr Souhrada blickte wachsam auf. »Wie meinen Sie das? Sah es aus, als trüge er etwas darunter?«

»Was könnte er unter dem Mantel tragen? Sie glauben, daß – Jesus Maria! – daß er unter dem Mantel etwas hatte, mit dem er sie dann ermordete? Aber nein, so sah das nicht aus. Der Mantel saß eben nicht richtig.«

»War der Mann bucklig?«

»Nein, das nicht ... Aber der Mantel ... Ich weiß schon, an der einen Seite war er etwas länger. Das habe ich damals gleich bemerkt, Sie wissen ja, die Augen einer Frau!«

Herr Souhrada schaute die Frau Otáhalová an und nickte. Ja, die Augen einer Frau – die bereiten einem immer Scherereien.

»Und wenn er so spät kam, wann ist er da wieder gegangen?«

»Ja, das weiß ich nicht, ich guck den Leuten doch nicht in die Fenster. Natürlich spät.«

»Oder am frühen Morgen?«

»Das kaum, da bin ich schon draußen, füttere die Hühner und Kaninchen, da hätte ich ihn sehen müssen. Aber wenn er das Haus kaufen wollte, was hätte er dann bis zum Morgen dort zu suchen gehabt?«

»Natürlich, ich frage ja nur ...«

Es war schon spät, draußen knarrte das Tor, der Hund bellte wieder, aber jetzt freundschaftlich und voller Freude, und in die Stube trat der Herr Otáhal.

Als er erfuhr, wovon die Rede war, winkte er geringschätzig ab: »Was die Weiber auch immer wissen! Meine könnte schon Romane darüber schreiben.«

Und weil Herr Souhrada zum Zug mußte, begleitete er ihn hinaus auf den Hof. Dort sagte er ihm vertraulich: »Ich wollte es vor meiner Alten nicht sagen, aber die Verstorbene von nebenan war verdammt mannstoll! Die hätte auch mit mir was angefangen, und dabei war sie um einiges älter!«

Herr Souhrada wunderte sich, sagte aber nichts. Auf dem Wege zum Bahnhof überlegte er, ob er richtig gehandelt hatte, als er hergefahren war. Schließlich hatte er nichts Besonderes erfahren. Lauter Bagatellen ...

Aber als er im Zug saß und auf den Rhythmus der Räder und Schienen lauschte, fiel ihm ein: Das wird wohl auch Brožik gedacht haben, als er aus dem Krankenhaus zurückkehrte und den ganzen Fall übernahm, während ich wieder auf meinen

Bahnhof ging. Manchmal geht es im Leben nur um Bagatellen.

Was dieser Otáhal gesagt hat, ist vielleicht wichtig. Falls sie auf einen Mann aus war, dann wird sie wohl nicht verheimlicht haben, daß sie Geld hat. Das ist das sicherste Lockmittel, wenn eine ältere Frau noch einmal unter die Haube kommen will. Und wenn das nun gerade diesen unbekannten Eisenbahner bezauberte?

Sagen wir ...

Aber wo willst du, mein armer Souhrada, einen Eisenbahner finden, von dem du nichts anderes weißt, als daß ihm der Mantel schlecht paßte?

Er zog die Stirn kraus und lächelte, je nachdem, wie ihm die einzelnen Gedanken einfielen, unter der Haut jedoch verspürte er eine merkwürdige Freude. Er hatte endlich ein Ziel! Als er nach Hause kam, pfiff er sich ein Liedchen. Frau Souhradová atmete erleichtert auf. Sie ahnte nicht, daß ihr das Handeln ihres Mannes sehr bald auf die Nerven gehen würde. Ehefrauen sind eben manchmal komisch.

Von diesem Tage an saß Herr Souhrada allein im Zimmer, umgeben von Eisenbahnfahrplänen, die ihm seine Frau nicht wegräumen durfte, und schrieb sich sorgfältig die Zugverbindungen heraus. Eines Abends eröffnete er seiner Frau, sie solle damit rechnen, daß er ein bißchen reisen müsse. Das wäre ja nicht schlimm, aber er würde allerhand Geld dazu brauchen ...

Als seine Frau protestieren wollte, sagte er: »Mir hat's der Doktor verordnet, dagegen ist nichts zu machen.«

Wohin er zu fahren gedachte, sagte er nicht. Übrigens wußte er es selber nicht.

Er wußte nur eins: an dem Ort des Mordes, in Štahlavice, war einige Tage lang immer gegen Abend ein unbekannter Eisenbahner erschienen. Die Gemeinde Štahlavice ist die erste Station auf der Strecke Nezvěstice – Rokycany, und es fahren dort nur Personenzüge. Man mußte also jene Züge heraussuchen, mit denen man abends von Rokycany nach Štahlavice gelangen kann.

Aber man kann auch aus einer anderen Richtung kommen. Zum Beispiel aus Pilsen, das ist zwar ein kleines Stückchen, aber man muß in Nezvěstice umsteigen. Man muß also einen Zug nehmen, der nach vier Uhr nachmittags in Pilsen abfährt – zu einer Zeit, da für einen normalen Eisenbahner der Dienst endet – und der in Nezvěstice Anschluß hat.

Na ja, und dann haben wir noch eine dritte Möglichkeit, die

Strecke Pilsen – Nepomuk – Horážd'ovice, die dann weiter über Budějovice nach Velenice führt. Ein Eisenbahner braucht nichts zu bezahlen, die Entfernung spielt für ihn keine Rolle, ja, es ist sogar von Vorteil, wenn Tatort und Wohnort weit auseinanderliegen. Aber auch in diesem Fall brauchen wir die Entfernung nicht allzu weit abzustecken – der Mann konnte ja nicht vor vier Uhr abfahren, konnte also nicht weiter als in Horážd'ovice wohnen...

Herr Souhrada zeichnete sich einen Streckenplan, trug die Namen der Stationen ein, legte seinen Zeitplan zugrunde und zog mit einem alten Zirkel einen großen Kreis. Darin lagen alle Züge und alle Orte, mit denen man überhaupt rechnen konnte. Zur Sicherheit trug er auch die regelmäßigen Güterzüge ein. Dann rieb er sich die Hände: In diesem Kreis muß der unbekannte Eisenbahner wohnen.

Aber eigentlich muß er auch nicht, sagte er sich. Denn das Leben ist komplizierter als alle Berechnungen.

Irgendwo muß ich aber anfangen, dachte der Herr Souhrada, und so werde ich also voraussetzen, daß es stimmt, was ich bis jetzt weiß. Übrigens – von weit her kann der Mann nicht gewesen sein. Auch wenn man außer acht läßt, daß er nur nachmittags frei hatte, muß er hier aus der Gegend gewesen sein, denn wie sonst hätte er von der alleinstehenden Frau mit dem Haus in Štahlavice erfahren?

Herr Souhrada begann also seine langen und vergeblichen Fahrten, über die seine Frau nur still die Hände rang. Er wußte selber nicht, ob sein Kreis ein Zauberkreis oder mehr ein Irrgarten war, auf jeden Fall ging er voller Ernst an das Werk, das gar nicht so leicht war.

Nicht nur deshalb, weil er auf jeder Station aussteigen, sich mit den Eisenbahnern unterhalten und dadurch Zeit vergeuden mußte. Er war auch gezwungen, jede Station mindestens zweimal aufzusuchen, denn konnte der Verdächtige nicht gerade an diesem Tag abwesend sein?

Ein Pensionär kann nicht den Bahnhofsvorsteher fragen, wieviel Leute er hat und wieviel davon im Dienst sind, ein Pensionär darf überhaupt nichts, er kann nur zum Schein müßig herumlungern, ein bißchen schwatzen und so tun, als suche er etwas. Zum Beispiel ausrangierte Schwellen als Brennholz. Herr Souhrada erfand mit der Zeit eine ganze Reihe der verschiedensten Vorwände, um sich auf den kleinen Stationen aufhalten und mit den Leuten reden zu können.

Die Zeit verging. Wenn die Polizei auf diese Art ihre Untersuchungen führen würde, bekäme sie bald einen Rüffel, weil das viel zu lange dauere. Herr Souhrada hatte den großen Vorteil, daß er nicht mehr der Direktion unterstand; ihm konnte es egal sein, wieviel Zeit verging.

Als er an die Grenze seines Zirkelkreises gekommen war, ohne etwas gefunden zu haben, kehrte er wieder in sein Zentrum zurück.

Der Winter kam, Herr Souhrada mußte zu Hause bleiben und sein Rheuma kurieren, er konnte nur zuschauen, wie hinter dem Fenster der Schnee fiel. Aus Langerweile überprüfte er noch einmal alle Zugverbindungen.

Als der Frühling nahte – und ihn interessierte gerade diese kühle Jahreszeit, da der Mensch einen Mantel tragen muß –, begann er wieder mit seinen Fahrten. Frau Souhradová war überzeugt, daß er übergeschnappt war.

Eines Tages hielt er sich auf der Station Mirošov auf, in einem Dorf auf der Strecke nach Rokycany, und wollte gerade wieder heimwärts fahren, als er einen alten Eisenbahner gewahrte, der hinter dem Bahnhof sorgfältig den Fußpfad längs der Geleise säuberte. Er hatte es nicht eilig, seine Bewegungen waren langsam, wie eben bei Menschen, die es gewohnt sind, den ganzen Tag zu arbeiten, und die ihre Arbeit gründlich verrichten.

Der Mann richtete sich endlich auf und ging ein paar Schritte zurück zu der Schubkarre, in die er die herausgestochenen Rasenbatzen laden wollte.

Und der Mantel dieses Mannes war auf der rechten Seite länger; er ging ein bißchen schief und gebeugt, als trüge er auf einer Schulter eine Last.

Herr Souhradas Herz begann zu schlagen. Um Himmels willen, ich hab recht gehabt – ich hatte recht! Ich, der ich bei »Verluste und Funde« gedient habe ... Ich, der ich Taschendiebe auf dem Bahnhof aufgestöbert habe ...

Ihm wurde fast schlecht vor Freude und Verblüffung über die eigene Schlauheit.

Der Eisenbahner nahm keine Notiz von ihm, er wandte ihm den Rücken zu. Als er dann mit der vollen Schubkarre an ihm vorbeifuhr, schaute er ihn, den Fremden, ein bißchen überrascht an, als wundere er sich, was ein Zivilist hier zu suchen hatte. Er entleerte die Schubkarre auf dem Komposthaufen. Während er das Ganze sorgfältig mit der Harke glättete, sagte der Herr Souhrada: »Das wird gut fürs Gärtchen sein.«

Der Eisenbahner sah ihn an, gab aber keine Antwort.

»Ich sagte, das wird gut fürs Gärtchen sein!« schrie der Herr Souhrada.

Der Mann drehte sich mürrisch um. »Hab schon verstanden ...«

Und er sagte das so, als wolle er eines klarstellen: das Gespräch fortsetzen werden wir nicht. Er nahm die Karre auf und schlurfte zurück.

Herr Souhrada blieb stehen und schaute ihm nach. Der Mann drehte sich unterwegs um und sah, daß der Fremde ihm mit den Blicken folgte. Er gab nicht zu erkennen, daß ihn das irgendwie berührte, er ließ sich nicht aufhalten, drehte ich aber während der Arbeit noch mehrere Male argwöhnisch um.

Eines sah der Herr Souhrada ganz deutlich: der Mantel dieses Mannes war an einer Seite wirklich länger. Er weiß genau, daß ich hier stehe, und offenbar ist er gar nicht froh darüber ...

Schließlich richtete sich der Eisenbahner auf und rief: »Hier sind Gleise, da hat keiner herumzustehen!«

Herr Souhrada zuckte die Achseln und kehrte auf den Bahnsteig zurück. Von dort schaute er noch zu, wie der Mann wieder zu dem Komposthaufen fuhr. Der Eisenbahner tat zwar, als interessiere ihn nichts, aber unter der gesenkten Stirn blitzten seine mißtrauischen Blicke.

Herr Souhrada kehrte in bester Laune nach Hause zurück. »So Mutti, mit der vielen Reiserei ist es vorbei. Ich werde nur noch nach Mirošov fahren.«

»Aber ich bitte dich – warum denn?«

»Zu einem Eisenbahner.«

»Wenn der bloß nicht einen Rock anhat!« sagte seine Frau, und Herr Souhrada lachte schallend. Wenn die eigene Frau noch eifersüchtig auf ihren Mann ist, dann steht es mit ihm nicht so schlimm, auch wenn er bereits in Pension ist.

Wie dieser Eisenbahner hieß und wo er wohnte, erfuhr Herr Souhrada von dem Mirošover Bahnhof in einer Gaststätte. Er erfuhr auch, daß dieser Josef Soukup schon über zwanzig Jahre bei der Bahn war, daß er ein stiller, bescheidener, ein wenig mürrischer Mensch war, schon lange Witwer, und daß er am Ende des Dorfes ein Häuschen hatte.

»Ich hab gehört, daß er woanders ein Häuschen kaufen wollte«, sagte Herr Souhrada.

»Ausgeschlossen«, meinte der junge Fahrdienstleiter.

»Dann ist er zu einem Frauenzimmer gefahren«, sagte lächelnd der Herr Souhrada.

»Das wäre am Ende kein Wunder, die Weiber würden ja keine schlechte Partie machen, er steht kurz vor der Pensionierung. Aber er ist mehr ein Einsiedler, lebt ganz für sich allein.«

Herr Souhrada trank sein Bier aus und verließ das Lokal. Hinter dem Bahnhof harkte der Eisenbahner Soukup das Laub im Garten des Bahnhofsvorstehers zusammen. Herr Souhrada stellte sich an den Zaun und schaute zu.

Der Mann drehte sich immer wieder zu ihm um. Es schien, daß seine Hände ein bißchen zitterten.

Am nächsten Tag kam Herr Souhrada wieder nach Mirošov ...

Da schob der Eisenbahner Soukup einen Wagen zum Zug, um Pakete zu übernehmen. Dann kehrte er damit zur Gepäckaufbewahrung zurück. Souhrada stellte sich an die Glastür und schaute hinein.

Der Mann verstaute die Pakete in den Regalen, und als er das Gesicht erblickte, das neuerdings so oft hier auftauchte, hielt er in seiner Arbeit inne, als hätten ihn die Kräfte verlassen.

Dann drehte er sich plötzlich um und riß sie auf: »Was wollen Sie von mir?«

»Nichts«, sagte Herr Souhrada lächelnd. »Wir kennen uns doch.«

»Kann mich nicht erinnern«, brummte der Mann und wich zurück.

»Aus Štahlavice«, sagte der Herr Souhrada und steckte den Fuß zwischen die Tür, damit der Eisenbahner sie nicht zuwerfen konnte. »Sie fuhren doch vor drei Jahren im Herbst immer hin, immer so gegen Abend.«

»Nein ... Das stimmt nicht!« stammelte der Mann und blickte zu Boden.

»Aber gewiß doch. Zur Maria Doubková.«

Der Mann kniff die Augen zusammen. Wären keine Leute auf dem Bahnsteig, dann würde er jetzt auf mich losgehen, sagte sich Herr Souhrada und trat zurück.

Der Mann knallte die Tür zu.

Der Herr Souhrada lächelte und kehrte mit dem nächsten Zug nach Hause zurück. Eigentlich weiß ich genug und könnte zur Kriminalpolizei gehen, dachte er. Josef Soukup, wohnhaft und beschäftigt in Mirošov, behauptet, nie nach Štahlavice gefahren zu sein, aber die Zeugin Otáhalová wird ihn wiedererkennen ...

Souhrada schüttelte den Kopf. Nein, das ist nicht so einfach.

Es steht fest, daß ich einen neuen Menschen in einem alten Fall gefunden habe. Vielleicht würde mich der Herr Rat loben, wie ich ihn gefunden habe. Aber was weiter? Was ist, wenn ihn die Otáhalová nicht erkennt? Nein, für die Kriminalpolizei ist die Sache noch nicht reif ... Man muß den Mann noch ein Weilchen beobachten. Sonst wird Brožik sagen: Lieber Souhrada, das mußt du doch erkannt haben, daß es keine Lappalie ist, einen Mörder zu fangen.

Sicher, das ist es nicht. Aber es ist ein Spiel – und das muß fortgesetzt werden.

Als er sich wieder eine Rückfahrkarte nach Mirošov kaufte, sagte das Fräulein hinter dem Schalter: »Dort muß es ja sehr schön sein, daß Sie täglich hinfahren.«

»Sehr schön«, antwortete er lächelnd. »Wenn ich jünger wäre, würde ich Sie einladen mitzufahren.«

An diesem Tage hatte sich der Eisenbahner Soukup in der Kanzlei verkrochen und ließ sich überhaupt nicht blicken. Als er endlich den Kopf herausstreckte, sah er, daß sich fremde Augen auf ihn hefteten. Er wich sofort wieder zurück.

Am nächsten Tage aber holte ein junger Gehilfe die Pakete vom Zug ab. Josef Soukup sei nicht auf der Station, er habe frei. »Er wird wohl im Wald sein«, sagte der Gehilfe.

Um die Zeit auszunützen, ging Herr Souhrada ans Ende des Dorfes zu Soukups Haus. Er war überrascht: das Anwesen war in musterhafter Ordnung, der Zaun frisch gestrichen, auf dem Hof zwei Kaninchenställe und ein tadellos gestapelter Holzstoß. Das Mann ist ein Pedant und hat für alles viel Zeit, sagte sich der Herr Souhrada. Die Scheite hat er gestapelt, wie es sich gehört. Zuunterst zwei Reihen Birkenscheite, weil denen die Feuchtigkeit nichts anhaben kann, darauf Fichte und obendrauf Kiefer.

Er griff an die Klinke der Hoftür. Sie gab nicht nach. Er konnte also nur um das Haus herumgehen und wieder umkehren. Das ärgerte ihn, weil es schade war um jeden Tag.

Es ärgerte ihn, weil er nicht wußte, daß Soukup nicht im Walde war. Er war zu Hause und beobachtete den ungebetenen Gast, der ums Haus schlenderte. Er sah ihn von oben, vom Dachboden aus, durch eine Öffnung im First. Er sah, wie er die Klinke berührte.

Als der Herr Souhrada tags darauf wieder nach Mirošov kam, schob man gerade eine Draisine auf ein totes Gleis. Kaum hatte der Zug den Bahnhof verlassen, so daß das Hauptgleis frei war, da fuhr auch die Draisine ab. Auf ihr saß Josef Soukup. Herr

Souhrada bemerkte wohl, daß der Mann ihn mit einem Blick bedachte, in dem verborgener Spott zu erkennen war. Ich bin dir entwischt ... Und ich werde dir wieder entwischen ...

Ein Spiel? Nein, das war ein versteckter Zweikampf, dessen Ausgang der Herr Souhrada vorläufig noch nicht absehen konnte.

Es blieb ihm nichts anderes übrig, als unverrichteterdinge heimzufahren. Man könnte vielleicht noch einmal zu Soukups Haus gehen und mit den Nachbarn sprechen, sagte er sich. Noch nie ist es passiert, daß man dabei nicht doch etwas Nützliches erfährt.

Und morgen, Josef Soukup, bin ich wieder da. Und übermorgen und jeden Tag. Bis du sagen wirst: Ich werde Ihnen jetzt erzählen, wie sich alles zugetragen hat ... Dann wird mein Spiel zu Ende sein.

Aber vorläufig sah es noch nicht nach einem Ende aus, erst recht nicht nach einem guten. Wenn etwas nicht klappt, läßt man am besten die Finger davon. Heute hab ich keinen guten Tag, brummte der Herr Souhrada unzufrieden, weil auch das Gespräch mit den Nachbarn seltsamerweise nichts Neues erbracht hatte. Sie hatten wiederholt, was er schon wußte, und als er mit den Leuten im nächsten Haus sprach, fühlte er, daß sie irgendwie vorsichtig waren. Sie hatten offenbar gesehen, daß er die Nachbarn besucht hatte. Souhrada fühlte, daß er mit der Lüge, er interessiere sich dafür, Soukups Haus zu kaufen, nicht auskommen würde.

Er tat also sehr verlegen und sagte leise, als fürchtete er, jemand könnte es hören: »Ich werde Ihnen also sagen, worum es mir geht. Dieser Herr Soukup interessiert sich für eine Verwandte von mir, und da will ich mich halt erkundigen, wie er gestellt ist. Verstehen Sie?«

Sie verstanden – wie denn nicht, sie waren sogar erfreut, weil doch der Herr Soukup ein richtiger Einsiedler sei, aber ein sehr ordentlicher Mensch, kurz vor der Pensionierung ...

Schließlich blieb ihm nichts anderes übrig, als sich zu verabschieden und um Diskretion zu bitten. Er wußte aber genau, daß die Leute, kaum würde er das Haus verlassen haben, mit dieser Neuigkeit zu den Nachbarn laufen würden.

Langsam umkreiste er das leere Haus des Eisenbahners Soukup. Auf einmal stutzte er. Was ist das? Der Hof wie immer sauber gefegt, aber das Holz ... Ja, die musterhaft gestapelten Scheite waren zwar an ihrem Platz, aber – in einer anderen

Reihenfolge. Unten war nur eine einzige Schicht Birke geblieben, in der zweiten Reihe lagen bereits einige Fichtenscheite. Die fehlenden Birkenscheite waren erst in der dritten Reihe. Sieh mal einer an! Warum hat dieser ordentliche, schweigsame Mensch den Holzstoß umgeschichtet, und obendrein in der Nacht, so daß er nicht genau sehen konnte, welche Scheite er zur Hand nahm! Was hat – oder hatte – er im Holzstoß versteckt ...?

Als Herr Souhrada zum Bahnhof zurückkehrte, stand die Draisine wieder auf dem toten Gleis. Er ging um den Bahnhof herum, um seinen Mann zu suchen. Ein feiner Frühlingsregen rieselte hernieder. Da tauchte der Eisenbahner auf, um sich auf dem Bahnsteig unterzustellen, wo bereits Herr Souhrada stand.

Sie schauten sich an.

»Sie haben einen Fehler gemacht«, sagte Herr Souhrada leise. »Einen großen Fehler. Sie haben noch Zeit, ein Geständnis abzulegen.«

Der Eisenbahner bewegte die Lippen, sie waren blutig, rissig wie im Fieber. Er schüttelte den Kopf, aber aus seiner Kehle kam kein Laut. Er sah aus, als müsse er ersticken.

»Ich habe den Mord vor drei Jahren untersucht. Jetzt habe ich den Fall abgeschlossen. Sie haben immer noch Zeit.«

Der Mann streckte die Hände vor, als wollte er sich wehren. In die Station fuhr ein Zug ein. Herr Souhrada ging rasch zu den Gleisen. Für ihn war es höchste Zeit. Nicht zum Zug, der würde ihm nicht davonfahren, aber jener Mann hätte ihn sonst erschlagen.

Als am Morgen darauf das Auto der Pilsener Kriminalpolizei nach Mirošov vor dem Haus des Josef Soukup stoppte, sagte die Nachbarin von gegenüber, er sei nicht zu Hause. Aber sie hatten schon vom Bahnhofsvorsteher erfahren, daß Soukup heute nicht zum Dienst gekommen war, also zu Hause sein mußte.

Sie brachen die Hoftür auf und traten ein. Herr Souhrada blieb an dem musterhaft aufgestapelten Holzstoß stehen.

Da hörte er, wie Brožik, der durchs Fenster schaute, rief: »Er ist drin ... Hängt in der Tür.«

Und er blickte den Herrn Souhrada mit unverhohlenem Staunen an.

Der junge Herr Leopold Pergler knallte die Tür zu und schrie: »Ihr seht mich nie wieder ...!«

Danach schritt er mit beleidigter Würde die Treppe des Elternhauses hinab und trat durch die dunkle Toreinfahrt auf die düstere Straße Brünns. Die Söhne aus besseren Familien gehen selten anders aus dem Haus. Wenn man sie nicht beleidigt hätte, warum sollten sie dann die gütige Mutter verlassen, die ihre Schulden bezahlt, solange das nur möglich ist, warum sollten sie fortgehen von dem alten, brummigen Dienstmädchen mit dem noch weicheren Herzen, weg von der heiratsfähigen Schwester, von dem Hund, der den jungen Herrn liebt?

Aber leider ist im Hause noch der mürrische Vater, der nicht begreifen will, daß der Mensch nur einmal jung ist ...

Leopold Pergler senior, Inhaber eines Schnittwarengeschäfts, war offenbar nie jung gewesen, obwohl die Firmentafel die Aufschrift trug »Firma L. Pergler jun.«, womit unbegreiflicherweise der Herr Pergler senior gemeint war. Der junge Mann zeigte keinen Sinn fürs Geschäft, spielte dafür ganz ausgezeichnet Tarock, war ein vollendeter Meister im Mariage, und was das Hasardspiel ›Gottes Segen‹ betraf, so hatte er darin oft genug Glück. Siebzehn-und-vier hingegen spielte er nur selten ...

Ja, und dann gab es noch die kleinen Ballettratten von der Operette, vor allem Kiki, und dann die Frau des Hauptmanns von den Pionieren – es gab viele Frauen, denn der junge Herr war ein fescher Bursche.

Desungeachtet waren ihm all diese Eigenschaften in diesem Augenblick nichts nütze. Er hatte das Elternhaus nach einem schweren Streit verlassen, mit armseligen fünf Kronen in der Tasche. Zuerst wollte er sie vor die Schwelle des Vaterhauses werfen, dann aber sagte er sich, daß fünf Kronen mehr sind als gar nichts, und er lenkte seine Schritte ins Café, um sein künftiges Leben zu überdenken.

Er ahnte nicht, daß er in absehbarer Zeit wirklich nicht in das düstere Haus zurückkehren und daß die Firma L. Pergler jun. an Altersschwäche eingehen würde.

Die fünf Kronen hatte er nicht zufällig bei sich, es war der Rest des Geldes, der ihm als Familienanteil gehörte. Herr Pergler senior hatte die Schulden seines Sohnes addiert, hatte dazugerechnet, was er ihn schon vorher gekostet hatte, hatte als ordentlicher Geschäftsmann auch die Zinsen nicht vergessen, und als er Soll und Haben gegeneinander abgerechnet hatte, war er zu dem Schluß gelangt, daß auf dem Konto des jungen Herrn gerade noch fünf Kronen verblieben waren, die er ihm dann prompt und ohne Quittung ausgezahlt hatte.

Die Mutter jammerte, das alte Dienstmädchen in der Küche schepperte wütend mit den Töpfen, die Schwester kreischte, sie werde lieber auf ihre Mitgift verzichten, der Hund hielt das alles für einen neuen Spaß und bellte freudig. Nur der Vater gab sich düster und unzugänglich. Leopold ging also und knallte tüchtig mit der Tür.

Er war nicht so naiv, um nicht zu wissen, daß man mit fünf Kronen keine großen Sprünge machen kann. Er war auch kein Romantiker und dachte überhaupt nicht daran, alles auf einmal aufs Spiel zu setzen, in dem naiven Glauben, er würde morgen Millionär sein. Wohin er auch zum Kartenspiel zu gehen pflegte, mit seinen fünf Kronen hätte man ihn hinausgefeuert.

Das hatte nur der Großvater Pergler zustande gebracht, indem er mit einem noch geringeren Betrag ein Geschäft anfing, aber damals waren andere Zeiten. Nun hatte man die Republik, die alte k.u.k. Monarchie war zerfallen, heutzutage brauchte man für ein Geschäft Kapital. Und für die Karten um so mehr ...

Leopold Pergler junior setzte sich an einen leeren Tisch, winkte erhaben mit seiner weißen, gepflegten Hand, die mit einem unechten Ring geschmückt war, und der Ober brachte ihm einen Kaffee.

Wenn der wüßte, daß ich heute nicht bezahlen werde! dachte Leopold wehmütig.

Dann nahm er im Geiste alle ihm bekannten Damen durch, sonderte vor allem jene aus, von denen er annehmen mußte, daß sie eher selbst auf Geschenke warteten, und behielt nur die im Auge, die ihm helfen könnten. Es waren seltsamerweise nicht viele. Und was das schlimmste war – sie waren allesamt häßlich. Zum Schluß blieb ihm nur die unerfreuliche Perspektive, fürs erste bei einer Modistin in mittleren Jahren zu übernachten.

Der Kaffee schmeckte ihm nicht, er trank eine Selters und hätte sie fast ausgespuckt. Er sollte sich einen Wermut bestellen; wenn einer schon einen Kaffee nicht bezahlen kann, ist es egal, wenn er auch einen Wermut nicht bezahlt. Er schnalzte mit den Fingern und bestellte sich ein Glas.

Ja, leider, es bleibt nur die Modistin übrig. Sie hat ein weiches

Herz und einige Ersparnisse. Das ist unangenehm und wenig ehrenhaft, aber was soll man tun? Jeder Anfang ist schwer. Kiki würde mich jedenfalls nicht ernähren können.

Er bemerkte, daß ein unbekannter Mann, der in der Ecke des Cafés saß, ihn schon lange anstarrte. Leopold hatte das unangenehme Gefühl, daß er diesen Menschen von irgendwoher kannte, er wußte aber nicht, von wo. Außerdem hatte er wenig Lust, sich um andere Leute zu kümmern. Er hatte mit sich selber zu tun.

Als er nun schon lange in seine düsteren Erwägungen verstrickt dasaß und der Kellner bereits das leere Glas und das Kaffeegeschirr abgeräumt hatte, begegnete Leopolds Blick wieder den Augen des unbekannten Mannes. Unruhe ergriff ihn: war es am Ende ein Detektiv? Aber warum sollte mir der Vater einen Detektiv auf den Hals schicken? Und warum sollte der Detektiv hier im Café sitzen und mich anglotzen? Ein Detektiv würde sich wohl unauffälliger verhalten. Da erhob sich der Unbekannte, trat an Leopolds Tisch, verbeugte sich und sagte: »Sie gestatten?« Leopold zuckte nur die Achseln.

Der Mann setzte sich ihm gegenüber.

»Sorgen?« sagte er kurz.

Leopold schwieg abweisend.

»Geld?« sagte wieder der Mann und lachte komisch auf.

Leopold zog die Beine an.

»Hätten Sie Interesse an einem glänzenden Geschäft?«

Leopold hob die Brauen.

Der Mann lächelte. »Erlauben Sie mir eine Frage: Können Sie Deutsch?«

Leopold nickte.

»Gut?«

Da riß Leopold die Geduld, und er fauchte: »Falls mein Papa Sie geschickt hat, können Sie sich zum Teufel scheren!«

Der Mann verbeugte sich: »Gestatten Sie, daß ich mich vorstelle. Mein Name ist Jan Kekule. Ein komischer Name, nicht? Aber ihn trägt kein Dummkopf, wie Sie sich bald überzeugen werden. Sie heißen Leopold Pergler. Nebenbei – der Name Leopold ist fabelhaft.«

Der Kerl ist ein Verrückter oder ein warmer Bruder, dachte Leopold und verzog verächtlich die Lippen. Der Kellner scharwenzelte um ihren Tisch herum, und der Herr Kekule hob die Hand: »Bringen Sie uns eine Flasche Roten.«

»Was wollen Sie von mir?« fragte Leopold finster.

»Ihnen sagen, daß Sie ein bewundernswertes Gesicht haben ... Ich folge Ihnen nämlich schon lange.«

»Darf ich wissen, warum?«

»Wegen Ihres Gesichts ... Sie sind der Familie der Habsburger auf die vollkommenste Weise ähnlich.«

Leopold Pergler fühlte, wie ihm der Unterkiefer herabsank. Oder kurz gesagt – er riß vor Staunen das Maul auf.

Der Mann lächelte wieder. »Ich widme mich nämlich ein bißchen dem Studium der Adelsgeschlechter. Ich kenne sie, würde ich sagen, vollkommen. Und ich brauche Ihre Mitarbeit. Ich biete Ihnen für den Anfang, na sagen wir, zehntausend.«

Leopold spürte, wie seine Stirn naß wurde.

»Pro Jahr?« versicherte er sich.

»Pro Monat.«

Der Kellner stellte gerade die Flasche Rotwein auf den Tisch, und Leopold konnte dem Unbekannten, das heißt jetzt schon Bekannten, nicht sagen, daß er ein Spinner sei. Aber er dachte es sich.

»Für den Anfang, wiederhole ich. Später wird sich das erhöhen. Ich schätze, wir kommen auf eine halbe Million Kronen pro Jahr.«

Herr Kekule füllte die Gläser und hob das seine. Sein Gesicht verschwand für einen Augenblick hinter dem rotfunkelnden Wein.

Leopold ließ sein Glas auf dem Tisch stehen. Eigentlich begann ihn das alles zu langweilen. Es war albernes Zeug und er hatte ernste Sorgen betreffs eines Nachtquartiers.

»Lieber Freund«, sagte sein Gegenüber, »Sie werden mir vielleicht nicht glauben. Ist ja auch kein Wunder, meine Idee klingt, wenigstens am Anfang, sehr kühn. Wenn man sich aber erst daran gewöhnt hat, ist sie völlig real. Ich brauche einen Mann, der ein Gesicht hat wie Sie ... Hat Ihnen wirklich noch niemand gesagt, daß Sie die Züge eines typischen Habsburgers haben? Die Nase, die Unterlippe? Freilich, in der Republik spricht man über solche Dinge nicht gern. Die alten Zeiten sind vorbei, der alte Adel wurde aufgehoben, und ein Nachkomme des kaiserlichen Geschlechts ...«

»Was reden Sie für einen Quatsch?« unterbrach ihn Leopold. »Entweder sagen Sie mir, was Sie wollen, oder Sie nehmen Ihren Wein und verschwinden.«

»Sie sind jähzornig und ein bißchen unhöflich. Ich verzeihe Ihnen jedoch und bitte Sie, mich anzuhören. Meine Tante lebt in

Wien und ist Monogrammnäherin. Sie würden es nicht glauben, wie lukrativ eine solche Beschäftigung ist. Sie hat für alle Adelsfamilien gearbeitet. In ihrer Werkstatt einer Erzherzogin zu begegnen ist genauso leicht wie hier in Brünn einem Marktweib. Die Erzherzoginnen sind übrigens heutzutage auch schon in den Jahren ... Von den Prinzessinnen will ich gar nicht sprechen. Die Prinzessinnen sind durchschnittlich um die Vierzig, und soweit sie nicht verheiratet sind, beginnen sie alten Jungfern zu ähneln. Die Gräfinnen und Baronessen zähle ich gar nicht. Von früher Jugend an habe ich mich unter dem Adel bewegt und mir Kenntnisse über die verschiedenen Familien angeeignet. Heute gelte ich unter meinen Freunden als Kenner. Ich kenne mich in der Familie der Thun-Hohensteins ebensogut aus wie im Geschlecht der Lichnowskys. Ich verkehre mit Damen aus dem Geschlecht der Dietrichstein genauso wie mit den Windischgrätz', und ich muß sagen, daß Marie Valentina Gabriela, die in Wien mit Jan, Prinz von Ratibor, getraut wurde, eine sehr hübsche Dame war und daß die Tante ihre Monogramme mit ungewöhnlicher Feinheit genäht hat. Ich kenne die Familie Metternich und Winneberg, das Haus Löwenstein-Wertheim, ganz zu schweigen von den Lobkowitz', den Schwarzenbergs, von dem alten Esterhazy von Galanta oder von der Familie des Grafen Auersberg. Mich interessierten ihre Heiraten, Affären, Skandale; ich versichere Ihnen, daß es ihrer nicht wenige waren und daß sie sehr aufregend sind.«

»Verzeihen Sie, aber ich ...«, versuchte Leopold den Redefluß zu stoppen.

Herr Kekule war jedoch in seinem Element und ließ sich nicht stoppen.

»Sie werden sich vielleicht sagen: warum ist dieser Mann nicht Archivar eines Adligen geworden ... Das Problem besteht darin, daß es diesen Leuten heutzutage nicht allzu glänzend geht und daß sie sich einen Archivar nicht leisten können, auch wenn sie es wollten. Und in der Mehrzahl wollen sie es auch gar nicht. Die alten Adligen, denen man den Titel genommen hat, sind von einer Art Müdigkeit befallen. Sie sind enttäuscht, haben den Sinn ihres Lebens verloren, interessieren sich nicht mehr für ihre Geschlechter ... Aber es gibt zum Glück andere, die sich in doppeltem Maße dafür interessieren. Nämlich diejenigen, die ihnen die Titel genommen haben. Herr Leopold, Sie würden es nicht glauben, wie viele Republikaner sich danach sehnen, mit Mitgliedern adliger Familien zu verkehren! Und erst von Herrscherfamilien! Aus Ihnen ein Mitglied des Hauses Habsburg zu machen, das ist einfach meine Pflicht. Es ist auch eine Notwendigkeit, weil ich mit meinen Ersparnissen ebenfalls am Ende bin und die Tante in Wien schon alt ist. Verstehen Sie mich endlich?«

»Mich interessiert nur eines: Wer wird uns die ungeheuren Summen zahlen, von denen Sie träumen? Ihren Worten nach haben doch die Adligen gar kein Geld.«

»Von ihnen werden wir es auch nicht nehmen. Von dem Adel nehmen wir nur die Familienbeziehungen. Das Geld werden wir von den anderen nehmen. Können Sie sich vorstellen, wie sich der Direktor der Handelsbank fühlen wird, wenn Sie bei ihm zu Abend speisen? Oder welchen Glanz die Anwesenheit des Erzherzogs Leopold der Hochzeit einer Fleischerstochter verleihen wird?«

»Erzherzog Leopold Pergler, Schnittwarenhandlung«, grinste der junge Mann.

»Soviel ich weiß, besitzen Sie ein solches Geschäft nicht, und das ärgert Sie genug«, sagte kühl Herr Kekule. »Vergessen Sie, daß Sie ein Pergler sind. Sie sind ein so vollkommener Habsburger, daß man das gar nicht mit Worten ausdrücken kann. Sie sind habsburgerischer als der selige Kaiser Karl selbst und alle seine Onkel und Tanten. Sie gleichen dem Kronprinzen Rudolf aufs Haar, das schwör ich bei meiner Seele ... Aber damit es nicht zu sehr auffällt, werde ich aus Ihnen keineswegs ein Mitglied dieses Zweiges machen. Ich werde aus Ihnen ein Mitglied des Zweiges Modena machen, dort kennt sich heute kein Schwein mehr aus ... Nun, machen Sie mit?«

Leopold überlegte, daß sein Gegenüber vielleicht ein Narr war, aber weil er nicht mehr als fünf Kronen in der Tasche und also auch nichts zu verlieren hatte, nickte er: »Gut, einen Spaß wird's wenigstens geben.«

»Nein, das wird eine sehr ernste Sache. Sie werden als erstes lernen müssen, das R anders auszusprechen. Ein bißchen schnarren ... Na, und dann bestimmte Manieren ... Deutsch können Sie, aber ein Wiener Akzent wird nicht schaden. Das besorgen wir bei meiner Tante in Wien. Sie hat eine ganz anständige Wohnung, vermietet an Fräuleins, warum soll sie für uns nicht ein Zimmer frei machen? Ihre Bibel wird ab sofort dieses Buch hier sein. Etwa zehn Seiten daraus werden Sie auswendig lernen müssen, aber ohne jeden Fehler.«

Leopold blätterte verblüfft in dem Buch, das den stolzen Titel trug: Gothaischer Kalender – Genealogischer Hofkalender.

»Es erscheint schon seit einhundertfünfzig Jahren«, sagte Herr

Kekule mit einem gewissen Stolz. »Finden Sie mir ein anderes derartiges Buch auf der ganzen Welt! Nun denn, Sie werden also alle Mitglieder der Familie des Hauses Habsburg auswendig lernen, und zwar sowohl den österreichisch-ungarischen Zweig als auch den toskanischen Zweig, auch wenn Sie selbst aus der modenaischen Linie stammen werden. Weil Sie mit den Habsburgern verwandt sein werden, werden Sie zugleich mit der Hälfte aller Adelsfamilien auf der Welt verwandt sein, und von der anderen Hälfte können Sie es schlicht und einfach behaupten.«

Er hob wieder sein Glas. Leopold Pergler, der aufzuhören begann, ein Pergler zu sein, und sich allmählich in einen Nachfahren des Erzherzogs Ferdinand und dessen Gattin Marie Beatrice d'Este verwandelte, trank ebenfalls. Dann bestellten sie sich noch eine Flasche.

»Sie sind allerdings auch mit dem König von Sardinien verwandt, weil das Herzogtum Este mit diesem Königreich durch einen Erlaß Seiner Majestät König Viktor Emanuel verbunden war. Franz, der letzte Herzog von Modena, vermählte sich in München mit der Prinzessin Adelgunde von Bayern, Sie sind also auch mit den bayrischen Königen und durch deren Vermittlung noch mit weiteren deutschen Adligen verwandt. Die Brüder des Herzogs Franz von Modena heirateten ebenfalls Prinzessinnen, einer Elisabeth von Österreich, und diese vermählte sich zum zweiten Male mit Ferdinand von Rumänien. Sehen Sie, wie sich das alles bestens verbindet? Über das Haus Habsburg-Lothringen sind Sie mit den Bourbonen verschwistert, nämlich durch die Vermittlung von Alice, Herzogin von Bourbon und Parma, die Sie dann weiter mit dem toskanischen Zweig verbindet. Ihre Oheime sind Karl Salvator, Leopold Salvator – ich bin mir nicht sicher, ob Sie nicht gerade von letzterem Ihren Namen haben – und Franz Salvator, der mit seiner Gattin Marie Valerie, der Tochter des Kaisers Franz Josef, fünf Kinder hatte ... Na, und so sind Sie ein direkter Verwandter der herrschenden Habsburger, und deshalb wohl sind Sie ihnen so frappierend ähnlich. Eine Ihrer Cousinen, die Großherzogin Karolina, mit vollem Namen Karolina Marie Immakulata Josefa Ferdinanda Theresia Leopoldina Antonie Franziska Isabella Luisa Januarie Philomena Rosalia, vermählte sich in Wien mit Seiner Hoheit Prinz August Leopold aus dem Hause Sachsen-Coburg, was Ihre Verwandtschaft in eine weitere wichtige Richtung erweitert. Sie sind dadurch mit dem Haus Württemberg verwandt, und durch dieses wiederum mit Schaumburg-Lippe, haben Tanten in Barcelona genauso wie in Berlin, in Italien wie in Rumänien, in Lemberg, Salzburg, Paris, London, ganz zu schweigen von Bayern, Sachsen und der Schweiz. Weil die Großmutter Ihres Uronkels Karl die geborene Infantin Marie von Portugal war, können wir uns genausogut in dem herrlichen Lissabon aufhalten. Sie als Habsburger, ich als Sekretär. Was sagen Sie dazu?«

Leopold sagte nichts. Nicht ohne Wehmut dachte er an seinen Großvater Pergler, der ein popliger Häutesammler war, und an seinen Vater, den Textilkaufmann, und im Geiste leistete er ihnen Abbitte, weil er sie wegen der neuerworbenen Ahnen von so vornehmen Familien verließ, deren Namen er sich wohl kaum je merken würde. Aber da war nichts zu machen, man hatte ihn mit fünf Kronen in der Tasche aus dem Elternhaus gejagt, und er mußte sich jetzt allein in den Strudel des Lebens stürzen ...

Er streckte die Brust heraus und sagte mit fester Stimme: »Herr, Unser Gnaden Erzherzog Leopold von Modena, Este, Carrara und Guastalla nehmen Sie in Unsere Dienste. Nach dem, was Sie gesagt haben, muß ich offenbar meine Ansprüche auf den bayrischen Thron geltend machen. Wie kommt es, daß Uns gewissenlose Menschen darum gebracht haben? Sekretär Kekule, ich bitte Sie ...«

»Hoheit«, sagte Herr Kekule fest, »die Politik werden wir nicht in unsere Geschäfte hineinziehen. Die Revolution hat uns hinweggefegt, daran ist nichts zu ändern. Die Anwartschaft auf den Thron anmelden, das ist Blödsinn. Unser Weg führt in eine andere Richtung: Sie werden Beiträge für die Adelsfamilien sammeln, sich als echter Erzherzog dort Geld pumpen, wo man bereit ist, welches zu pumpen ... Euer Gnaden werden von heute an keinen Schritt ohne mich tun. Vor allem werden Sie bis morgen die erste Lektion lernen: das ganze Haus Modena.«

Aus dem Café begaben sie sich auf einen kleinen Bummel, und bis zum Morgen wurden sie von allen in der Bar Eure Majestät genannt. Seine Hoheit Leopold lieh sich von einem alten Herrn, der in Tränen der Rührung ausbrach, weil er mit einem Sproß des Hauses Habsburg an einem Tisch sitzen durfte, zweihundert Kronen. Der Anfang was also nicht schlecht. Das Gespenst der ältlichen Modistin war gebannt. Leopold verbrachte seine erste Nacht, das heißt mehr den ersten Tag, im Grandhotel und fühlte, wie sich vor ihm die Welt öffnete.

Die Welt öffnete sich tatsächlich für ihn auf dem kleinen Schloß Auburg in Österreich, wo die Fürstin Franziska Paula von Lobkowitz zweimal im Jahre Familientreffen mit all ihren nahen und fernen Verwandten veranstaltete. Hier tauchte zum erstenmal der junge Habsburger Leopold auf, der sich herzlich mit seinen Onkeln und Cousinen begrüßte und seiner entfernten Großtante Amalia Luise Dorothea Leontina die Hand küßte. Die alte Dame fragte sehr sachlich den ihr unbekannten Leopold, warum er so lange nichts von sich habe hören lassen.

»Ich war in Südamerika, Tante. Ich glaube, das einzige, was ein Mann von Adel heute tun kann, ist reisen. Ich liebe das Abenteuer.« Darauf schilderte der Erzherzog anschaulich seinen Kampf mit einem Elefanten im Dschungel des Amazonas und sprach so, daß die Fürstin von Schönborn-Buchheim um das Riechsalz bat.

Onkel Franz Salvator hingegen erklärte voller Mißtrauen, daß seines Wissens in Südamerika keine Elefanten lebten. In diesem Augenblick bat der Sekretär des jungen Erzherzogs seinen Herrn ans Telefon. Auf dem Flur sagte er zu ihm: »Poldi, was redest du für einen Quatsch, der alte Herr hat recht!«

»Ich habe mir alle Adelshäuser gemerkt, aber über Elefanten hab ich nichts gelernt«, verteidigte sich der Erzherzog Pergler. »Na gut, ich bieg's schon wieder hin.«

Inzwischen unterhielt sich am Kamin im Salon die Gesellschaft über den neuen Großneffen und Cousin.

»Ich kann mich nicht erinnern, ihn zu kennen«, behauptete verstockt der Onkel Franz Salvator. »Aber erinnern kann ich mich, daß Elefanten in Afrika leben. Ich erinnere mich, daß ich dort einmal einen geschossen habe, als in Belgien noch der selige Leopold regierte.«

»Ob die Elefanten in Afrika leben, weiß ich nicht«, sagte die Fürstin und Gastgeberin. »Aber ich weiß, daß dieser junge Mann dem seligen Kronprinzen Rudolf wie aus dem Gesicht geschnitten ist, so daß ich das Schlimmste befürchte ...«

»Aber das ist doch ...«, stammelte Franz Salvator.

»Ich weiß am besten, wozu der fähig war! Übrigens – wie jeder zweite aus dem habsburgischen Hauptzweig, mein Lieber!«

Als Leopold zurückkehrte, beendete er in aller Ruhe seine Erzählung von dem Kampf mit dem Elefanten in den Urwäldern am Amazonas: »Ja, es war ein leibhaftiger Elefant, und es stimmt auch, daß diese Tierart dort nicht zu Hause ist. Mein Elefant war nämlich aus dem Zirkus Sarrasani entlaufen, der gerade in der Stadt San Juan gastierte. Das Tier war im Dschungel wieder verwildert.«

Fürst Josef Karl erklärte, so etwas glaube er gern, denn ihm sei auch einmal ein Jagdhund entlaufen und habe innerhalb eines Jahres zwei Adjunkten gefressen.

»Es war ungeheuer schwer, diesen Elefanten zu erledigen«, fügte Leopold hinzu. »Weil er nämlich dressiert war und sich von Zeit zu Zeit auf die Hinterbeine stellte und tanzte.«

»Und da hatten Sie, mein Cousin, das Herz, ihn zu töten?« piepste die blasse Amalia Eleonora Luisa Agathe von Toskana.

»Leider Gottes, teuerste Cousine«, entgegnete höflich Leopold und heftete einen feurigen Blick auf das blutarme Mädchen. »Er schickte sich an, auf mich zuzutanzen. Ich feuerte ihm fünf Kugeln aus meinem Gewehr in den Leib. Es war eine hervorragende Repetierbüchse.«

Jetzt wollte freilich der uralte Graf Kinsky wissen, was für eine Repetierbüchse das war, ob vom Typ Selmont-Colier oder Eberhert-Mayer.

Leopold erklärte, er glaube, es sei eine Repetierbüchse einheimischer Produktion gewesen, die ihm der hervorragende Adlige Sebastian de Corcovado zur Jagd geliehen habe, dessen Vater die Ehre gehabt habe, in den Diensten des Kaisers Maximilian von Mexiko sein Leben zu opfern. Im Hinblick auf diesen Sachverhalt habe er, Leopold, es für seine Pflicht gehalten, sich mit ihm anzufreunden und sein Gewehr zu benutzen ...

Fürst Josef Karl sagte, Leopold habe sich als Mann von Adel verhalten.

Am Morgen beim Frühstück bemühte sich die Fürstin und Gastgeberin höchstpersönlich in die Bibliothek, wo der Sekretär dieses neuen Großneffen frühstückte, und bat ihn, ihr Feuer für die Zigarette zu geben, die sie in einer langen Spitze rauchte. Dann fragte sie ihn, wie sie es sich erklären solle, daß ein Mitglied der modenaischen Linie so spät in der hohen Gesellschaft erschienen sei. Halte der Herr Sekretär das etwa für richtig? Und warum habe der junge Herr nicht eine Empfehlung, zum Beispiel von Henriette?

Der Sekretär Herr Kekule lächelte und fragte, ob Ihre Hoheit die erlauchte Maria Theresia Henriette Dorothea, Großherzogin von Modena, meine, die Ludwig von Bayern geheiratet habe? Er tischte danach der verblüfften Dame das ganze Haus Modena mit allen Tanten und Großtanten so vollständig auf, daß sich die Fürstin geschlagen gab.

»Hören Sie, Freund, und sein Gesicht ... Wenn ich ihn sehe, sage ich mir immer, da sitzt der Rudi unter uns, der arme Kronprinz, Gott hab ihn selig.«

Der Sekretär Kekule schwieg lange und stieß dann einen gedehnten Seufzer aus. Das war der Seufzer eines Menschen, der viel weiß und nichts sagen darf.

Die Fürstin lächelte froh. »Dann hab ich mich also nicht geirrt. Die Habsburger aus dem Hause Lothringen, das waren Schweinehunde par excellence!«

Genauso sagte sie das, aber weil sie eine Fürstin war, klang es wie eine Auszeichnung. Herr Kekule schloß sich mit gesenkten Lidern der Einschätzung an.

So war Leopold nicht nur ein Angehöriger des Zweiges Modena geworden, sondern wurde in den Anspielungen und dem Klatsch und Tratsch, der sich wie eine Lawine verbreitete, außerdem noch ein unehelicher Sohn des verstorbenen Kronprinzen.

Als dann bei einem anderen Adelstreffen, diesmal auf einem kleinen Herrschaftssitz am Rhein bei Prinzessin Christina von Auersberg, unser Leopold nachts an der Tür der Zofe Renate mit Hugo Maria von Windischgrätz zusammenstieß, verhielt er sich erneut als echter Mann von Adel: Er bot dem Fürsten Windischgrätz eine Maulschelle an. Was anzunehmen unmöglich war, so daß also der Fürst seinen Säbel von der Wand riß und Fechterstellung einnahm. Leopold konnte nicht fechten, hatte aber den brennenden Wunsch, ins Zimmer der reizenden Renate zu treten. So blieb ihm nichts anderes übrig, als den zweiten Säbel von der Wand zu reißen und sich ans Werk zu machen: Er hieb ohne Zaudern auf den Fürsten Windischgrätz ein, so daß er ihn in Stücke gehauen hätte, wenn der Rivale nicht ausgerissen wäre. Leopold schlug mit diesem Säbel türkischen Ursprungs nur ein Stück vom Marmorsims ab. Als diese Tat am nächsten Morgen ruchbar wurde, brachte sie ihm großen Ruhm ein, und seine Herkunft war damit auf das glänzendste bestätigt, denn nicht nur die Gräfin Auersberg, sondern auch andere Damen, vor allem die Fürstin Liechtenstein, erklärten: »Ganz der Vater!«

Wenn so etwas Damen sagen, die die Welt kennen, und dabei nicht sagen, um welchen Vater es sich handelt, dann ist der Ruhm des Betreffenden eigentlich gesichert.

Nach einiger Zeit verließen sie das Schloß am Rhein und fuhren zurück nach Böhmen, wo der junge Herr Leopold, Erzherzog von Modena, an einigen Jagden teilnahm, bei welcher Gelegenheit ihm einige höhere Beträge für die Unterstützung der Standesforderungen des Adels übergeben wurden. Er machte nicht nur die Bekanntschaft mit Besitzern von Restgütern und einigen Großschlächtern, sondern auch mit bedeutenden Politikern, und zuletzt speiste er mit dem Ministerpräsidenten persönlich. Dieser Republikaner bekundete großes Interesse für die Forderungen einiger adliger Persönlichkeiten, und so kehrte Leopold fast wieder in seine Branche zurück: Er handelte zwar nicht mit Stoffen, aber doch mit Versprechungen und klangvollen Namen. Es war ein sehr einträglicher Handel.

Manchmal überfiel ihn das Heimweh: Er sehnte sich nach dem Elternhaus, aber Herr Kekule war der Meinung, daß für solche Dummheiten keine Zeit sei. Noch liege viel Arbeit vor ihnen. Sie müßten noch nach Belgien fahren, denn das dort regierende Haus Sachsen-Coburg würde sich mit Recht beleidigt fühlen, wenn man es links liegenließe, wo es doch über die Prinzessin Stefanie, die Gattin des Kronprinzen Rudolf, so eng mit ihnen verwandt sei! Herr Kekule meinte zu Recht, daß dieser Besuch jene unbelegten Gerüchte über die Beziehung seines Herrn zu dem Kronprinzen überzeugend unterstützen würde ...

Um so mehr, als Stefanie schon vor langer Zeit eine zweite Ehe mit dem ungarischen Adeligen Elemer von Lonyi eingegangen war. Das belgische Herrscherhaus, verschwistert mit den Hohenzollern, gab Leopold die Möglichkeit, sich mit einem gewissen Wilhelm bekannt zu machen, einem Hohenzollernfürsten und sehr sympathischen jungen Mann, der bei der Schilderung bemerkenswerter Histörchen so manches Mal Leopold übertraf.

Noch einmal begegneten sie sich dann in Berlin; der Veteranenverein legte seine Überschüsse vertrauensvoll in die Hände bewährter Adliger aus allerhöchsten Häusern, nämlich der Habsburger und Hohenzollern.

Als eines Abends Herr Kekule eingeschlafen war, begaben sich die beiden jungen Herren ins Hotel Adlon, um dort ein spätes Nachtmahl einzunehmen.

Das Hotel Adlon am Brandenburger Tor war das vollkommenste, das größte der größten Hotels. Der Besitzer rechnete es sich zur Ehre an, daß zwei so vornehme Herren sich entschlossen hatten, bei ihm den Abend zu verbringen, und er übertraf sich selber. Der Sekt floß in Strömen, und die Hummer waren so, daß selbst der wählerische Wilhelm von Hohenzollern erklärte: »Magnifique!«

Der französische Kognak war nicht nur französisch, sondern auch alt, und er stimmte Leopold von Modena melancholisch.

Als es auf den Morgen zuging und beide einträchtig unter dem Tisch saßen, weil es nicht möglich war, sich in der unbequemen

Lage auf den Stühlen zu halten, begann Leopold zu klagen: »Was nützt es mir, daß ich mit dem König von Spanien verwandt bin, wenn ich doch Heimweh habe.«

»Und glaubst du, ich nicht? Ich bin verwandt mit den Bourbonen, Kamerad, und über Friedrich Eugen und über diese Bourbonen sogar mit der Familie der Chartory, und das sind Geldleute! Aber Freude hab ich keine dran.«

Leopold trank wieder, und seine Seele wurde noch weicher. Aus seinen Augen stürzten die Tränen, und er sehnte sich danach, die Wahrheit zu sagen. Zur Sicherheit teilte er seine brennende Wahrheit dem Hohenzollern auf tschechisch mit: »Weißt du, daß ich überhaupt kein Habsburger bin? Ich bin der Polda Pergler aus Brünn, und der Vater hat dort ein Schnittwarengeschäft.«

»Was flennst du, du Esel«, entgegnete Fürst Wilhelm von Hohenzollern ebenfalls auf tschechisch, »mein Vater hat eine Kneipe in Pardubitz, und heißen tu ich Karel Petrášek.«

Und beide lachten lange.

Nichtsdestoweniger mied seit dieser Zeit Leopold von Modena grundsätzlich jeden Kontakt mit einem Hohenzollern, was der alte Graf Thurn-Taxis vom politischen Standpunkt als eine sehr weitblickende Tat einschätzte. Er behauptete: Wenn sich Franz Josef, Kaiser von Österreich und König von Ungarn und Böhmen, seinerzeit so verhalten hätte, wäre der Weltkrieg nicht so schlecht ausgefallen.

Erzherzog Leopold von Modena genoß seit dieser Zeit obendrein den Ruf eines Politikers.

Herr Kekule hatte nicht gelogen: Das Jahreseinkommen erreichte in der Tat eine halbe Million Kronen, welchselbiger Betrag – auch wenn er in zwei Hälften geteilt wird – aller Ehren wert ist.

Und die Zeit verging. Vor Leopold tauchten ungeahnte Schwierigkeiten auf: Es erschien eine ganze Reihe von Bräuten mit dem Titel einer Prinzessin, und er konnte nur mit größter Selbstverleugnung seine Entscheidung hinausschieben. Nicht daß alle diese Adelheiden, Maria Theresien oder Luisa Amalien häßlich gewesen wären. Einige waren sogar auch reich. Aber eine Heirat, die ihn bis zu seinem Tode gesichert hätte, bedurfte gültiger bürgerlicher Ausweispapiere. Herr Kekule konnte zwar alte Pergamente fabrizieren, aber Leopold besaß nur einen einzigen amtlichen Ausweis, einen Reisepaß auf den Namen Leopold Pergler aus Brno, ausgestellt von der Tschechoslowakischen Republik. Und auf den kann man sich nicht mit einem Mitglied eines Adelshauses verheiraten.

Deshalb kamen beide zu dem Schluß, es wäre das beste, sich für einige Zeit zurückzuziehen. Um so mehr, als sich Herr Kekule nicht gesund fühlte. Als er darüber hinaus von der Tante in Wien nicht nur ein kleines Barvermögen erbte, sondern auch die große, an Fräuleins vermietete Wohnung, entschloß er sich, bei diesem neuen ruhigen Beruf zu bleiben.

Leopold kehrte nach Böhmen zurück. Aber erst jetzt begriff er, wie schwer es ist, unbekannt zu bleiben, wenn man ein Erzherzog von Modena ist!

Er verbrachte angenehme Monate bei dem Baron Nadherny, auf dem Sitz der Schwarzenbergs, auf den Restgütern derer, die keine Titel hatten, dafür aber Geld, und eines Tages begab er sich nach Prag zum Treffen der ehemaligen Scharfschützen und Veteranen. Für diese Zwecke trug er die prächtige Uniform eines Husarenregiments, die Herr Kekule einmal bei einem Theater besorgt hatte; seine Brust schmückte der Orden des Goldenen Vlieses und sein linkes Knie der Hosenbandorden, beides hatten sie bei einer Auktion in Wien gekauft.

Er ahnte nicht, daß das Veteranentreffen für ihn ein schicksalhaftes Ereignis sein würde.

Er hatte vergessen, daß an dem Tage, da er in seiner Uniform bei der Festlichkeit erscheinen wollte, um hier einen größeren Betrag für den Kampf um die Anerkennung der Adelsprivilegien entgegenzunehmen, in Prag der ägyptische König Fuad eintreffen sollte.

In der Republik herrschte über diesen königlichen Besuch große Freude, wie sie eben nur Republikaner empfinden können. Daß durch die Straßen Prags nach so vielen Jahren wieder einmal ein echter König fahren würde, erfüllte selbst die Seelen der Führer der Sozialdemokratie mit Begeisterung. Der Wenzelsplatz, auf den vom Wilsonbahnhof her die von einem Dreigespann von Schimmeln gezogene Kutsche mit dem Herrn Präsidenten und dem König Fuad rollen sollte, war mit Militär gesäumt. Auf den Gehsteigen drängten sich die Schaulustigen.

Weil überall, wo sich Menschen drängen, Taschendiebe und anderes Gesindel am Werk sind, standen auf dem Wenzelsplatz in diesem Augenblick auch viele Herren von der Vier. Sie trugen auf Hochglanz gebürstete steife Hüte, und der Herr Oberpolizeirat Vacátko hatte die ungewohnte Uniform anziehen und den Säbel umschnallen müssen, was ihm beträchtlichen Kummer bereitete, weil er alle Augenblicke darüber stolperte. Auch die Herren Kommissare trugen Festuniform, so daß die Detektive nur so staunten, ganz zu schweigen von den Taschendieben. Wie es allerdings aussah, würde vor lauter Feierlichkeit nichts passieren. Übrigens war die Mehrzahl der Diebe vorsorglich schon gestern eingesperrt worden. Wenn der König abreiste, würde man sie wieder freilassen. So ein Dobeš aus Žižkov ist imstande und klaut Seiner Majestät die ägyptische Königskrone vom Haupt.

In diesem feierlichen und zugleich nervösen Augenblick trat der Erzherzog Leopold von Modena aus dem Hotel Šroubek. Seine prächtige Uniform paßte hervorragend in das festliche Milieu.

Erstaunt gewahrte er den ungewöhnlichen Betrieb, und weil die Leute gewohnt waren, jeder Uniform auszuweichen, traten sie bereitwillig vor ihm zurück, und die Mädchen winkten ihm mit Blumensträußen zu. Leopold, der mehr entzückt war als angebracht, schritt durch ein Spalier von Soldaten und Zivilisten.

In diesem Augenblick gewahrte ihn ein junger Oberleutnant, der eine Kompanie befehligte, und weil er dachte, dieser Mann in der prächtigen Uniform sei zumindest der königliche Adjutant, befahl er seiner Einheit: »Habt acht! Präsentiert das Gewehr! Die Augen links!«

Das schneidige Kommando wurde genauso schneidig befolgt, und die Kompanie starrte Leopold an.

Dieser hatte gerade noch Zeit, zu begreifen, daß das nicht hätte passieren dürfen, nicht aber mehr die Zeit, sich zurückzuziehen und im Hotel zu verschwinden. Aber weil er schon sehr verwöhnt war, schien es ihm, daß das doch irgendwie zu seiner Würde gehörte, und deshalb verschwand er nicht, sondern streckte die Brust heraus und salutierte. In diesem Augenblick begriff der Kommandant der Nachbarkompanie, daß es höchste Zeit war, die militärischen Ehren zu erweisen, und er gab das gleiche Kommando.

Der Ruf »Präsentiert das Gewehr« wanderte den Wenzelsplaz hinauf, immer neue Einheiten knallten die Hacken zusammen, und die Bajonette funkelten in der Sonne. Zuletzt stand der ganze Wenzelsplatz im »Habt acht« und blickte hinunter, wobei die ganz oben überhaupt nicht wußten, worum es eigentlich ging.

Unten, vor dem Hotel Šroubek, schritt ein Mann in auffälliger Uniform die Ehrenformation ab. Salutierend ging er über den Wenzelsplatz zur Vodička-Gasse, wobei er den Soldaten und

Offizieren, vor allem aber den schönen Damen huldvoll zuwinkte.

Die Verwirrung, die ausbrach, war groß. Der Kommandeur der Ehrenformationen, ein beleibter Oberst, sprengte hoch zu Roß vom Museum einher, die entsetzten Offiziere kommandierten rasch »Gewehr ab!«, und die Herren von der Polizei beobachteten wachsam, was hier vorging.

Der Herr Oberpolizeirat eilte, über seinen Säbel stolpernd, herbei, um die Ursache der Aufregung festzustellen.

Auch wenn es komisch klingt, so muß man im Interesse der historischen Wahrheit feststellen, daß die Armee mitsamt ihren Kommandeuren völlig den Kopf verloren hatte. Wer klaren Sinn behielt und wachsame Bereitschaft, das war die Prager Polizei.

»Dort geht er, bitte«, sagte ein Oberwachmann zu dem Herrn Rat und zeigte in die Richtung zur Štěpanská-Gasse. Der Herr Rat gab einen unauffälligen Wink, und seine Leute zogen los. Sie waren in ihrer Arbeit sehr erfahren und rannten hurtig durch die Passagen, so daß ihnen der verdächtige Ausländer nicht entgehen konnte. Selbst der dickliche Herr Brůžek lief so schnell, wie man es ihm kaum zugetraut hätte.

Als er sich vor den dahineilenden Herrn in der prächtigen Uniform stellte, hob dieser erstaunt die Brauen: »Was soll das bedeuten?!«

»Das bedeutet, daß Sie mit uns gehen«, schallte es hinter ihm, und das war eine strenge Stimme, bei der selbst Schwerverbrecher zahm wurden. Der Herr Rat verstand es, einem Menschen in die Seele zu sprechen.

»Das ist ein Irrtum! Ein Skandal!« rief der Mann. »Sehen Sie denn nicht ...?«

Der Herr Rat gab nur einen diskreten Wink, und nach einer Weile war eine Droschke da, die diskret die rätselhafte Persönlichkeit in die Krakauer Straße expedierte.

Dort nahmen die Dinge ihren üblichen Lauf.

»Also Sie, Herr Pergler, behaupten, ein unehelicher Sohn des Kronprinzen zu sein und den Titel eines Erzherzogs innezuhaben. Adelstitel sind in der Republik verboten, so daß uns das nicht interessiert. Uns interessiert Ihr Beruf. Wovon leben Sie? Und was haben Sie unlängst in Belgien und vorher in Österreich getan? Und in Deutschland? Wer bezahlt Ihnen diese Reisen?«

Inzwischen erklang auf dem Wenzelsplatz das Kommando: »Präsentiert das Gewehr!«, diesmal zu Recht, denn von oben nahte die von Schimmeln gezogene Kutsche, und in ihr saß ein wirklicher König. Dem Herrn Rat entging also ein großes Schauspiel, dafür entging ihm nicht ein großer Fall.

Denn das war ein großer Fall, das erkannte der Herr Rat, sobald der Mann zu stammeln begann und sich auf die belgische Königin berief. Er forderte sogar, eine Anfrage an die belgische Gesandtschaft zu richten.

»Herr Pergler, ich sperre Sie ein, bis Sie schwarz werden, und das Königreich Belgien wird keinen Finger für Sie rühren. Also heraus mit der Sprache. Sehen Sie dieses Blatt? Das ist ein Fernschreiben aus Brünn. Und darin heißt es über Sie: Falschspieler, zweimal polizeilich festgenommen, ohne Arbeitsverhältnis ... Den Erzherzog haben Sie sich ausgedacht!«

»Mitnichten, das haben andere in der Genealogie des Hauses Habsburg ermittelt. Ich war selbst darüber erstaunt. Sind Ihnen die Unterschiede zwischen dem habsburgisch-lothringischen Zweig und dem toskanischen und modenaischen bekannt? Ich kann sie Ihnen erklären ...«

Der Herr Rat legte keinen Wert darauf und ließ den Erzherzog Pergler in die Separation abführen. Er rieb sich die Hände: ja, das wird ein großer Fall!

Herr Bouše erklärte, er werde es sich bis an sein Lebensende zur Ehre anrechnen müssen, bei der Verhaftung eines leibhaftigen Erzherzogs beteiligt gewesen zu sein. Und weil er nieste, erschrak der Herr Brůžek: »Sakra, Mensch, wenn das bloß wahr ist!«

Der Herr Rat lachte höhnisch, weil er von solcherlei Aberglauben nichts hielt. Aber noch bis zum Abend mußte er sich überzeugen, daß er lieber ein bißchen davon hätte halten sollen. Auf die Polizeidirektion kam die erste Intervention.

Am nächsten Tage ersuchte eine Delegation des Veteranenverbandes um eine Audienz beim Präsidenten der Republik.

Die belgische Gesandtschaft erklärte, daß ihr der Name Pergler unbekannt sei, daß aber der Erzherzog Leopold von Modena ein Verwandter der Königinmutter sei.

Dann rief der Innenminister den Herrn Polizeipräsidenten an. Er hatte einen Wink von der Zentrale der Agrarpartei bekommen ...

Der Herr Rat Vacátko hatte das Gefühl eines Fischers, der sieht, wie sich sein Hecht vom Angelhaken befreit und in der Tiefe verschwindet.

Der Herr Bouše nieste und sagte weise: »Hab ich's nicht gleich gesagt?«

Nach der Verbüßung einer Polizeistrafe für das Tragen einer in der Republik verbotenen Uniform wurde also Herr Leopold Pergler entlassen.

Man brachte ihn in einem Fiaker ins Hotel Šroubek, damit er sich dort umziehe und dann aus Prag verschwinde. Es begleitete ihn der Herr Brůžek.

Der Herr Rat ging in diesem Augenblick in seiner Kanzlei auf und ab, und was er laut sagte, hörte niemand. Es waren allesamt Beleidigungen der politischen Repräsentanten des Staates.

Dann trat er an seinen Tisch und klappte den Aktendeckel zu, denn die Untersuchung war beendet.

Aber auch Leopold Pergler war gezwungen, sein ungewöhnliches Gewerbe einzustellen. Ein Erzherzog, den jederzeit die Polizei auf der Straße festnehmen kann, ist für die herrschenden Häuser nur schwer annehmbar.

Und so wurde das Haus Modena um ein Mitglied ärmer. Dafür kehrte in das Vaterhaus mit der ausgeblichenen Firmentafel »L. Pergler jun., Schnittwarengeschäft« der verlorene Sohn zurück.

An den alten Zeiten verwundert uns am meisten, wie schlicht und selbstverständlich sie waren. Damals war alles einfacher: die Behörden wie das Leben. Sogar die Spionage. Jeder Anfänger weiß heutzutage, was ein Mikropunkt ist. Er trägt einen mit einem Feuerzeug kombinierten Fotoapparat in der Tasche und knipst jeden, dem er Feuer gibt, nimmt gleichzeitig mit einem Taschen-Tonbandgerät auf, was gesprochen wird, verwendet unsichtbare Tinte, doppelte Schuhsohlen und Koffer mit doppeltem Boden, springt mit dem Fallschirm geradewegs in eine bereitstehende Limousine, schleicht sich über die Grenze oder pirscht sich unter Wasser mit Schwimmflossen an den Füßen an sie heran ...

Die alten Zeiten waren idyllisch und freundlich, die Spione kannten derartige Dinge noch nicht, sie schlichen weder zu Lande noch unter Wasser, auch sprangen sie nicht in schwarze Limousinen, denn sie hatten keine, sondern reisten als ehrenwerte Biedermänner samt gestohlenen Dokumenten und eigenem Paß ins feindliche Ausland, da sie noch nicht einmal wußten, wie sie die Dokumente hätten fotografieren sollen.

So einfach war das, fast unverständlich einfach.

Wie hatte der Herr Rat Vacátko immer zu mir gesagt? »Merken Sie sich, junger Mann, keine Dummheit auf der Welt ist groß genug, daß sie nicht zugleich pure Raffinesse wäre. Verstehen Sie, was ich sagen will?«

Ehrerbietig, wie es sich für einen Kriminalanwärter geziemte, bejahte ich, doch der Herr Rat winkte ab: »Nichts verstehen Sie. Ich sage Ihnen, ein ganz dummer Verbrecher macht mir mehr Scherereien als ein raffinierter. Ein Pfiffikus verspekuliert sich immer und geht so in die Schlinge, doch einen Holzkopf zu erwischen, dazu gehört schon Kunst. Und ein Zufall, versteht sich. Begreifen Sie, was ich sagen will?«

Sicherheitshalber sagte ich nein. Wieder winkte der Herr Rat ab: »Sie begreifen nie etwas, Sie Anwärter Sie!«

Wir standen am Fenster seines Arbeitszimmers; er hatte mich zu sich rufen lassen, und das war ein Zeichen von großer Liebenswürdigkeit. Gemeinsam schauten wir auf den Hof hinunter, der von uniformierten Schutzleuten wimmelte. Sie traten abteilungsweise an, marschierten zu den Einsatzwagen und fuhren davon.

»Herr Rat, ich erlaube mir zu bemerken, daß mir das nicht gefällt. Es geht hier zu wie auf einem Sokol-Treffen!«

»Schlimmer«, sagte der Herr Rat düster. »Das hier ist ein Zapfenstreich der Prager Polizei und keine Jagd auf einen Spion. Aber so ist es von oben angeordnet, und da können wir von der Kripo unsere Nase nicht hineinstecken. Das begreifen Sie doch wohl!«

Ja, sagte ich, ich begriffe, da die Spionage nicht zu unserem Referat gehöre. Dafür sei die Inzet zuständig, die Informationszentrale der Staatspolizei. Trotzdem wagte ich den Einwand, daß unsere Herren Detektive hier eher am Platze wären. Sie seien so auffällig unauffällig und brächten es fertig, im äußersten Fall mit völlig unerwarteter Schärfe einzuschreiten. Sogar Kinnhaken könnten sie austeilen, wenn es notwendig sei. Die hätten den Spion stracks beim Wickel.

Der Herr Rat zuckte nur mit den Achseln. »Ich bin froh, daß ich nichts damit zu tun habe. Der Kerl ist bestimmt dumm bis zur Genialität. Und das ist sehr schlimm. Da verliert er die Aktentasche mit den gestohlenen Dokumenten ... Auf solche wie den würde ich besonderes Augenmerk haben.«

Der Herr Rat Vacátko drehte dem Fenster den Rücken zu, als habe er bereits genug gesehen, und sagte in gestrengem Ton zu mir: »Denken Sie daran, junger Mann, alles muß absolut geheim bleiben, geben Sie das auf keinen Fall in die Korrespondenz, die an die Presse hinausgeht!«

»Selbstverständlich, obwohl ich angesichts dieser Parade meine, daß die Sache nicht geheim bleibt.«

Der Herr Rat, hob den Finger, was bedeutete, daß ich hier nichts zu meinen habe. Respektvoll verließ ich sein Büro.

Genaugenommen hatte ich, der einfache Polizeianwärter, am Anfang des ganzen Falles gestanden, und ich hätte mich in die Brust werfen können, wenn die Sache nicht so geheim gewesen wäre. Da ich den Anruf, den mir der Wachhabende nach oben durchstellte, entgegengenommen hatte, war mir die Meldung des Gendarmeriewachtmeisters Vodseďálek aus Kbely, ihm sei unter eigentümlichen Umständen von einem gewissen Laburda eine Aktentasche übergeben worden, zuerst zu Ohren gekommen. Ich wollte schon den Fachmann für Taschendiebe und kleine Gauner, den ewig verschnupften Herrn Bouše, herbeirufen, als die barsche Stimme des Wachtmeisters in ein geheimnisvolles Flüstern überging: »Melde gehorsamst, daß der Inhalt der Aktentasche äußerst verdächtig ist. Militärische Dokumente, bitte schön. Das ist wohl auch der Grund dafür, daß bewußter Laburda, also der Täter, damit herkam. Denn sonst ist er ein Lump.«

»Den Mann festhalten, die Aktentasche sicherstellen, weitere Instruktionen abwarten«, sagte ich in einem Atemzug. Und fügte hinzu: »Woran haben Sie erkannt, daß es sich um militärische .. äh ... also um ... handelt?«

»Erkannt hab ich das, bitte schön, daran, daß sie den Stempel Geh-Vertr-Mob tragen.«

Der Wachtmeister flüsterte zwar, doch immerhin telefonierten wir. Ich mußte das Gespräch beenden: »Sie erhalten weitere Instruktionen. Bleiben Sie am Apparat.«

Ein Fall? Eine Eselei? Überhaupt, warum ruft der Gendarmeriewachtmeister von Kbely ausgerechnet uns an? Durch Anfrage bei Detektiv Bouše erfuhr ich, daß sich der Wachtmeister richtig verhalten habe. Die Geschichte habe sich auf dem Flugplatz zugetragen, und der gehöre zum Kataster der Gemeinde Prag.

»Ansonsten ist das aber Pech!« meinte Herr Bouše. »Denn wäre die Sache in den Häuschen hinterm Flugplatz passiert, dann ginge sie uns nichts mehr an. Deshalb kenn ich auch den Laburda nicht. Ich an Ihrer Stelle würde den Fall an die Inzet weitergeben.«

Das tat ich auch. Und da sie dort nicht viel solche Fälle zu bearbeiten hatten, legten sie sich mit einer Gründlichkeit ins Zeug, die sie gewiß ehrte, obwohl der Herr Rat anderer Ansicht darüber war. Nun ja, vielleicht war er ein wenig neidisch. Ihm würde es nie vergönnt sein, einen Spion dingfest zu machen ...

Eine stehengelassene, gestohlene und wieder zurückgebrachte Aktentasche, das ist also der Beginn jener erstaunlichen Spionageaffäre, die die ganze Inzet regelrecht auf den Kopf stellte. Vielleicht gebe ich das alles ein wenig verworren wieder, dafür nahm aber die ganze Sache einen völlig gesetzmäßigen Verlauf.

Die Aktentasche war auf dem Flugplatz Kbely stehengeblieben, und zwar in dem kleinen Raum, in dem sich die Passagiere einzufinden hatten. Damals flog man nämlich noch von Kbely, und zwar mit unvorstellbaren Maschinen, die nur sechs Menschen Platz boten, außer dem Piloten, der sich vor dem Start eine Brillenkappe aufsetzte und mit der Hand im Lederhandschuh das Zeichen gab, den Propeller anzuwerfen.

Die Passagiere erklommen das Flugzeug mit Hilfe einer Metallleiter und waren aufgeregt, waren sie doch für einen Augenblick zu Helden geworden: Sie stiegen mit einer Maschine, die schwerer war als Luft, in die Höhe. Ich selber war damals – offensichtlich zu meiner eigenen Schande – noch nie mit dem Flugzeug geflogen, und der Herr Rat Vacátko auch nicht.

»Ich bin doch nicht verrückt, junger Mann«, sagte er, als ich ihn dazu verleiten wollte, mit mir einen Rundflug mit der Flugliga Masaryk zu unternehmen, die unter der Losung »Die Luft ist unser Meer« die Ansicht vertrat, die ganze Nation habe sich der Aeronautik zu widmen. »Ich bin doch nicht verrückt und werde hoffentlich auf der Erde sterben.«

Es war also ganz verständlich, daß die Passagiere aufgeregt waren. Eine Frau fing an zu weinen, denn ihre Enkeltochter flog mit, und sie hatte die fixe Idee, sie werde ihr auf den Kopf fallen, wenn sie vom Flugplatz heimkomme. Die Frau schrie, die Enkelin lachte, die Herren drückten sich nervös die Hüte in die Stirn, als blase dort oben ein rauher Wind, und nahmen auf den unbequemen Metallsitzen des Flugzeuges nach Dresden Platz. Der Pilot forderte das geschätzte Publikum auf, sich zu beeilen, da sich das Wetter verschlechtern könne. Wie man telefonisch aus Dresden erfahren habe, scheine dort die Sonne, doch sei es zu dieser Jahreszeit besser, kein Risiko einzugehen ...

Kein Wunder, daß in diesem nervösen Tollhaus einer der Passagiere seine Aktentasche auf einer Bank des Warteraums stehenließ. Es ist ungewiß, wann er dies bemerkte, möglicherweise gleich nachdem die Maschine über die Rasenfläche rollte und sich in die Luft erhob, doch da war es bereits zu spät. Vielleicht hat er auch geschrien; im Lärm der Maschine war das aber nicht zu hören, ebenso wie nicht bemerkt wurde, daß die Frau auf dem Flugplatz vor Kummer in Ohnmacht fiel.

Ruhig Blut bewahrte nur der ortsansässige Taschendieb Laburda, ein so unbedeutender Mensch, daß ihn nicht einmal Herr Bouše kannte. Dieser Laburda sah die Aktentasche auf der Bank stehen und schob sich unauffällig in ihre Nähe. Ihm war klar, daß jemand, der sich in die Lüfte erhebt, anderes in der Tasche trägt als nur Akten, wie Beamte sie im Autobus mitnehmen.

Er rechnete zumindest mit einem Packen Hundertkronenscheine oder mit Schmucksachen – und erlebte bereits hinter der Strauchumfriedung des Flugplatzes eine herbe Enttäuschung. Die Tasche enthielt ausschließlich Papiere. Als er zu seinem Kummer erneut feststellte, daß sich weder ein Etui mit einem Ring noch eine goldene Zigarettenspitze darin befand, beschloß er, wie er später aussagte, die Akten wegzuwerfen und nur die Tasche zu behalten; die könnte er dann in der Kneipe für zwei Bier verscherbeln.

Da Laburda aber nun ein zwar ortsansässiger, dessenungeachtet aber ein versierter Dieb war, guckte er sich die Papiere an, die er wegwerfen wollte, und bekam heiße Ohren. Er gehörte zu denen, die erst um den Oktober herum größere Diebstähle begingen, um sich ein Obdach für den Winter zu sichern. In dieser Jahreszeit paßte ihm ein großer Fischzug nicht in den Kram. Außerdem begriff er, daß es alles andere als ein Jux war, wenn auf einer Akte der Stempel des Verteidigungsministeriums und in großen Buchstaben das Wort GEHEIM prangte, denn das konnte ein paar Jährchen kosten. Und Laburda, seines Zeichens Landstreicher und Dieb, liebte die Freiheit.

Er entschloß sich, die Aktentasche zurückzutragen. Zu seinem Pech hatte ein Angestellter den Warteraum schon längst wieder abgeschlossen. Damals flog man nicht so oft am Tag wie heute, das Flugzeug war weg, und keiner hatte hier mehr etwas zu suchen. So konnte Laburda die unselige Aktentasche nicht an ihren Platz zurücklegen.

Da fiel ihm ein, daß es noch eine andere Möglichkeit gab.

Eine ungewöhnliche zwar, eine äußerst seltsame, doch immerhin eine Möglichkeit: die Gendarmeriestation. Warum konnte beispielsweise ein Laburda nicht eine Aktentasche finden und sie aus reiner Ehrlichkeit abliefern? Diese Aktentasche war bestimmt von großem Wert, und dementsprechend könnte die Belohnung ausfallen! Wer weiß, vielleicht überreichte der Chef der Gendarmerie ihm höchstpersönlich einen Umschlag mit einem ganzen Hunderter, und alle Gendarmen ringsum müßten strammstehen! Wenn es schon nicht mit Diebstahl ging, dann klappte es vielleicht mit Ehrlichkeit. Womöglich brachte sogar Ehrlichkeit etwas ein, allerdings hatte Laburda noch keine diesbezüglichen Erfahrungen.

Und so schlug er einen Weg ein, den er noch nie aus eigenem Antrieb, sondern immer nur dann gegangen war, wenn man ihn zum Verhör führte. Er ging zur Gendarmeriestation und spürte, wie ein edles Gefühl sein Herz erfüllte.

Entschlossen öffnete er die Tür. Als sich die scharfen Augen des Herrn Wachtmeisters Vodseďálek selber auf ihn richteten, verflüchtigte sich Laburdas edles Gefühl.

»Äh, bitte, wollen Sie entschuldigen, ich hab hier ...«

Er hielt die Aktentasche mit ausgestreckten Armen vor sich hin und verstummte.

Der Herr Wachtmeister Vodseďálek war kein heuriger Hase,

und als er den unsicheren Blick des bekannten Stromers und Langfingers sah, war er sogleich in seinem Element.

»Was bringst du mir da?« donnerte er streng.

»Ich hab ... Gefunden hab ich sie ... dafür gibt's Finderlohn, nicht wahr ...?«

Der Herr Wachtmeister lachte kurz auf. »Gefunden, was? Und was, meinst du, würdest du dafür kriegen?«

»Na ja, bitt schön, das ... das weiß ich nicht. Einen Tausender ... oder weniger ...«

»Oder weniger ...«, sagte der Herr Wachtmeister kopfnikkend. Und da er ein Mensch war, der, wie die Herren Verteidiger vor Gericht immer sagen, den richtigen Ton zu finden vermochte, hieb er mit der Faust auf den Tisch und brüllte: »Wo hast du die Tasche geklaut, du Rumtreiber?«

»Ich ... ich ...«, stotterte Laburda und merkte, daß er verloren war.

»Du denkst, du kannst was rausschinden, und kommst her und spielst mir Theater vor, was? Da ist dir klargeworden, daß du in der Kaschemme nichts für die Aktentasche kriegst, und schon mimst du hier den Ehrlichen! Ausgerechnet du, Laburda! Und akkurat deinetwegen werd ich lange Fundprotokolle schreiben! Du marschierst ins Kittchen, du Halunke!«

Der Herr Wachtmeister packte Laburda mit geübtem Griff am Ärmel und schob ihn in den Gang hinaus. Dort öffnete er mit einer Hand die Tür zu einem finsteren Raum und stieß mit der anderen Laburda hinein, noch ehe dieser beteuern konnte, daß er nur mal ehrlich sein wollte.

Dann schnaufte der Herr Wachtmeister und ging ins Büro zurück, um sich die Tasche anzusehen. Als er sie öffnete, wurde sein weinrotes Gesicht blaß. Heiliger Strohsack, die Tasche steckt ja voller Dokumente, in denen von einer Mobilmachung im Kriegsfall die Rede ist!

»Das ist schlimmer als im Kino«, stöhnte er. »Dieser Laburda gehört aufgehängt ... Oder vielleicht nicht?«

Seufzend wählte er die Nummer der Polizeidirektion.

Nun begann ein Tanz, den weder der Wachtmeister Vodseďálek noch der Dieb Laburda je vergessen würden. Übrigens auch wir nicht, die wir mit solchen Dingen schon unsere Erfahrungen hatten.

Zuerst rasten zwei Autos zur Gendarmeriestation Kbely.

Die Beamten verhörten den Wachtmeister und Laburda zugleich. Dann blickten sie in die Aktentasche und bekamen ebenfalls zittrige Hände. Denn das war ein Fang, wie er nur in Romanen vorkommt.

»Also, ich verstehe ja so manches, aber wie der Täter die Aktentasche hat vergessen können, das ist mir ein Rätsel«, soll der Chef der Inzet gesagt haben.

Als der Herr Rat Vacátko wenig später von diesem Ausspruch erfuhr, lachte er giftig. »Ein Rätsel ist ihm das ... Und dabei ist das so klar wie dicke Tinte. Hätte der Mensch so was zum erstenmal gemacht, dann hätte er die Schriftstücke in einem Leinenbeutel unterm Hemd versteckt. Da er es aber so oft tat, gewöhnte er sich daran. Und wenn man sich an etwas gewöhnt, dann wird man vergeßlich ... So wie ich zum Beispiel. Ich hab mich schon so an meine Frau gewöhnt, daß ich kürzlich ihren Geburtstag vergessen habe.«

Nicht nur die zuständige Abteilung wurde von Panik erfaßt, sondern auch das Ministerium. Wie es schien, war der Fall so bedeutsam, daß die gesamte Prager Polizei nicht dafür ausreichte. Es bestand die Gefahr, daß man die Armee zu Hilfe holte.

Die Einsatzwagen jagten aus dem Tor der Polizeidirektion, als sei tatsächlich schon irgendwo der Krieg ausgebrochen. Und dabei war nur ein unbekannter Herr nach Dresden geflogen.

Während Hinz und Kunz vernommen wurde, während die Polizei die Passagierlisten durchkämmte, klingelte im Büro der Fluggesellschaft das Telefon. Eine Angestellte nahm den Hörer ab und vermochte offensichtlich eine Weile nicht zu verstehen, worum es sich handelte. Dann sagte sie halblaut: »Ach so, dort ist Dresden ...«

Die Polizisten, von denen es im Büro nur so wimmelte, blickten ganz verdattert drein. Ogottogott, Dresden ... Wenn wenigstens der Chef hier wäre! Was ist zu tun?

»Wie bitte? Eine Aktentasche? Was für eine Aktentasche ...?« sprach das Fräulein ins Telefon.

Die Polizisten rangen die Hände und bedeuteten dem Fräulein sie solle sagen ... Doch keiner wußte, was sie denn nun sagen sollte. Der eine machte ihr mit Gesten klar, sie solle antworten, es sei keine Aktentasche da ... Ein anderer wieder winkte, nein, sie sei doch da. Das machte das Fräulein ganz konfus, doch sie spielte standhaft mit. Bis zur Erschöpfung wiederholte sie: »Ich verstehe nicht. Wir sind unterbrochen worden, ich habe nichts verstanden, wiederholen Sie bitte!«

Dabei wartete sie mit rollenden Augen darauf, daß man ihr endlich um Gottes willen erklärte, was sie sagen solle.

Schließlich kam ihr aus schierer Verzweiflung eine Erleuchtung, und sie sagte in völlig gleichgültigem Ton: »Ja, eine Aktentasche hat sich angefunden ... Ich lasse sie hier aufbewahren. Auf welchen Namen, bitte?«

Zweifellos war es ein sehr kluges Fräulein. Sie notierte auf einem Zettel den Namen: »Filous ... F wie František, großes I wie Ivan ... Ich verstehe.«

Einer der Polizisten öffnete den Mund, um ihr verständlich zu machen, sie solle sich erkundigen, wann er komme. Doch in diesem Augenblick hatte der Mann in Dresden keine Frage mehr und hängte auf.

Ein jüngerer Oberwachtmeister kniete vor dem Fräulein nieder und bot ihr auf der Stelle für die Dienste, die sie der Polizei erwiesen hatte, seine Hand an. Die hartgesottenen Männer ringsum schnieften vor Rührung. Der Apparat lief von neuem an, mit noch höherer Tourenzahl. Es war der reinste Zirkus.

Filous ... Filous ..., tickten alle Apparate, die zur Verfügung standen. Filous ... Wer ist dieser Filous? Nach kurzer, dafür aber überraschungsreicher Nachforschung stellte sich heraus, daß es sich um einen Hauptmann handelte, der im Verteidigungsministerium Dienst tat – als gewöhnliche Büromaus, als kleiner Beamter, den niemand näher kannte. In der Amtssprache hieß sein Posten »Offizier des Konzeptionsdienstes«, aber was war er schon für ein Offizier? Er trug eine unauffällige Uniform mit gelb gepaspelten Infanteriespiegeln, und seine Ärmel waren wie bei jedem alten Konzipisten an den Ellbogen durchgescheuert. Doch um im Verteidigungsministerium Akten tragen zu dürfen, mußte man zumindest im Hauptmannsrang sein. Und dieses, ausgerechnet dieses Menschlein, das keiner kennt, fliegt mit dem Mobilmachungsplan nach Dresden!

Wie gelangte so ein Mensch überhaupt in den Besitz dieser furchtbar geheimen Akten?

Genauso wie eine Sekretärin in eine Beratung von Generaldirektoren gelangt: Sie bringt den Kaffee hinein. Genauso wie ein Diener das Arbeitszimmer des Ministers betritt: Er öffnet die Tür. Genauso wie der Chauffeur eines Generals alles über die letzte Übung erfährt: Er hört zu, wenn sich die Herren im Wagen unterhalten.

Filous trug Akten und legte sie ab. In Gegenwart seines Chefs, eines Obersten des Konzeptionsdienstes, verschloß er sie in einem besonderen Tresor. Und manchmal nahm er sie dort auch wieder heraus.

Noch am selben Tag bekamen alle Offiziere, die auf demselben Flur wie Filous beschäftigt waren, zu ihrem Erstaunen Hausarrest. Sein Chef, Oberst Lustig, wanderte schnurstracks in den Karzer. Er hatte nicht die geringste Ahnung, was geschehen war, und seine größte Sorge bestand darin, daß Filous ihm die Fische im Arbeitszimmer auch ja richtig füttere. Denn Zierfische waren die große Leidenschaft des Obersten, sicherlich eine edle Leidenschaft. Hauptmann Filous hatte die prachtvollen Exemplare der Schleierschwänze, die der Oberst züchtete, oft genug mit Wohlgefallen betrachtet. Einmal brachte er seinem Vorgesetzten einen gläsernen Futterring mit, in den man getrocknete Wasserflöhe streute. Es war ein Geschenk aus Deutschland. Der Oberst war gerührt: »Das ist halt ein großes Volk! Die stellen alles her.«

Er fügte hinzu: »Wenn Sie wieder mal hinfahren, bringen Sie mir einen gläsernen Schlammheber mit. Dort gibt es die besten. Sie wissen ja, deutsch bleibt deutsch ...«

Hauptmann Filous versprach, es nicht zu vergessen, falls er wieder einmal zufällig nach Deutschland führe.

Die Inzet besaß zwar alle möglichen Vermerke und Angaben über die Offiziere des Generalstabes, sie wußte, wer von den Herren Karten spielte und wer ein Schürzenjäger war, doch über diesen Hauptmann Filous wußte sie rein gar nichts. Was sich jetzt in aller Eile feststellen ließ, war keinen Pfifferling wert: ein einsamer Junggeselle, vielleicht auch Witwer, von der Hauswartsfrau gelobt, hockt nicht in Kneipen, spielt nicht Karten, geht den Weibern aus dem Weg. Als man seine Mitarbeiter nach ihm befragte, mußten einige erst eine Weile nachdenken: »Filous ... Filous ... Ach der! Aber der ist doch so ein Trottel!«

Doch ausgerechnet dieser Trottel fuhr fortwährend mit einer Aktentasche, vollgestopft mit Schriftstücken, die überhaupt nicht mit Gold aufzuwiegen waren, nach Dresden. Es stand außer Zweifel, daß er auch mit Gold dafür bezahlt wurde. Was dieser nichtssagende Mensch mit seinem Gold anfing, war ein Rätsel.

Die Untersuchung wurde blitzartig und großzügig geführt, die Nachrichtenzentrale geriet außer Rand und Band. Ein Polizeikordon riegelte den Flugplatz ab, und zwei Motorradfahrer bezogen Posten, um sofort nach der Landung zum Flugzeug zu fahren. Auf allen Bahnsteigen des Bahnhofs standen Schutzleute. Die Gemeinde Kbely war so mit Gendarmen vollgestopft, daß sich die Leute zuflüsterten, der Herr Präsident werde erwartet.

Und die Büros der Fluggesellschaft sahen aus wie Kasernen der Prager Polizei.

Mich verwunderte am meisten, daß sich dieser Mensch so seelenruhig nach seiner Aktentasche erkundigt hatte. Und jetzt kam er auch noch ihretwegen zurück! Ich wäre nach einem solchen Malheur wohl gleich in Dresden geblieben oder allenfalls heimlich, mit angeklebtem Schnurrbart, zurückgekehrt.

»Noch besser wär's, Sie täten, als hätten Sie ein Holzbein, junger Mann«, sagte der Herr Rat zu mir. »Dann würde Sie nicht einmal die Hausmeisterin erkennen.«

»Aber logisch gesehen, Herr Rat ...«

»Bleiben Sie mir doch mit Ihrer Logik vom Hals! Dächte man logisch, dann würde man weder stehlen noch morden noch spionieren. Die Menschen verstoßen eben gerade deshalb gegen die Gesetze, weil sie nicht logisch denken. Denn sonst wüßten sie, daß die Polizei sowieso alles herauskriegt. Oder fast alles. Dieser Bursche ahnt doch nicht, daß die Inzet schon alles in der Hand hat. Er setzt das nicht einmal voraus. Er glaubt, die Aktentasche liege irgendwo in einem Büro. Sehr dumm ist er, ich weiß, aber nicht nur er ... Kommen Sie!«

Wir gingen in die Detektivabteilung, wo sich die Männer von der Kripo aufhalten, wenn sie Dienst haben und nicht gerade unterwegs sind. Der Herr Rat rieb sich fröhlich die Hände und verkündete: »Meine Herren, ich habe eine kleine Aufgabe für Sie. Angenommen, Sie sollen einen Burschen festnehmen, der, sagen wir in Děčin, etwas ausgefressen hat und hierher zurückkommt. Wie stellen Sie das an?«

Die Herren nahmen das als guten Witz, und Herr Brůžek erklärte: »Das ist zwar schwer, aber zu schaffen. Am besten, wir erwarten ihn vor seinem Haus. Oder noch besser dort, wo seine Freundin wohnt.«

»Ich würde ihn auf dem Bahnhof abpassen, sicher ist sicher«, sagte Herr Rous.

»Oder auf dem Flugplatz«, meinte Herr Mrázek und lachte, denn er wußte genau, worauf der Herr Rat hinauswollte.

»Oder an der Dampferanlegestelle, da er ja aus Děčin kommt«, sagte Herr Bouše beflissen und nieste.

Der Herr Rat nickte lobend. »Und wann beziehen Sie dort Posten?«

»Je nachdem, wann er kommt ... Es gibt doch einen Fahrplan. Oder einen Flugplan, sofern es sich um ein Flugzeug handelt.«

»Oder den Fahrplan der Prager Dampfschiffahrtsgesellschaft, damit auch Herr Bouše zufrieden ist«, sagte der Herr Rat leutselig. »Richtig. Man muß den Fahrplan kennen. Die Herren von der Inzet kennen ihn nicht, und deshalb haben sie ihre Leute schon jetzt auf den Flugplatz geschickt, obwohl das Flugzeug erst morgen eintrifft. Sie warten auf dem Bahnhof, doch der Zug kann nicht eher als in der Frühe hier sein, da er des Nachts von Dresden abfährt.«

Die Herren lachten herzlich, denn es tat ihnen wohl, daß die Abteilung, welche die Kripo stets von oben herab behandelte, so herrliche Schnitzer machte.

Der Herr Rat nickte mir zu, und wir gingen hinaus. Auf dem Gang faßte er mich am Knopf: »Junger Mann, Sie haben zwar das Abitur, aber das schließt eine gewisse Intelligenz nicht aus. Was meinen Sie, worin besteht der größte Fehler all dieser Maßnahmen?«

Ich wußte es nicht.

»Er besteht darin«, sagte der Herr Rat feierlich, »daß keiner die Chaussee bewacht. Und auf der Chaussee wird der Kerl kommen. Mit dem Auto.«

»Herr Rat, wie können ... wie können Sie so sicher sein?« Ich fuhr fast vor Schreck zusammen.

»Dann werden wir mal ein bißchen zusammen überlegen. Um zwei Uhr fünfzehn kam der Anruf aus Dresden. Weshalb dieser Anruf? Weil der Mensch die Aktentasche sofort haben will. Aus Angst, selbstverständlich. Er hat es eilig, denn er fühlt sich nicht wohl in seiner Haut. Das Flugzeug fliegt morgen, der Zug fährt erst in der Nacht ... Wie kommt man da am schnellsten nach Prag? Mit dem Auto.«

»Werden die drüben ihm denn ein Auto geben?«

»Es genügt, wenn sie ihm ein bißchen behilflich sind. Sie besorgen ihm eine Taxe, deren Fahrer über die Grenze darf. Bis nach Hřensko. Kleiner Grenzverkehr, nicht wahr? Dort nimmt sich unser Herr Filous eine weitere Taxe. Nach Prag ... Und wann wird er dann hier sein?«

»Um Himmels willen, Herr Rat, das kann doch kein Mensch wissen!«

»Ich weiß es. Mir ist bekannt, daß Dresden von Prag hundertfünfzig Kilometer entfernt ist, also nehme ich die Durchschnittsgeschwindigkeit der Taxe, wobei ich voraussetze, daß Filous nicht früher als um drei abfahren konnte und an der Grenze eine halbe Stunde Aufenthalt hatte; meine Rechnung geht ziemlich genau auf. Nehmen Sie Ihren Hut, wir gehen in die Jungmannstraße ... Dort wird er gleich eintreffen.«

»Und das wissen die Herren von der Inzet nicht!«

»Die sind ja auch keine Kriminalisten«, sagte der Herr Rat Vacátko stolz.

»Das wird fabelhaft, wenn Sie ihn fangen!« rief ich begeistert.

»Ja, das wird fabelhaft – falls ich ihn fange«, korrigierte mich der Herr Rat.

Ich schwieg, obwohl mir bereits klar war, daß der Herr Rat seine Konkurrenz ungebührlich unterschätzte.

Ich versuchte, mir auszumalen, welche Gefühle diesen seltsamen Hauptmann Filous auf der Rückreise bewegten. An seiner Stelle erreichte ich vor Angst gar nicht erst das Ziel. Aber hatte Hauptmann Filous überhaupt Angst? Ja, der Herr Rat hat recht: Dieser Mann ist gewohnt, langsam und ruhig zu arbeiten. So arbeitet er schon lange und hat sich an dieses Tempo gewöhnt. Er ist als ein sorgfältiger Beamter bekannt, und das ist er in allem: Sorgfältig ordnet, registriert und evidiert er die Akten, und ebenso sorgfältig stiehlt er sie und fährt damit über die Grenze. Danach verwahrt er sie hinter dem Rücken seines Chefs, der sich übers Aquarium beugt, wieder ebenso sorgfältig zusammen mit anderen Akten im Safe. Wann immer die Herren vom Präsidium oder vom Generalstab es wünschen, stehen ihnen die Akten zur Verfügung. Auf Hauptmann Filous vom Konzeptionsdienst ist Verlaß.

Vielleicht quälte ihn unterwegs am meisten die Befürchtung, die Akten könnten samt Tasche womöglich doch verlorengegangen sein. Das wäre freilich ein Schlag. Nicht so sehr wegen der Mobilmachungspläne, die ließen sich letzten Endes neu anfertigen. Aber der Gedanke, ein Aktenstück könne abhanden gekommen sein, war für einen so sorgfältigen Beamten wie Filous schlechthin unvorstellbar. Eine Akte ist dazu da, nicht abhanden zu kommen ... Vielleicht hatte er auch tief aufgeatmet, als er am Telefon erfuhr, daß die Aktentasche noch vorhanden war. Vielleicht hatte er sich vergnügt die Hände gerieben: Gleich nach der Rückkehr werde ich die Akten wegschließen. Nach Dresden bringe ich sie später mal.

Vielleicht war dieser Mensch wirklich so. Vielleicht brauchte er, gerade weil er ein so pedantischer Beamter war, in seinem Leben ein Gegengewicht. Das Abenteuer ... Das wahnsinnigste Abenteuer, auf das sich ein Beamter einlassen kann: ein Schriftstück von seinem vorgeschriebenen Platz zu entfernen und über die Grenze zu schaffen.

Sonderbar, daß man ihm das Fotografieren von Akten nicht beigebracht hat. Vielleicht ist er aber auch zu ungeschickt dazu. Etwas so Kompliziertes würde er nie erlernen. Er braucht es nicht. Er ist auf geniale Weise einfältig, auf geniale Weise ruhig. Jetzt bemüht er sich, seine Aktentasche auf schnellstem Wege wiederzuerlangen. Wenn er sie in den Händen hat, wird er mit der Elektrischen zum Ministerium fahren. Ein Taxi fiele nur auf. Er ist genial in der Art, wie er es schafft, unauffällig zu sein.

»Herr Rat«, sagte ich, als wir die Jungmannstraße entlanggingen, wo sich dazumal die Fluggesellschaft im Gebäude der Škoda-Werke befand, »Herr Rat, das ist doch eine Riesenaffäre! Ich glaube, so etwas hat es bei uns noch nicht gegeben. Und dabei ist alles nur ein dummer Zufall! Zufällig stiehlt ein kleiner Dieb eine zufällig vergessene Aktentasche und kriegt zufällig einen solchen Schreck, daß er sie zur Gendarmeriestation bringt ...«

Der Herr Rat seufzte: »Mein Vorgänger, der Herr Oberpolizeirat Knotek, hat immer gesagt, ohne Zufall kann man überhaupt nicht leben. Schließlich wird der Mensch ja auch durch Zufall geboren.«

Wir konnten uns unseren Überlegungen nicht weiter hingeben, da zwischen den Fußgängern auf der Straße ein Auto auftauchte. Es raste so schnell, wie ein alter Pragovka eben rasen kann. Es war eine Taxe, sie trug keine Prager Nummer. Aufgeregt drückte der Herr Rat meinen Ellenbogen.

Die Taxe stoppte vor dem Flugbüro. Ein kleiner Mann mittleren Alters, unauffällig gekleidet, stieg aus und ging auf das Büro zu.

Doch in dem Augenblick, als er die Hand auf die Türklinke legte, zögerte er. Rasch blickte er sich um, und ich sah seine Augen: die hurtigen, unruhigen Augen eines Menschen, der zu schauen versteht ...

Er sah die Schutzleute auf der Straße, er sah die Schutzleute im Büro.

Ich preßte die Lippen zusammen, um nicht aufzuschreien.

Seine Hand ließ hastig die Klinke los. Er zögerte, als wolle er zum Auto zurück. Doch schon stand der Herr Rat zwischen ihm und dem Auto. Im Nu gerieten die herumstehenden Polizisten in Bewegung. Sie erkannten Hauptmann Filous nicht, da sie nicht wußten, wie er aussah. Sie erkannten aber den Herrn Rat Vacátko und sahen, wie er die Arme ausbreitete. Der Mann wandte sich zur Flucht. Er rannte in einen Torweg und sprang die Treppe hinauf.

Der Herr Rat zog die Pfeife und pfiff. Seine Leute waren nicht da, doch der Ton einer Polizeipfeife macht sämtliche Polizisten auf der Welt munter.

Sie stürzten hinter dem Flüchtling her.

Der Mann lief weiter nach oben, man sah seine Füße an den metallenen Geländerstäben vorbeihuschen. Seine Flucht war offensichtlich ein verzweifeltes Unternehmen. Wo wollte er hin? In dem Haus gab es nur Büros. Auf den Boden? Dort würden sie ihn einholen ... Über die Dächer? Er sah nicht so aus, als sei er dazu fähig – und außerdem konnte man ihn dann überall in den Straßen der Umgebung verfolgen.

Hauptmann Filous, dieser pedantische und ruhige Beamte, ist also schließlich selbst in Panik und Angst geraten! Er läuft, läuft, hat aber keine Hoffnung auf Rettung. Die Falle ist schon hinter ihm zugeschnappt.

Das Haus hatte vier Stockwerke. Danach kam die schmale Bodentreppe. Die Eisentür zum Dach war verschlossen. Filous ist verloren. Das Treppenhaus wimmelt von Polizisten. Wird er womöglich hinunterspringen? Wird er zugrunde gehen und sein Geheimnis mit ins Grab nehmen?

Der Mann steht vor der verschlossenen Tür, und seine Kiefer mahlen schnell. Es ist unglaublich: der Mensch kaut etwas. Dann schluckt er es herunter ...

Und schon sind sie bei ihm, packen seine Hände, rufen, er sei verhaftet, legen ihm Handschellen an, schleppen ihn treppab. Hauptmann Filous wehrt sich nicht. Er macht ein Gesicht, als habe er sein Ziel erreicht.

Im Treppenflur des Škoda-Palastes begegneten sich auch zwei mächtige Männer: der Herr Rat Vacátko und der Chef der Inzet. Sie verbeugten sich tief voreinander. Der Chef der Inzet flüsterte: »Ich danke Ihnen, Herr Rat, für Ihr Eingreifen. Der Mann war allerdings praktisch schon festgenommen.«

Der Herr Rat Vacátko lächelte höflich. »Festgenommen ist er praktisch erst jetzt. Ich gratuliere Ihnen zu Ihrer erfolgreichen Großaktion.«

Auf der Straße stauten sich die Leute, die keine Ahnung hatten, was vorging. Auf den erstaunten Taxifahrer traten Polizisten mit dem Fahrgast zu, dessen Hände gefesselt waren. Sie befahlen dem Fahrer, zur Polizeidirektion zu fahren, doch der Chauffeur war aus der Provinz und wußte überhaupt nicht, wo sich die

Direktion befand. Im Kabinett des Ministers klingelte das Telefon und meldete, daß der gesuchte Hauptmann Filous, der Spion und Verräter, verhaftet worden sei.

Als wir in die Vier zurückgingen, schwieg der Herr Rat. Dann hob er plötzlich den Kopf. »Wissen Sie, was ich noch immer nicht verstehe? Warum dieser Mensch weggerannt ist. Er mußte doch wissen, daß er keine Hoffnung mehr hatte.«

»Ein Mensch hat wahrscheinlich immer Hoffnungen«, sagte ich.

»Nein, nicht immer ... Filous hatte etwas vor. Er brauchte noch ein wenig Zeit ... Doch wozu eigentlich?«

Die Antwort darauf erhielten wir am nächsten Morgen. Der Herr Rat ließ mich rufen und verkündete mir triumphierend: »Jetzt weiß ich, warum er weggerannt ist! Hab ich Ihnen nicht gesagt, das Bürschlein sei in seiner Dummheit geradezu genial? Genial war er bis zum letzten Moment. Er ist weggerannt, um Zeit zu finden, drei Blätter aus dem Paß zu reißen und zu verschlucken.«

»Warum gerade drei? Warum nicht den ganzen Paß?« fragte ich verwundert.

»Junger Mann, versuchen Sie mal, einen ganzen Paß herunterzuwürgen, wenn Ihnen die Polizei auf den Fersen ist. Er brauchte nur die drei Blätter zu beseitigen, auf denen die Vermerke über seine Ausreise und Einreise standen.«

Jetzt ging auch mir ein Licht auf. Dieser Mensch hatte den Beweis dafür vernichtet, daß er schon des öfteren nach Dresden gefahren war. Als er sah, daß er verloren war, dachte er sogleich an die juristischen Folgen, an seinen bevorstehenden Prozeß. Niemand würde ihm nachweisen können, daß er ein Spion war, der Staatsgeheimnisse verkaufte. Nachweisen könnte man ihm nur einen einzigen Versuch, Staatsgeheimnisse zu veräußern. Selbst ein Militärgericht muß schließlich Beweise haben.

Jawohl, er war in letzter Minute aus der Schlinge geschlüpft und hatte sich sein Lebenslänglich gesichert ... Ein großartiger Sieg ist das nicht, das stimmt. Aber großartig ist es, in einem solchen Augenblick der Erregung noch an juristische Einzelheiten zu denken. Davor kann man nur den Hut ziehen!

»Was hab ich Ihnen gesagt, junger Freund? Dumm bis zur Genialität! So ein Mann ist schlecht zu belangen, selbst wenn man ihn fängt.«

Und da sagte ich, der kleine Grünschnabel von einem Kriminalanwärter: »Herr Rat, ich war doch dabei, ich hab alles mit angesehen. Wenn Sie nicht gewesen wären und rechtzeitig gepfiffen hätten, dann wäre er trotz des ganzen Trubels überhaupt nicht geschnappt worden!«

Der Herr Rat sagte nichts, wahrscheinlich hörte er meine Worte aber gern. Dann schüttelte er den Kopf und sagte streng: »Vergessen Sie, daß Sie überhaupt etwas gesehen haben, die ganze Sache ist äußerst geheim.«

Und so bin ich Zeuge, wenn ich es auch nirgendwo bezeugen kann, daß der Herr Polizeirat Vacátko den Spion Filous gefangen hat, obwohl das überhaupt nicht seine Aufgabe war.

Ich bin schon ein alter Richter, deshalb brauchen Sie sich nicht zu wundern, daß ich viel Zeit zum Nachdenken habe. Nicht über die Prozesse, die ich geführt habe, sondern über das Recht und seinen Sinn. Denn die Prozesse selbst sind nicht unbedingt das Wichtigste. Ein Prozeß ist ein Werk von Menschenhand und deshalb gegen Irrtümer nicht gefeit, um mit den alten Rechtsgelehrten zu sprechen. Er kann gut und schlecht ausgehen, je nachdem, was man sich darunter vorstellt. Wie oft habe ich schon von meinen Kollegen den Vorwurf gehört, ich hätte einen Prozeß schlecht geführt, weil er nicht ihren Vorstellungen entsprach, wogegen er den Verurteilten recht gut dünkte. Für einen Betrüger ist ein Verfahren dann gut, wenn er nur die Hälfte der Strafe aufgebrummt kriegt. Für den Richter ist es schlecht, wenn es ihm Scherereien macht. Für den Advokaten ist es besonders schlecht, wenn es in der ersten Instanz abschließt und so keine weiteren Instanzen mehr zuläßt. Mit den Begriffen »gut« oder »schlecht« kommen wir also nicht weit; ich habe in meinem Leben viel gute und viel schlechte Prozesse geführt, doch die sind es nicht, die mein altes Herz beunruhigen. Mich bedrückt ein Prozeß, der in jeder Hinsicht gut, ja sogar ausgezeichnet verlief, dem Angeklagten aber zu guter Letzt doch großes Unglück brachte.

So stelle ich mir die Frage, worin eigentlich der Sinn des Rechts und der Gesetze besteht. Sie sollen vor Schlechtigkeit – auch der eigenen – schützen, sie sollen bessern. Wird nun aber ein Gesetz falsch oder unrichtig angewandt, nämlich so, daß es weder den Angeklagten bessert noch andere schützt, wer hat dann schuld? Natürlich nicht die Gesetze, sondern der Richter.

Wie oft habe ich mich wohl auf diese Weise schuldig gemacht?

Der Prozeß, an den ich so oft denken muß, war kompliziert und brachte die gesamte Rechtswissenschaft in eine ungewöhnliche Lage. Ich muß gestehen, daß ich das gewußt und sogar ein bißchen nachgeholfen habe. Damals war ich noch ehrgeizig und wünschte mir, alle mögen sehen, wie weise ich die unglückselige Rechtswissenschaft wieder aus ihrer prekären Situation befreie. Was für eine Torheit! Je mehr ein Richter auf die erlauchte Justiz Rücksicht nimmt, desto weniger denkt er an den Angeklagten, und das ist ein großer Fehler.

Ich muß Ihnen sagen, daß ich schon allerlei Leute verurteilt habe: Hühnerdiebe und Mörder, Betrüger und eifersüchtige Ehefrauen, die ihrem Mann Gift ins Essen getan hatten, Unglückliche und Ausgekochte, Menschen, die ihre Tat zutiefst bereuten, aber auch solche, die das Gefängnis durch die eine Tür verließen und zur anderen wieder hereinkamen. Dagegen ist einfach kein Kraut gewachsen, so ist nun mal das Leben.

Doch der Fall dieses Hellsehers bereitet mir nach wie vor Kummer, obwohl die Sache lange her ist und obwohl gerade dieser Fall in juristischer Hinsicht einwandfrei war. Sehr ungern sage ich: der Fall, viel lieber sage ich: der Mensch. Ich bin zu der Ansicht gelangt, daß trotz aller Größe, die dem Recht eigen ist, der Mensch das Maß aller Dinge ist. Den Menschen begreifen kann das Gesetz freilich nicht, dafür ist es zu unpersönlich. Den Menschen begreifen muß der Richter. Worin bestünde sonst seine Aufgabe?

Wie jedem Richter sind mir die einfachen Übeltäter am liebsten, die ihre Jahre abreißen, entlassen werden und dann weder vor dem Gesetz noch vor dem eigenen Herzen schuldig sind.

Oft habe ich erlebt, und das erfüllt mich mit mehr Stolz als ehrenvolle Anerkennung, daß die Tür meines Arbeitszimmers aufging, ein bläßlicher Mensch, ein kleines Wäschebündel unter dem Arm, zu mir hereintrat und sagte: »Herr Gerichtsrat, ich komme, um Ihnen zu danken. Sie haben beliebt, falls Sie sich dessen erinnern, mir runde sechs Jahre aufzubrummen, und ich habe in diesen sechs Jahren nachgedacht ... Das hat mir sehr gut getan.«

Der Mensch, von dem ich spreche, dieser Hellseher, an dessen Prozeß ich immer noch denken muß, ist nicht nach sechs Jahren zu mir gekommen, übrigens habe ich ihn nicht dazu verurteilt ... Und das war anscheinend ein Fehler. Nicht etwa ein Fehler meiner richterlichen Gerechtigkeit, denn gegen die habe ich nicht verstoßen, sondern ein Fehler, dessen sich das schadenfrohe menschliche Schicksal bediente. Eigentlich habe ich diesen Mann dem Schicksal erst in die Hände gespielt.

Was ist überhaupt Gerechtigkeit? Sicherlich, wie es in den Akten heißt, die Übereinstimmung von Tun und Recht ... Aber von was für einem Recht sprechen wir eigentlich? Von dem Recht, das uns die Vernunft eingibt, oder von dem, das den menschlichen Vorschriften entspringt? Zwischen beiden kann ein erheblicher Widerspruch bestehen. Nehmen Sie nur das Hexengesetz. Das war doch eine gültige Rechtsnorm, und auf Grund dieser Norm, also dieses Gesetzes, wurden Frauen verbrannt. Ich spreche nicht zufällig davon, denn ich werde Ihnen gleich von einem richtigen Hexenprozeß erzählen.

Ein Hellseher ist natürlich kein Zauberer, und wir sind keine mittelalterlichen Fanatiker. Außerdem kann sich jeder mit Recht fragen: Wie ist es überhaupt möglich, daß ein Hellseher vor Gericht gestellt wird? Ist er ein richtiger Hellseher, der die Zukunft voraussieht, dann läßt er sich gar nicht erst erwischen; steht er aber vor Gericht, dann hat er selbst den Beweis dafür geliefert, daß er kein Hellseher ist.

Es ist schon eine alte Frage, ob der allmächtige und allwissende Herrgott Richter über das Tun der Menschen sein kann. Anscheinend wäre er der idealste Richter, da er alles weiß und alles vermag. Wenn er aber im voraus weiß, daß ein Mensch eine Scheune anstecken will, dann erhebt sich die Frage, warum er das nicht verhindert, zumal er doch allmächtig ist. Oder verhindert er es mit Absicht nicht, um sich nur eine Klientel zu schaffen und jemand verurteilen zu können?

Bei einem Hellseher ist die Sache noch komplizierter. Überlegen wir nur einmal, ob sich ein Arzt einen Furunkel auf dem eigenen Rücken aufschneiden kann? Er vermag es nicht, weil er dort nichts sieht, weil er dort nicht hinlangen kann. Genauso ist es mit dem Hellseher: Er sieht sein eigenes Schicksal einfach nicht, er langt da nicht heran. Und so kann schließlich sogar er vor Gericht kommen.

Ich drücke mich absichtlich so einfach aus, im übrigen ist der Terminus Hellseher nicht ganz exakt.

Es besteht ein Unterschied zwischen dem Hellsehen und der Vorausschau oder Präkognition. Sie wissen ja, ich mußte das Zeug studieren. Deshalb ist mir bekannt, inwieweit etwas mit Telepathie zusammenhängt und wo es manchmal in Psychokinese übergehen kann, das heißt in die Fähigkeit, mittels der Gedanken Gegenstände zu beeinflussen. Ich kann Ihnen mindestens ein Dutzend Fälle nennen, wo verschiedene Personen mitten im Schlaf geweckt wurden oder wo sie selber das träumten, was ihre Angehörigen gerade erlebten.

Sie lächeln? Sie fragen sich, wie ein Richter, dem die ganze vollkommene Rechtswissenschaft zur Verfügung steht, exakt und klar wie die Mathematik, an derlei Dinge zu glauben vermag? Sie sind ein glücklicher Mensch, da Sie all das mit einer Handbewegung abtun und als Narretei bezeichnen können.

Doch was soll ein Richter dazu sagen, dem man einen Hellseher vor die Schranken stellt?

Sicher, Sie könnten mir ein Dutzend Fälle aufzählen, in denen sich derartige Dinge, wie Träume und Gedankenübertragung, als Betrug erwiesen haben, und Sie könnten ein weiteres Dutzend Fälle hinzufügen, wo sich ein Hellseher oder Telepath ordentlich in die Nesseln gesetzt hat. Wissen Sie aber, daß im Grunde nicht einmal das den Begriff Hellsehen widerlegt?

Zumindest nicht für das Gericht. Nehmen wir ein Beispiel aus der Mathematik. Da rechnet jemand eine Gleichung falsch aus und liefert so den Beweis, daß er entweder die Gesetze der Mathematik nicht beherrscht oder sich geirrt hat. Das beweist jedoch nicht, daß die Mathematik keine Wissenschaft ist. Und so ähnlich ist es mit dem Hellsehen. Irren kann sich jeder, sogar ein Hellseher.

Auch ein Richter kann sich irren, teurer Herr, und das ist schlimmer.

Natürlich darf, ja muß er in strittigen Fällen Sachverständige hinzuziehen und ihre Meinung als Fachmann einholen. Als es um das Hellsehen ging, zog ich die bedeutendsten Universitätsprofessoren zu Rate. Ich sehe Sie schon wieder abwinken: Für mich, sagen Sie, kann selbst ein Universitätsprofessor ein Narr sein, ich glaube an keine geheimen Kräfte.

Sie glücklicher Mensch, um wieviel besser sind Sie dran als der Richter, der alles, was ein Sachverständiger sagt, berücksichtigen muß. Sachverständige können sich irren, doch der Richter kann, wenn er sie angehört hat, kein falsches Urteil fällen. So verlangt es wenigstens das Gesetz.

Es ist jetzt an die hundert Jahre her, daß ein Bauer aus dem Schlesischen vor Gericht stand, angeklagt der Zauberei und des Bündnisses mit dem Teufel, weil er mit einem wassergetränkten Schwamm Personen männlichen und weiblichen Geschlechts gewaschen und behauptet hatte, sie damit gesund zu machen. Übrigens behaupteten das auch seine Patienten. Der Richter zog einen Fachmann zu dem Prozeß hinzu, einen Hofmedikus aus Wien, denn damals konnte man doch nicht mehr einfach an Hexerei glauben. Und schau'n Sie, der Hofmedikus getraute sich das Corpus delicti erst dann zu zerschneiden, als es mit Weihwasser besprengt war. Er zerschnitt den Schwamm, um mit Bestimmtheit sagen zu können, daß er keinen Teufel darin gefunden habe. Allerdings lebte man damals schon in einem aufgeklärten Jahrhundert und wußte also, daß der Teufel nur in seiner geistigen Gestalt in dem Schwamm enthalten sein könne, demzufolge habe es keinen Sinn, den Schwamm selbst in kleinste Stückchen zu zerschneiden, da die teuflische Emanation implicite in jedem der kleinen Schnipsel stecken konnte. Ja, das war so vor hundert Jahren, und heute lachen wir darüber. Um so mehr, als wir wissen, daß dieser Bauer Vincenz Prießnitz hieß.

Nun sagen Sie doch, sollte ich ein Richter werden, den die Menschen hundert Jahre später als Rückschrittler auslachen würden?

Und was ist an diesem Streit eigentlich rückschrittlich? Die Hellseherei anzuerkennen oder das Gegenteil? Das ist eine verdammt schwierige Situation für einen Richter, auch wenn er den Titel eines Obergerichtsrates trägt!

Der ganze Prozeß war durch einen Zufall an mir hängengeblieben, der Hellseher gab nämlich gerade in unserer Kreisstadt seine Vorstellungen. Ich selbst besuchte sein Spektakel nicht, doch man erzählte, es sei bemerkenswert und aufregend gewesen.

Nach jeder Vorstellung teilte der Herr mit den schwarzen beschwörenden Augen, Erik Jochanaan Hanussen, dann mit, daß er in seiner privaten Ordination Ratschläge in persönlichen Angelegenheiten erteile.

Er pfuschte auch der Gendarmerie bei ihrer Fahndung ins Handwerk. So soll sich einmal in Liberec eine Familie mit der Bitte an ihn gewandt haben, er möge sagen, wo ihr Onkel, ein reicher Schlächter, abgeblieben sei, auf dessen Erbschaft man vergeblich wartete. Der Vermißte konnte nicht für tot erklärt werden, da die Gendarmen noch nicht die geringste Spur von ihm entdeckt hatten. Der Hellseher teilte der Familie mit, der Onkel sei tot, er sei in einem einsamen Haus ermordet worden und man werde seine Leiche finden. Wann, das sagte er nicht, und das schaffte allerlei Verdruß, da die ungeduldigen Hinterbliebenen den Gendarmen mit diesem Orakel zu Leibe rückten, und nichts bringt die Gendarmerie so in Rage wie die Behauptung, sie arbeite schlecht.

In unserer Stadt strömten die Leute scharenweise in seine Vorstellungen.

Auch die Gattin eines Stabswachtmeisters der Gendarmerie erschien, und eine solche Frau gilt in der Kleinstadt schon als Dame und führt sich dementsprechend auf. Sie ersuchte Herrn Hanussen um eine Audienz in der Privatordination und erklärte ihm dort, ihr sei ein Koffer voll Wäsche, den sie zum Mangeln bereitgestellt habe, aus dem Hausflur entwendet worden. Zum Hellseher sei sie gegangen, weil ihr Mann nichts habe ermitteln können. Außerdem deutete sie an, sie habe eine Ahnung, wer der Täter sei.

Der Hellseher sah sie mit seinen dunklen Augen an, doch statt ihr zu sagen, sie habe recht oder nicht, fragte er voll Neugier, wer denn der Täter sei. Und sie verriet ihm, daß es nach ihrer Ansicht nur dieses Weibstück aus dem Nebenhaus getan haben könne. Nebenbei gesagt war dieses Weibstück die Gattin eines Gerichtsdieners. Der Hellseher dachte nach und meinte dann, er sehe den Koffer in einem Winkel eines Hausbodens, unter dem schrägen Dach.

Später behauptete er, daß er nicht gesagt habe, auf welchem Boden. Die Frau jedoch versetzte, sie habe aus dem Zusammenhang einwandfrei erkannt, daß es sich um den Boden der Nachbarin gehandelt habe ... Sie gab dem Hellseher dreißig Kronen für den Rat und eilte nach Hause. Genauer gesagt, zu der betreffenden Nachbarin. Die Tür des Häuschens stand offen, die nichtsahnende Frau hängte gerade Wäsche auf dem Boden auf. Was für ein herrlicher Zufall! Oder war es die Eingebung des Hellsehers?

Die Frau Wachtmeister stürmte zum Boden hinauf, und ihr wurde schwarz vor den Augen. Rechter Hand, unter dem schrägen Dach, stand etwas Schwarzes. Ihr Koffer! Und schon beutelte sie die Beamtengattin durch und warf ihr einen Haufen Schimpfwörter an den Kopf, was sich diese wiederum nicht bieten ließ und nicht nur um Hilfe rief, sondern auch den Eindringling aus der Nachbarschaft an den Haaren zog. Das artete zu einer großen Rauferei aus, was ja immer vor Gericht endet. Das ganze Haus war auf den Beinen, die Herren Ehemänner eilten herbei, warfen sich zwischen die keuchenden Damen und gingen sich zur Sicherheit gleich gegenseitig an den Kragen. Hinterher stellte sich heraus, daß das, was die Frau Wachtmeister für einen Koffer gehalten hatte, eine Kiste war. Die andere Frau war also völlig unschuldig. Was soll ich lange reden: Das Ende war, daß gleich zwei Parteien Strafanzeige gegen den Hellseher erstatteten, nämlich der Gendarmeriewachtmeister und der Gerichtsdiener, der bei Gericht immerhin eine bedeutende Person ist. Und plötzlich war es wie eine Lawine: Weitere Geschädigte kamen hinzu, und dunkle Wolken zogen sich über dem Hellseher zusammen. Zuerst unternahm er nicht einmal etwas dagegen, er kannte sich in dem Geschäft aus und meinte, das sei eine gute Reklame für ihn, denn im Handumdrehen meldeten sich an die fünfzig Leute, die behaupteten, daß er ihnen richtig geweissagt habe, die bereit waren, sich als Zeugen bei Gericht zu melden, und Dankbriefe schrieben, die der Herr Hellseher im Lokalblatt abdrucken ließ.

Das alles zog sich sehr lange hin, kein Wunder, daß der Untersuchungsrichter genug davon hatte, denn die Staatsanwaltschaft gab ihm den ganzen Fall mehrere Male zurück. Ich sage Ihnen, eine Anklage gegen einen Hellseher auszuarbeiten ist kein Honiglecken. Die einzigen, die sich freuten, waren die Advokaten, denn die machten ihren Schnitt dabei. Als der Fall schließlich in meine Hände gelangte und ich, wie man so sagt, die Vorbereitungen zur Hauptverhandlung traf, war mir klar, daß es eine verflucht harte Nuß werden würde.

Kurz, ein Prozeß, wie er im Buche steht!

Der Gerichtssaal war brechend voll, doch nicht etwa von Ortsansässigen, die hatten erst gar nicht Platz gekriegt, nein, alles war von außerhalb, sogar aus Wien kamen sie, sie kamen aus dem Reich, sie kamen aus Liberec; in diesen Tagen ein Zimmer zu ergattern war schlechthin unmöglich, die Einheimischen vermieteten alle Betten und schliefen selber unterm Dach. Es war der reine Segen für den ganzen Bezirk, dieser Ansturm fremden Volks; die Gastwirte hielten eine Versammlung ab und beschlossen, das Gericht zu ersuchen, derartige Prozesse mindestens zweimal im Jahr zu veranstalten.

Doch ein Fall wie dieser, mein Herr, reicht fürs ganze Leben.

Die Journalisten schrieben, ein Monsterprozeß werde vorbereitet, die ganze Parapsychologie sitze auf der Anklagebank, und sie fragten in den Zeitungen, ob wohl das Dunkelmännertum oder die Wahrheit siegen werde, ohne daß sie sagten, was sie eigentlich für die Wahrheit hielten.

Möglicherweise sind Sie der Meinung, man hätte diesen Menschen einfach für all die Fälle bestrafen sollen, in denen er falsch geweissagt und den Leuten also zu Unrecht Geld abgenommen habe. Doch selbst das ist nicht so einfach. Wenn Sie sich ein Los kaufen, geben Sie dafür Geld und können ja auch nicht, wenn Sie nichts gewonnen haben, die staatliche Lotterie anzeigen, weil sie Sie angeschmiert habe.

Die geladenen Psychologieprofessoren trennten sich in zwei Lager. Die einen behaupteten im Vollgefühl ihrer Autorität, alles sei schierer Betrug und man müsse in diesem Prozeß jedem Rückschritt entgegentreten. Sie verfügten über glänzende Argumente, und es war eine Freude, ihnen zuzuhören. Die anderen behaupteten, gewappnet mit der gleichen Autorität, es handele sich ganz im Gegenteil um Erkenntnisse einer neuen Wissenschaft, die sich zwar mühsam, aber immer energischer durchsetze, und auch sie sprachen glänzend und gelehrt. Und was die Zeugen betraf, so war es noch schlimmer. Kurz, es war so, wie ein altes wahres Wort sagt: Ein Zeuge ist ein Mensch, der dabei war, aber nichts von der Sache versteht, und ein Gutachter ist ein Mensch, der nicht dabei war, dafür aber etwas davon versteht. Ja, und der Richter war nicht dabei und versteht nichts von der Sache, muß aber entscheiden. Ich schwebte wie ein Geist über den Wassern und wußte keinen Ausweg.

Verurteilen? Nicht verurteilen?

Als ich auf die Anklagebank hinunterblickte, wo jener Herr Hanussen saß, der vor Gericht freilich unter seinem richtigen Namen Heřman Steinschneider auftreten mußte, erfaßten mich Zweifel. Hier geht es doch nicht nur um die Wissenschaft, wollte ich ausrufen, hier geht es um einen Menschen!

Und es war ein recht bemerkenswerter Mensch. Den Gerichtsakten zufolge war er schon während des Krieges als Zauberer bekannt gewesen. Er hatte die Herren im Kasino nicht nur mit Kartentricks unterhalten, sondern auch damit, daß er mit verbundenen Augen einen fremden Brief entzifferte oder erriet, welche Farbe das Tuch hatte, das der Herr Oberleutnant im Nebenzimmer hochhielt. Er war stets im Kasino geblieben, an die Front war er nicht gegangen ... Bis ihn eines Tags die Lust anwandelte, wichtigere Dinge wahrzusagen, und er dem Herrn Hauptmann verriet, daß ihn seine verehrte Frau Gattin mit einem Leutnant von den Husaren betrog. Was der Hauptmann daraufhin mit seiner Gattin anstellte, das war in den Akten nicht vermerkt, doch dafür mußte unser guter Wahrsager Steinschneider samt Marschgepäck in den Schützengraben und wäre dort um ein Haar draufgegangen.

Nach dem Krieg beschaffte er sich eine Lizenz als Zauberer und Illusionist, begann in der Welt herumzureisen und Gedanken zu lesen. Er hatte Erfolge in Wien und in Prag, er war auch in Bayern und reiste anschließend durch die böhmischen Lande. Und jetzt war Schluß mit dem Reisen, jetzt löste er Streitigkeiten aus, die hochgelehrt und wissenschaftlich interessant waren, aber er wartete auf das, was ich sagen würde ...

Eigentlich warteten alle darauf. Die gesamte Rechtswissenschaft wartete darauf.

Die Dame Justitia höchstpersönlich wartete darauf.

Damals tat ich etwas, was alles andere als üblich war, und

meine Kollegen griffen sich wahrscheinlich an den Kopf, in der Gewißheit, daß dies ein ganz miserabler Prozeß sei. Ich beschloß nämlich, einen sogenannten Entlastungsbeweis vorzunehmen.

Ich sagte: »Können Sie, Angeklagter, hier im Gerichtssaal und vor den Augen des Gerichts den Beweis dafür antreten, daß Sie tatsächlich die Fähigkeiten besitzen, die als Hellsehen bezeichnet werden?«

Der Angeklagte stand auf. »Hohes Gericht, das ist zwar ein recht ungewöhnlicher Ort für derartig subtile und delikate Versuche, doch ich will es versuchen ...«

Er ahnte übrigens, daß ihm nichts anderes übrigblieb; denn mochten hier auch eine ganze Anzahl Empfehlungsschreiben vorliegen – jene vierunddreißig Kläger, denen er, mit den Worten der Anklage ausgedrückt, beträchtliche Geldbeträge entlockt hatte, erschütterten selbst einen Hellseher. Nun mochte er also beweisen, daß er seine hellseherischen Fähigkeiten nicht nur nicht vorgetäuscht hatte – das wäre für das Gericht sehr wichtig –, sondern daß er tatsächlich solche besaß.

»Ich möchte darum bitten, Hohes Gericht, mir für die Dauer meiner Konzentration das Rauchen zu gestatten.«

Jemand lachte, doch ich hob die Hand. Im Gerichtssaal darf nicht geraucht werden, doch wenn dieser Mensch allen Ernstes zeigen soll, was er kann, müssen wir ihm alle Möglichkeiten dazu geben. So gestattete ich ihm zu rauchen.

Im Ministerium schlug man wahrscheinlich die Hände über dem Kopf zusammen und begann Erwägungen über meine Pensionierung anzustellen.

Dann zog sich das Gericht zurück, um zu beraten, worin diese Versuche eigentlich zu bestehen hätten. Wir sollten irgendwo einen beliebigen Gegenstand verstecken, dann sollten wir ein paar Wörter aufschreiben, damit der Hellseher an Hand der Schrift den Charakter des Schreibers deute, und schließlich sollten wir ihm das Datum eines privaten Ereignisses nennen, und er sollte uns sagen, was sich an diesem Tag zugetragen habe. Er bat uns nur zu beachten, daß es sich um ein für uns bedeutsames Ereignis handele, an das wir häufiger dächten.

Dann wurde der Angeklagte in einen abgesonderten, verschlossenen Gang geführt, wo sich außer ihm nur zwei Gendarmen befanden, die sich keinen Schritt von ihm entfernten. Sie durften kein Wort mit ihm wechseln, auch er durfte mit keinem zusammenkommen.

Ja, mein Herr, die Gerechtigkeit war in eine schwierige Situation geraten, und ich als Richter versuchte, ihr herauszuhelfen.

Nachdem wir unsere Versuche vorbereitet hatten, betraten wir den Gerichtssaal, und der Angeklagte wurde unter Bewachung hereingeführt. Tiefe Stille herrschte im Raum.

Er legte die Hand auf die Stirn und hielt die Augen lange geschlossen. Dann ging er zu der Stelle, wo der bewußte Gegenstand verborgen war. Ein Schlüssel ... Im Saal erhob sich ein Gemurmel der Verwunderung, und ich machte einen Strich, dann legten wir ihm drei verschiedene Handschriftenproben vor. In zwei Fällen bestimmte er den Charakter des Schreibers ganz genau, in einem nur zum Teil. Und was die Sache mit den Daten betrifft ... Ein Geschehnis erriet er annähernd, zwei nannte er richtig, und mich beeindruckte besonders, daß er mir das Ereignis nannte, an das ich oft denke: den Tag meines Abiturs, das mir bis heute in schlaflosen Nächten kalte Schauer über den Rücken laufen läßt.

Ich konstatierte, daß der Angeklagte die gestellten Aufgaben zu mehr als achtzig Prozent gelöst habe. Das Gericht vertrete deshalb die Auffassung, daß der Entlastungsbeweis geliefert worden sei.

Da erhob sich der Angeklagte und bat ums Wort: »Herr Vorsitzender, ich danke Ihnen. Doch gestatten Sie mir eine Bemerkung. Smetana war zwar ein großes Genie, doch hätte man ihm die Pistole auf die Brust gesetzt und ihn aufgefordert, die ›Verkaufte Braut‹ zu schreiben, dann wäre er dazu nicht imstande gewesen. Ich bin kein Smetana. Deshalb hätte der Versuch viel schlimmer ausfallen können!«

Während die Leute lachten und ich drohte, den Saal räumen zu lassen, wurde mir klar, daß dieser Mensch eigentlich eine ungeheure Wahrheit aussprach.

Und dann verkündete ich das Urteil, demzufolge Heřman Steinschneider von der Anklage freigesprochen wurde, im Jahre 1927 und in den darauffolgenden Jahren an verschiedenen Orten Nordböhmens unter Ausnutzung des biederen Sinnes der Menschen Geldbeträge unter der Vorspiegelung an sich gebracht zu haben, daß er mit übernatürlichen Fähigkeiten ausgestattet sei, was bedeutet hätte, daß er sich des Verbrechens des Betruges schuldig gemacht hätte ...

In der Urteilsbegründung führte ich aus, daß der Begriff »biederer Sinn« nicht vertretbar sei, da einige der zu Rate gezogenen Sachverständigen, Universitätsprofessoren, an das Hellsehen glaubten, doch selbstverständlich keineswegs biederen Sinnes seien. Sofern es sich im übrigen um Betrug im allgemeinen Sinne des Wortes handele, sei zu bedenken, daß ein Mensch, der Informationen auf Grund rätselhafter und offensichtlich übernatürlicher Kräfte erbitte, keine hundertprozentige Sicherheit erwarten dürfe. Und zum anderen sei das Gericht nach dem, was es gesehen habe, keinesfalls zu der Erklärung berechtigt, daß der Angeklagte nicht über gewisse hellseherische Eigenschaften verfüge. Das Gericht behaupte nicht autoritativ, daß er derartige Fähigkeiten besitze, erachte es aber für möglich, und es habe im Zweifelsfall das Recht, ja die Pflicht, sich an die für den Angeklagten günstigere Auslegung zu halten ...

Ja, das war ein berühmter Prozeß, und es wurde viel darüber geschrieben, ein Journalist erklärte sogar wörtlich, die Republik könne auf das in dieser Sache gefällte Urteil stolz sein. Sie begreifen, daß mir das schmeichelte. Aber reicht dieses Gefühl dafür aus, das eigene Tun für vollkommen zu halten?

Doch was focht das unseren Hellseher an, dem ging es gut! Er konnte seine Tätigkeit fröhlich fortsetzen und hatte obendrein eine Riesenreklame. Wahrscheinlich beschloß er aus diesem Grund, mehr zu wagen, und so siedelte er nach Deutschland über. Dort waren die Menschen offensichtlich neugieriger auf ihre Zukunft als bei uns.

Es ging ihm ausgezeichnet, wie ich später las, er trat in einem Berliner Varieté auf und mußte keine (falschen) Wahrsagungen mehr abgeben, wo sich Koffer mit gestohlener Wäsche befänden. In Deutschland ging es um kompliziertere Dinge, und sehr viele Menschen hatten den Wunsch, den Schleier der Unsicherheit über der kommenden Zeit ein wenig zu lüften. Und der Mann mit den dunklen Augen lüftete ihn. Der Mann, der erst vor kurzem noch zerknirscht vor meinem Richterstuhl gestanden hatte, war zum Liebling der Glücksgöttin geworden.

Die Leute dort wußten etwas von ihm, was mir nicht bekannt war. Irgendwann vor geraumer Zeit, als er sich noch in Wien aufgehalten hatte, war ein kleinerer Mann mit einer Fliege unter der Nase und mit einer in die Stirn gekämmten Haarsträhne zu ihm gekommen und hatte sich ein Horoskop stellen lassen. Jenem Horoskop zufolge sollte der unter diesen Himmelszeichen geborene Mensch zu höherem Ruhm gelangen als Napoleon. Er müsse sich jedoch vor überstürzten Entscheidungen hüten und nicht nach der höchsten Macht greifen ... Der unbekannte Mann nahm die seltsame Prophezeiung des unbekannten Hellsehers mit ernster Miene zur Kenntnis. Und als er eine wichtige Rolle in der Politik zu spielen begann, sonnte sich der Hellseher in seinem Ruhm.

In der luxuriösen Wohnung des Wahrsagers waren jetzt die bedeutendsten Größen des Reiches zu Gast, das sich den Namen Drittes Reich gegeben hatte. In seiner Villa an einem See und auf seiner Jacht besuchten ihn Herren und Damen, vor deren Macht die Welt zu zittern begann. Was der Mann mit den dunklen Augen wohl alles von ihnen wußte!

Damals sagte ich mir: Vielleicht habe ich doch richtig entschieden, als ich ihn laufenließ. Welche Schande, wenn ein Mensch mit solchen Qualitäten in unserem Kreisgefängnis gesessen hätte!

Aber wer kann sagen, was richtig ist? Wer weiß, was gut und was schlecht ist?

Der Mann mit dem hervorragenden Horoskop, Adolf Hitler, griff nach der höchsten Macht. Er wurde Kanzler.

Was machten jetzt die Sterne?

Was machte jetzt sein Leibprophet Hanussen?

Er tat das, was er tun mußte. Er tat das, was er freilich nicht hätte tun sollen. Er trat in Hitlers Nationalsozialistische Partei ein. Darin liegt die furchtbare Dialektik mancher Dinge. Hierin verbirgt sich das Doppelgesicht des Schicksals.

Man prüfte sein Beitrittsgesuch und stellte fest, daß Erik Jochanaan Hanussen eigentlich Hermann Steinschneider hieß, aus Prostějov stammte und nicht getauft, sondern beschnitten war, und getraut hatte ihn ein Rabbiner in Rumburk. Seine ganze Familie ... Ach ja, seine ganze Familie war von niederer Rasse.

O weh, der Hellseher hatte sein eigenes Schicksal nicht voraussehen können! Oder war nicht nur sein Klient mit Blindheit geschlagen gewesen, als er gegen den Willen der Sterne nach der höchsten Macht griff? War selbst der Hellseher schon so vom Ruhm geblendet, daß er sich auf seine mächtigen Gönner verließ, die täglich in seinem Vorzimmer saßen?

Allerdings verließ er sich nicht nur darauf. Deshalb gab er Anweisung, in die Wartezimmer seiner Villa Abhöreinrichtungen einzubauen, um nicht allein auf die Hellseherei angewiesen zu sein. Was hat er jetzt erst alles über seine Klienten erfahren müssen!

Er erfuhr jedoch nicht, was die Geheimpolizei von ihm wußte.

Mit Bestürzung las ich eines Tages die Nachricht, daß der bekannte Hellseher des Dritten Reiches E. J. Hanussen in einem Chausseegraben bei Berlin tot aufgefunden worden sei. Die Polizei ermittelte den Täter nicht, übrigens hatte sie auch gar nicht diese Absicht. Allzu viele Menschen wurden in Deutschland umgebracht, und jedermann wußte, von wem. Wozu also danach fahnden?

War er auf Befehl Hitlers ermordet worden? Oder hatte man ihn ohne Befehl getötet?

War der arme Hanussen-Steinschneider noch nicht berühmt genug gewesen, daß sich die Amnestie in Rassendingen auch auf ihn erstreckte, welche für die Apostel galt, die allesamt von niederer Rasse waren, nicht zu reden von ihrem Herrn? Oder hatte er den Spielern, die sich anschickten, die Welt zu erobern, schon zu tief in die Karten geblickt?

Das sind Fragen, die niemand beantworten wird.

Doch ob ich wohl versuche, eine Antwort dafür zu finden, was geschehen wäre, wenn ich den angeklagten Heřman Steinschneider für ein paar Jahre hinter Gitter geschickt hätte? Was wäre geschehen, wenn ich ihm die höchstmögliche Strafe zuerkannt hätte?

Dann hätte er sicherlich in dem Jahr, in dem er nun ermordet wurde, das Kreisgefängnis von Litoměřice mit einem Wäschebündel unterm Arm verlassen, wäre zu mir ins Büro gekommen und hätte gesagt: »Herr Oberrat, ich danke Ihnen für die Jahre, die Sie mir aufgebrummt haben. Ich habe Zeit zum Nachdenken gehabt und habe festgestellt, daß ich gar kein Hellseher bin. Ich werde etwas anderes machen.«

Das Gesetz soll den Menschen nicht nur verurteilen, es soll ihn auch schützen und bessern.

Mein so berühmtes Urteil hatte den angeklagten Steinschneider-Hanussen nicht gerettet, im Gegenteil, es hatte ihn vernichtet. Aber habe ich, der ich doch kein Hellseher bin, das ahnen können? Und hatte er das ahnen können, da ein Hellseher doch nicht imstande ist, sein eigenes Schicksal vorauszusehen?

Gerechtigkeit, Recht ... Wissen Sie, mein Herr, das sind nur Worte, gewichtige, aber bloße menschliche Worte. Manchmal zweifele ich an ihnen. Denn auch unsere Vorfahren sagten »Recht« und meinten damit den Galgen ...

Criminal-Romane

dtv

Edward Bulwer-Lytton:
Nacht und Morgen
2 Bände
1032, 1033
Was wird er damit machen?
Nachrichten aus dem Leben eines Lords
2 Bände
1083, 1084

Wilkie Collins:
Die Frau in Weiß
2 Bände
500, 501
Der rote Schal
2 Bände
714, 715
Der Monddiamant
905

Emile Gaboriau:
Der Strick um den Hals
709
Die Affäre Lerouge
878

Sheridan Le Fanu:
Onkel Silas oder Das verhängnisvolle Erbe
1116

Robert L. Stevenson/ Lloyd Osbourne:
Die falsche Kiste
788